BIBLIOTHÈQUE-LEDUC

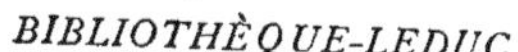

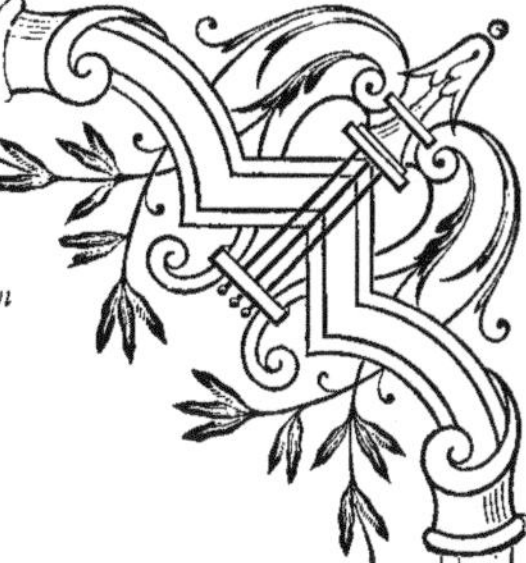

A
Monsieur AMBROISE THOMAS
MEMBRE DE L'INSTITUT
Directeur du Conservatoire Nal de Musique et de Déclamation
Grand-Officier de la Légion d'Honneur

RÉALISATIONS

DES LEÇONS

DU

COURS D'HARMONIE

PAR

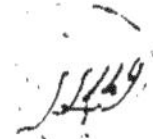

ÉMILE DURAND

PROFESSEUR AU CONSERVATOIRE NATIONAL DE MUSIQUE

PR: 12fr. NET

Premier Volume :
Cours complet d'Harmonie, Théorique et Pratique, Prix Net : 25 fr.

PARIS, ALPHONSE LEDUC, ÉDITEUR
3, rue de Grammont

AVERTISSEMENT

Si nous publions en un volume à part les *Réalisations des Leçons* de notre *Cours d'Harmonie*, c'est dans le but d'éloigner des yeux de l'élève ces *Corrigés*, qu'il pourrait être tenté de consulter ou même de copier, ce qui serait très-préjudiciable à ses progrès.

Ce volume doit donc rester *entre les mains du professeur*, et l'élève consciencieux se gardera bien d'en lire aucune leçon avant de l'avoir faite.

Nous devons faire observer que le *numérotage* des exercices de contrepoint est *indépendant* de celui des leçons d'harmonie proprement dites; celles-ci ne commencent qu'à la page 49 du Cours et à la page 9 du volume des réalisations.

La plupart de nos leçons ont été composées pour les voix; mais quelques-unes d'entre elles ont le *caractère instrumental* et embrassent une assez *grande étendue*, bien que ne dépassant pas absolument le *registre vocal*.

EMILE DURAND

ÉMILE DURAND.—COURS D'HARMONIE

DEUXIÈME VOLUME

RÉALISATIONS DES LEÇONS

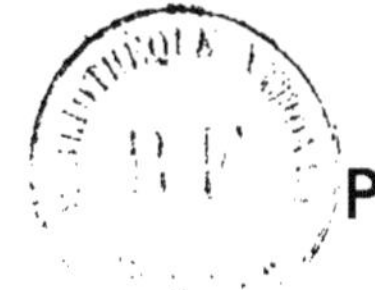

PREMIÈRE PARTIE

CONTREPOINT NOTE CONTRE NOTE A DEUX PARTIES

Sur les Deux premiers degrés

Ténor. *Contralto.* *Soprano.*

1

8 6 8 3 6 8 3 3 3 5 3 3 5 6 8 8 3 3

I II I

Sur les Trois premiers degrés

Ténor. *Contralto.* *Soprano.*

2

5 6 6 3 3 3 3 3 3 3 8 6 3 6 8

I II III II I

Ténor. *Contralto.* *Soprano.*

3

8 3 6 6 3 6 8 3 6 3 3 3 3 3 5 6 6 3 6 6 8

I III II III I II I

Ténor. *Contralto.* *Soprano.*

4

5 6 6 3 3 3 3 8 6 3 5 6 6 8 3 3 3 6 3 6 8

I II III I III II I

Sur les Quatre premiers degrés

Ténor. *Contralto.* *Soprano.*

5

8 6 3 3 6 6 8 3 3 3 6 3 3 3 5 6 6 3 3 6 8

I II III IV III II I

(*) Bien que la plupart de ces leçons aient été composées pour *les voix*, elles sont ici, notées presque toutes en *clef de fa* et *clef de sol*, afin que les élèves qui ne savent point d'autres clefs puissent en prendre connaissance.

Le *Ténor*, quoique noté en clef de sol, y est placé à *son véritable diapason*; et non à *une octave trop haut*, comme on a l'habitude de le faire lorsqu'on l'écrit sur cette clef.

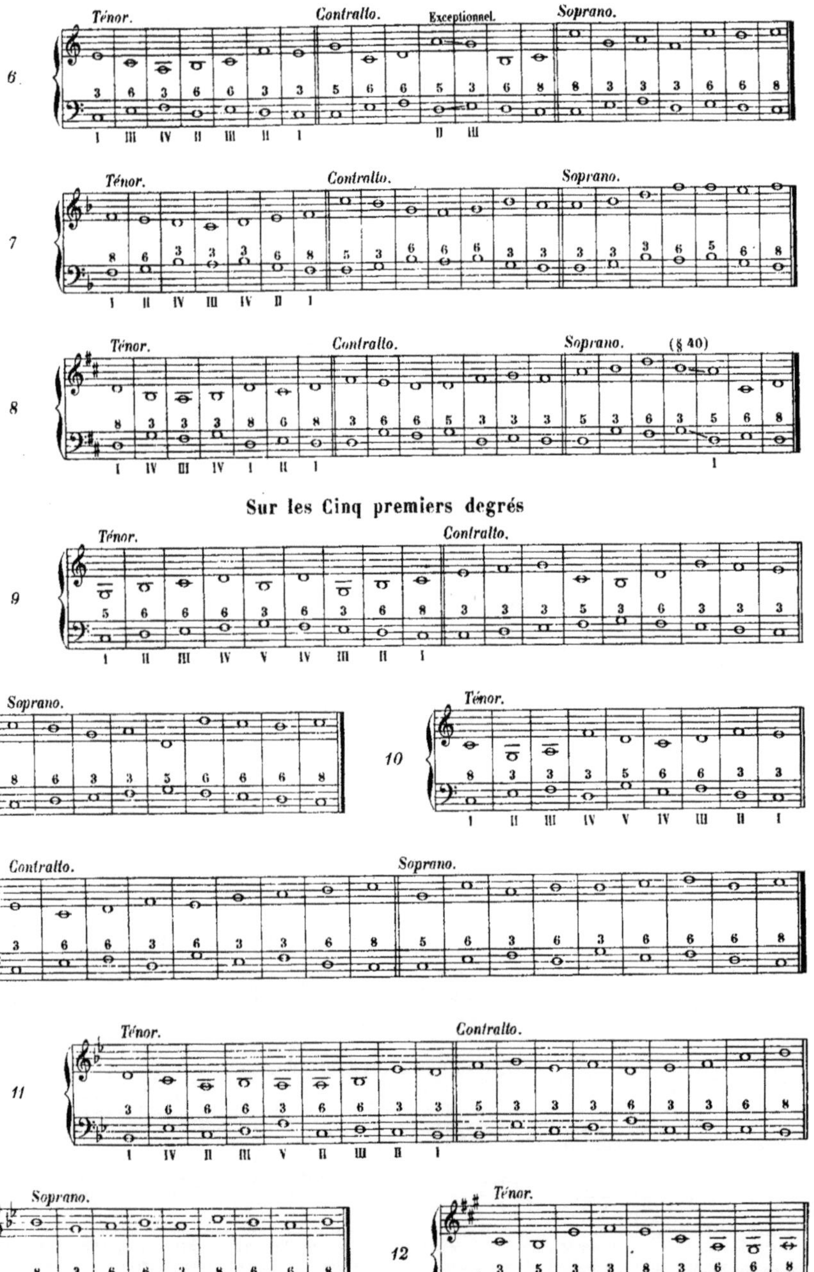
6
Ténor.
Contralto.
Exceptionnel.
Soprano.
7
Ténor.
Contralto.
Soprano.
8
Ténor.
Contralto.
Soprano.
(§ 40)
Sur les Cinq premiers degrés
9
Ténor.
Contralto.
Soprano.
10
Ténor.
Contralto.
Soprano.
11
Ténor.
Contralto.
Soprano.
12
Ténor.

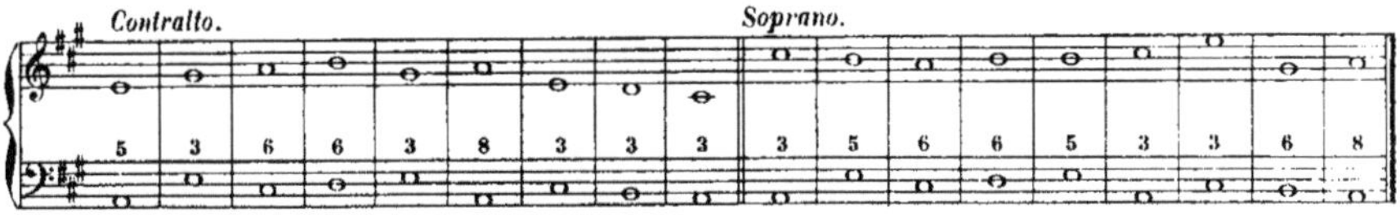

Contralto. Soprano.

Sur les Six premiers degrés

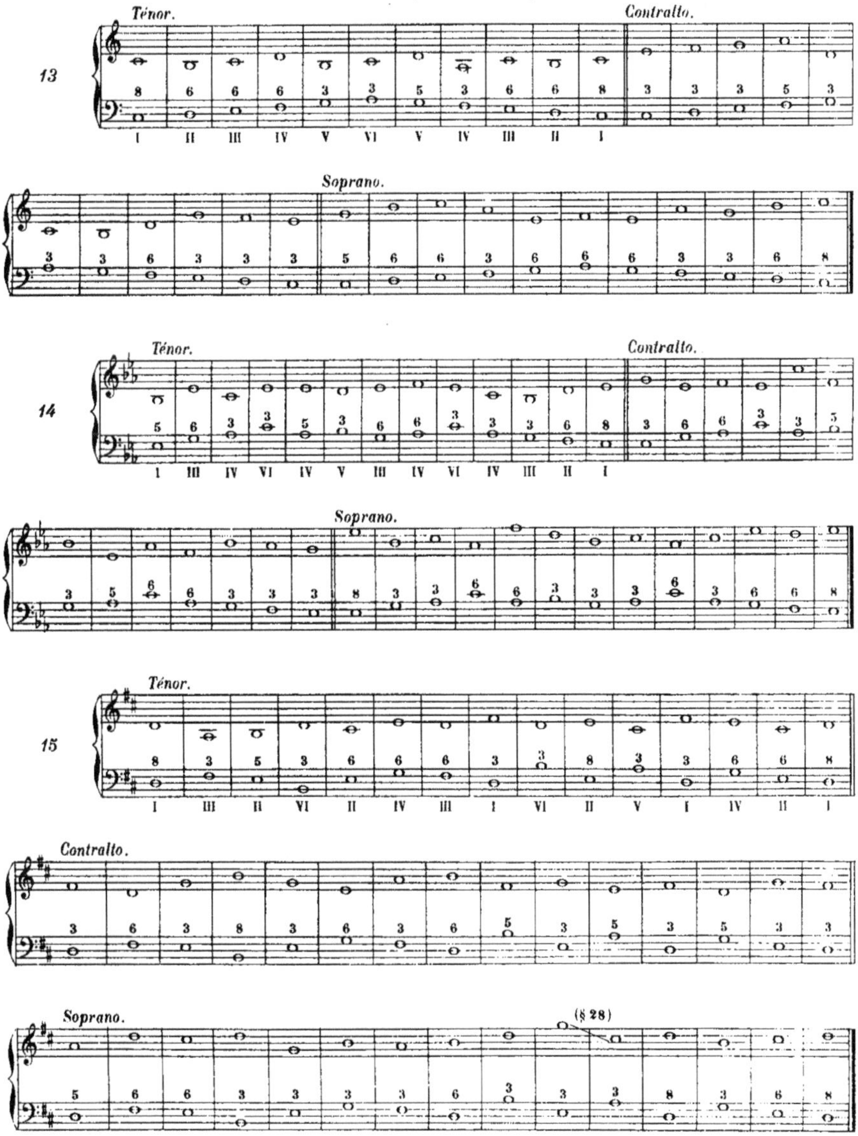

13 Ténor. Contralto.

Soprano.

14 Ténor. Contralto.

Soprano.

15 Ténor.

Contralto.

Soprano. (§ 28)

Sur Tous les degrés

16

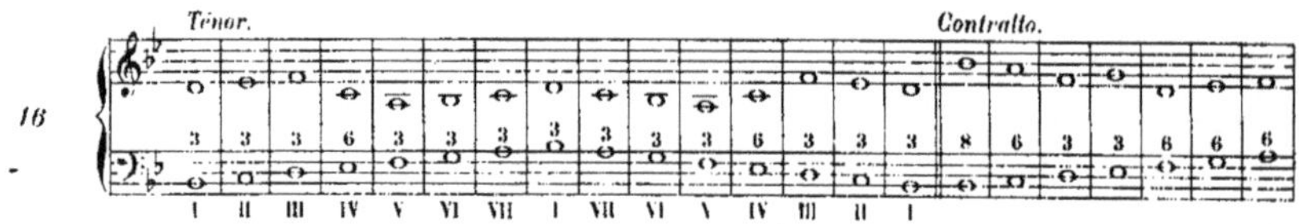

Soprano.

17

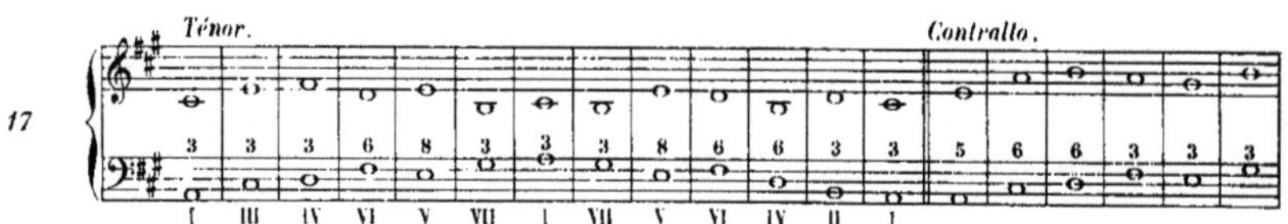

Soprano.

18

Ténor.

(§ 40)

Contralto.

Soprano.

19

Ténor.

Contralto.

(§ 28)

(§ 28)

Soprano.

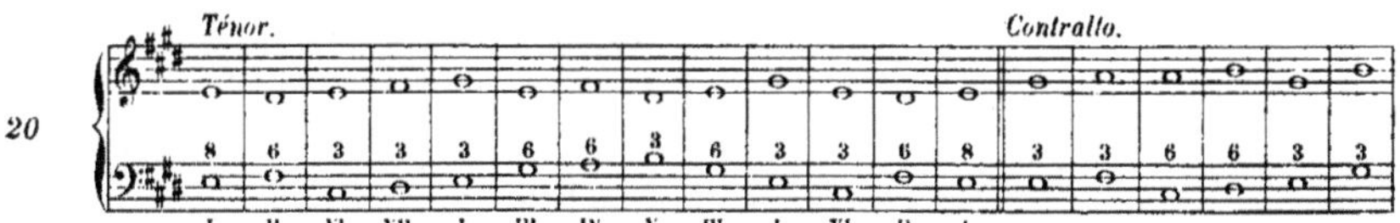

Soprano.

MODE MINEUR

Sur les Quatre premiers degrés

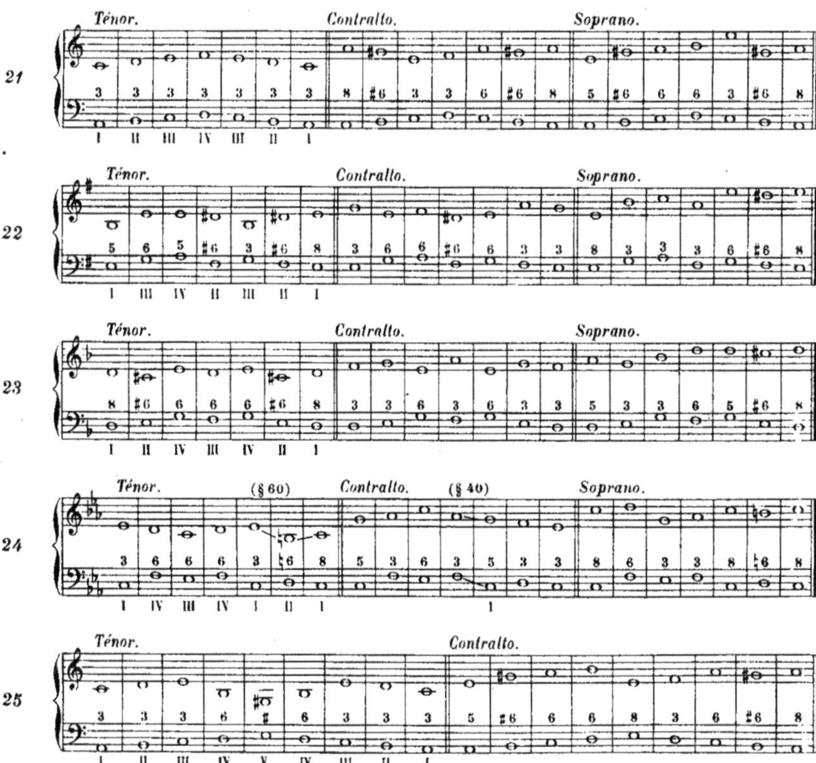

Soprano.

26 Ténor.

Contralto. Soprano. (§ 28)

27 Ténor. (§ 40) Contralto.

I VI II III V II III II I

Soprano. (§ 60)

28 Ténor.

I V III IV V I III II I

Contralto. (§ 40) Soprano.

V

Sur les Six premiers degrés

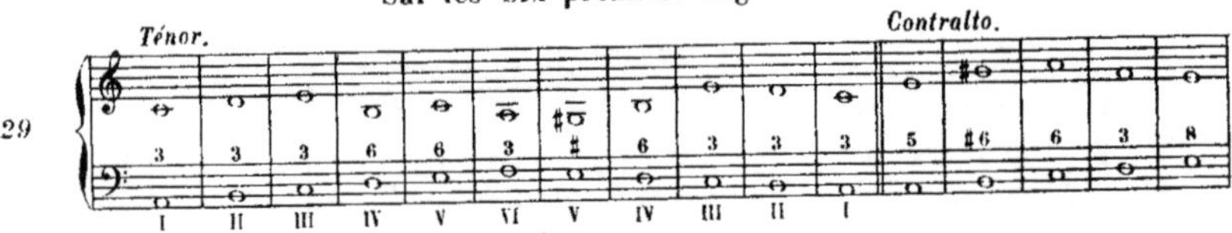

Soprano.

30 Ténor. Contralto.

I III IV VI IV V III I IV II I

Soprano.

Sur Tous les degrés

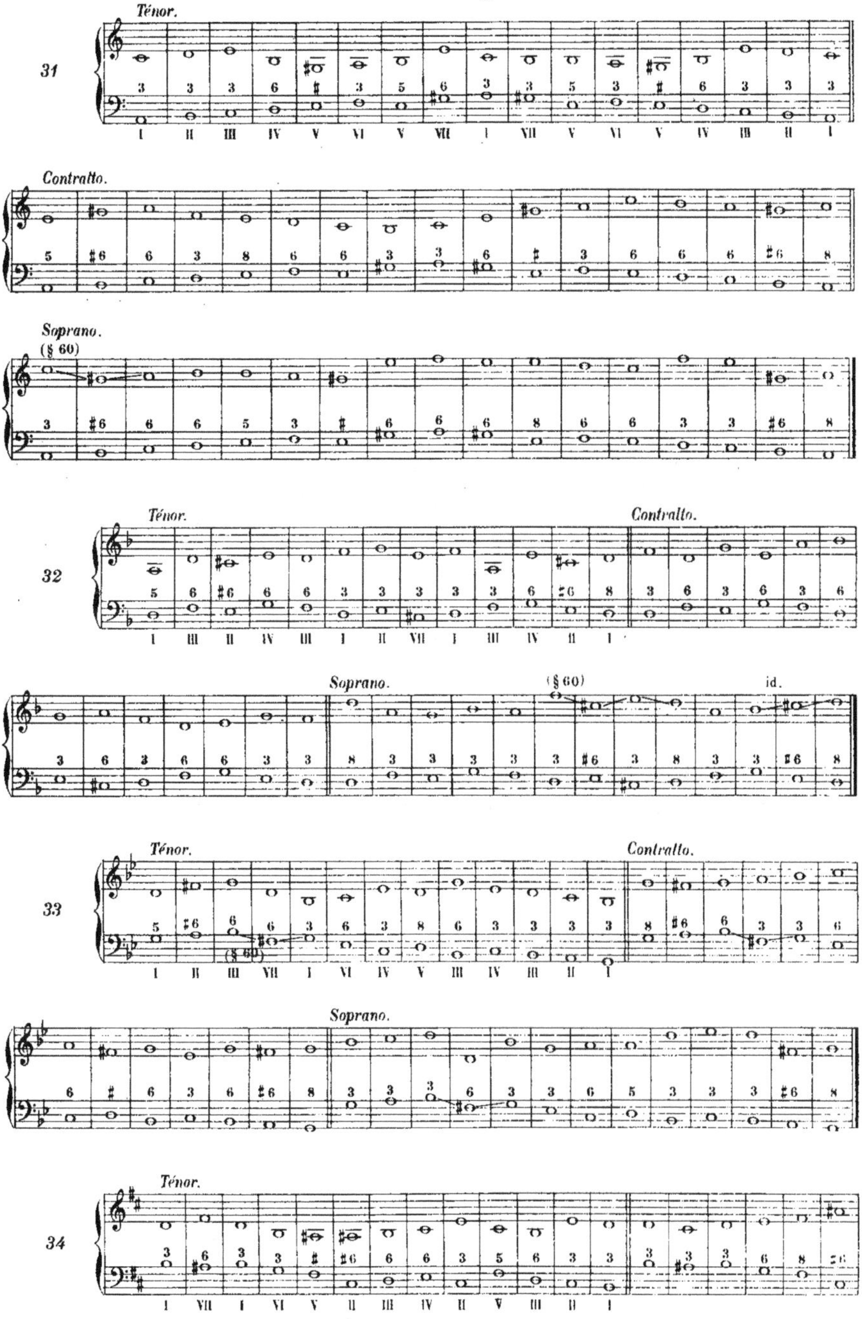

31

Ténor.

3 3 3 6 ♯ 3 5 6 3 3 5 3 ♯ 6 3 3 3

I II III IV V VI V VII I VII V VI V IV III II I

Contralto.

5 ♯6 6 3 8 6 6 3 3 6 ♯ 3 6 6 6 ♯6 8

Soprano.

(§ 60)

3 ♯6 6 6 5 3 ♯ ♯6 6 ♯6 8 6 6 3 3 ♯6 8

32

Ténor. *Contralto.*

5 6 ♯6 6 6 3 3 3 3 3 6 ♮6 8 3 6 3 6 3 6

I III II IV III I II VII I III IV II I

Soprano. (§ 60) id.

3 6 3 6 6 3 3 8 3 3 3 3 3 ♯6 3 8 3 3 ♮6 8

33

Ténor. *Contralto.*

5 ♮6 6 6 3 6 3 8 6 3 3 3 3 8 ♮6 6 3 3 6

(§ 60)

I II III VII I VI IV V III IV III II I

Soprano.

6 ♮ 6 3 6 ♮6 8 3 3 3 6 3 3 6 5 3 3 3 ♮6 8

34

Ténor.

3 6 3 3 ♮ ♮6 6 6 3 5 6 3 3 3 3 3 6 8 ♮6

I VII I VI V II III IV II V III II I

Soprano.

35

Ténor.

Contralto.

Soprano. (§ 60)

36

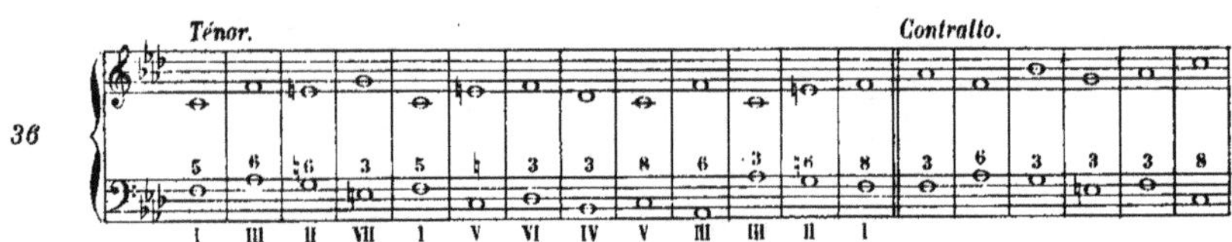

Soprano. (§ 40)

37

Ténor.

Contralto.

(§ 60)

Soprano.

LEÇONS A TROIS PARTIES
sur les Accords de trois sons fondamentaux

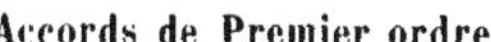

BASSES DONNÉES CHIFFRÉES

Accords de Premier ordre

Nº 1.

1re DISPOSITION pour *Basse, Ténor* et *Contralto*

2me DISPOSITION pour *Basse, Contralto* et *Soprano*

I IV V I IV V I

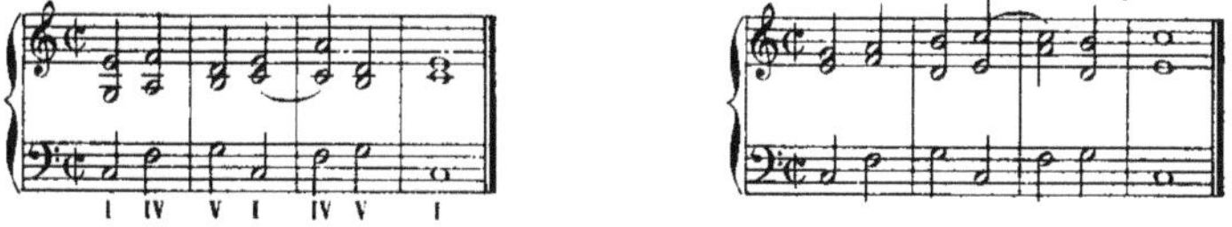

Accords de Premier et de Deuxième ordre

Nº 2.

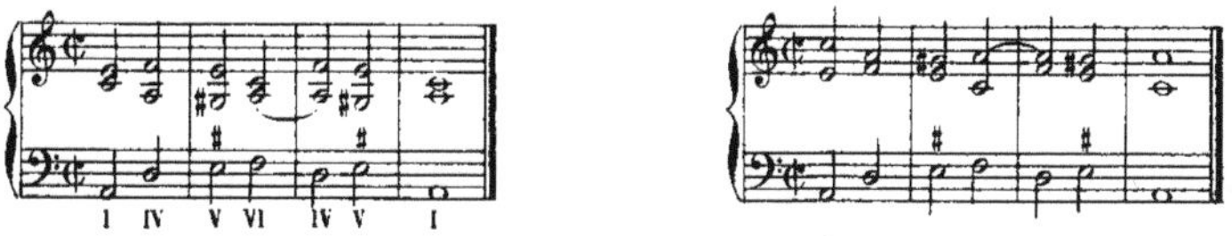

I IV V VI IV V I

Nº 3.

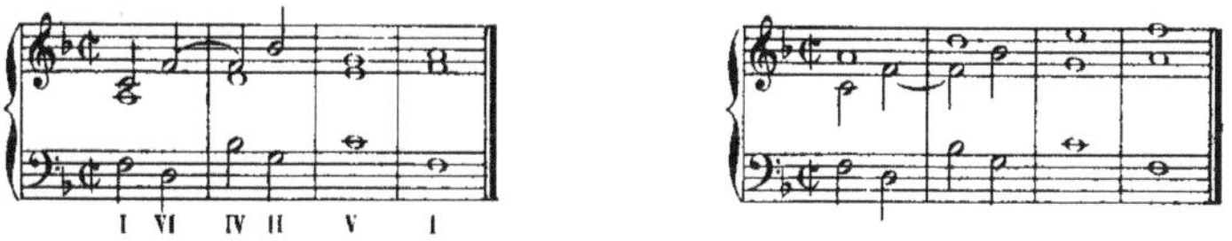

I VI IV II V I

Nº 4.

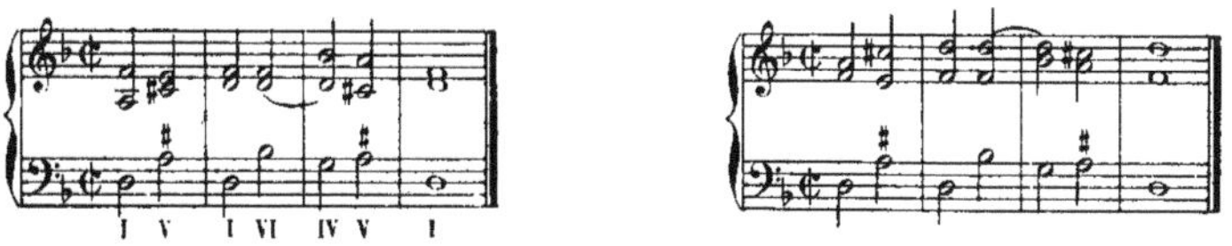

I V I VI IV V I

Nº 5.

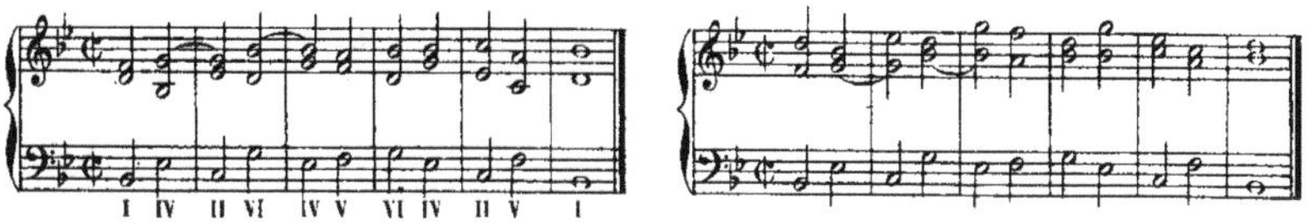

I IV II VI IV V VI IV II V I

Nº 6.

I VI IV V VI IV II V I

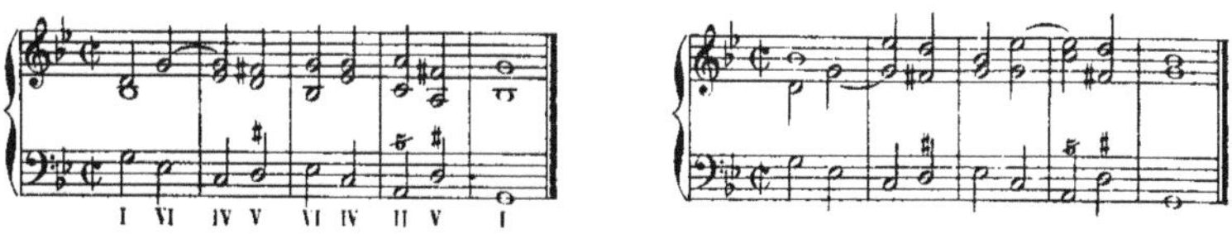

Accords de Premier, de Deuxième et de Troisième ordre

Nº 7.

I VI III IV I IV II V I

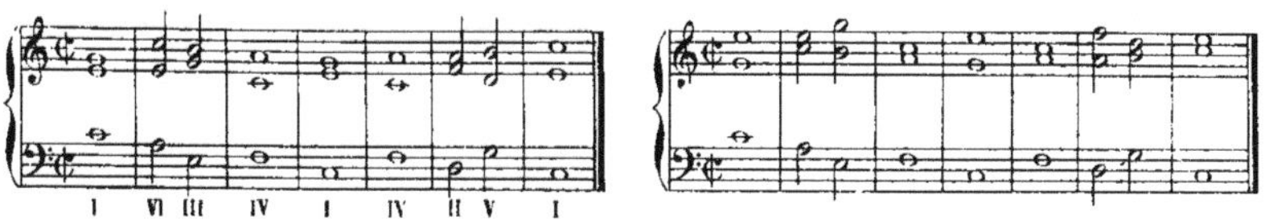

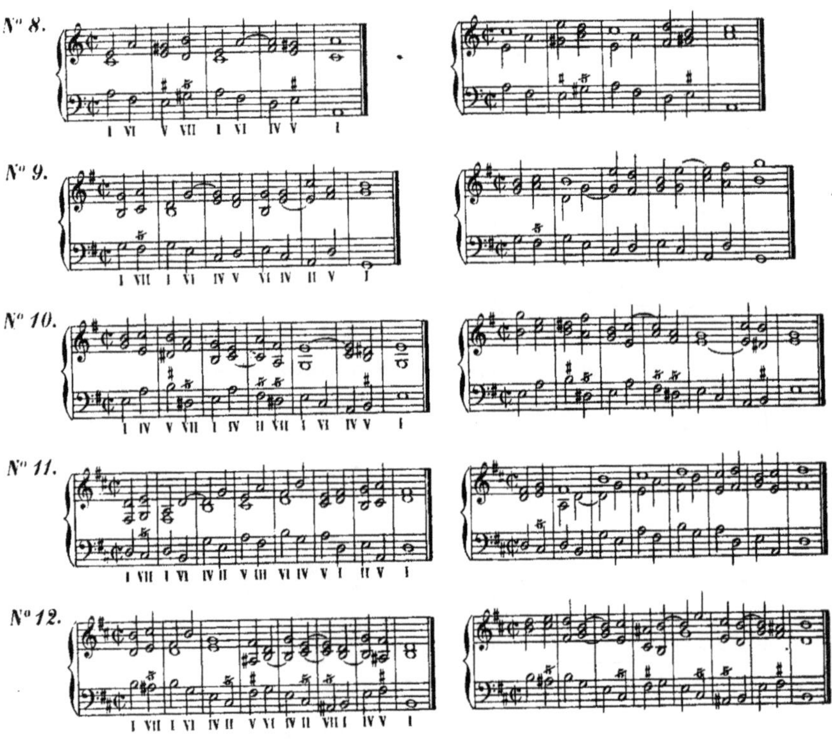

LEÇONS A TROIS PARTIES
sur les Accords de Sixte

BASSES DONNÉES CHIFFRÉES

Accords de Sixte des 3me, 4me, 6me et 7me Degrés

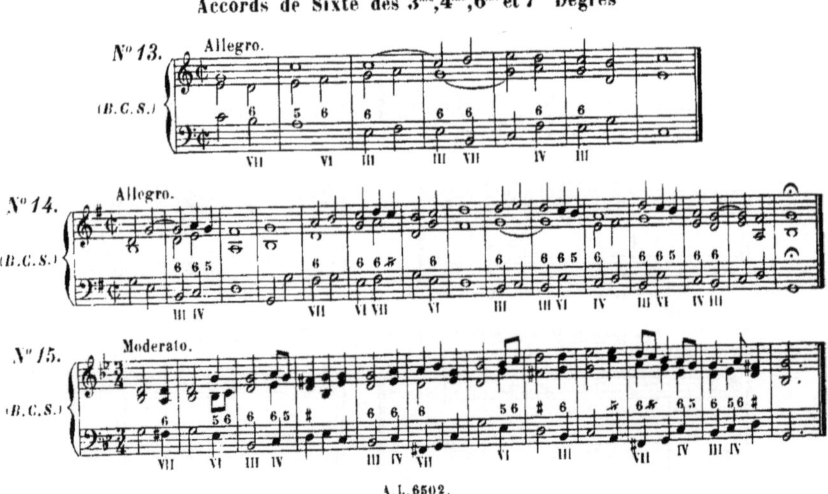

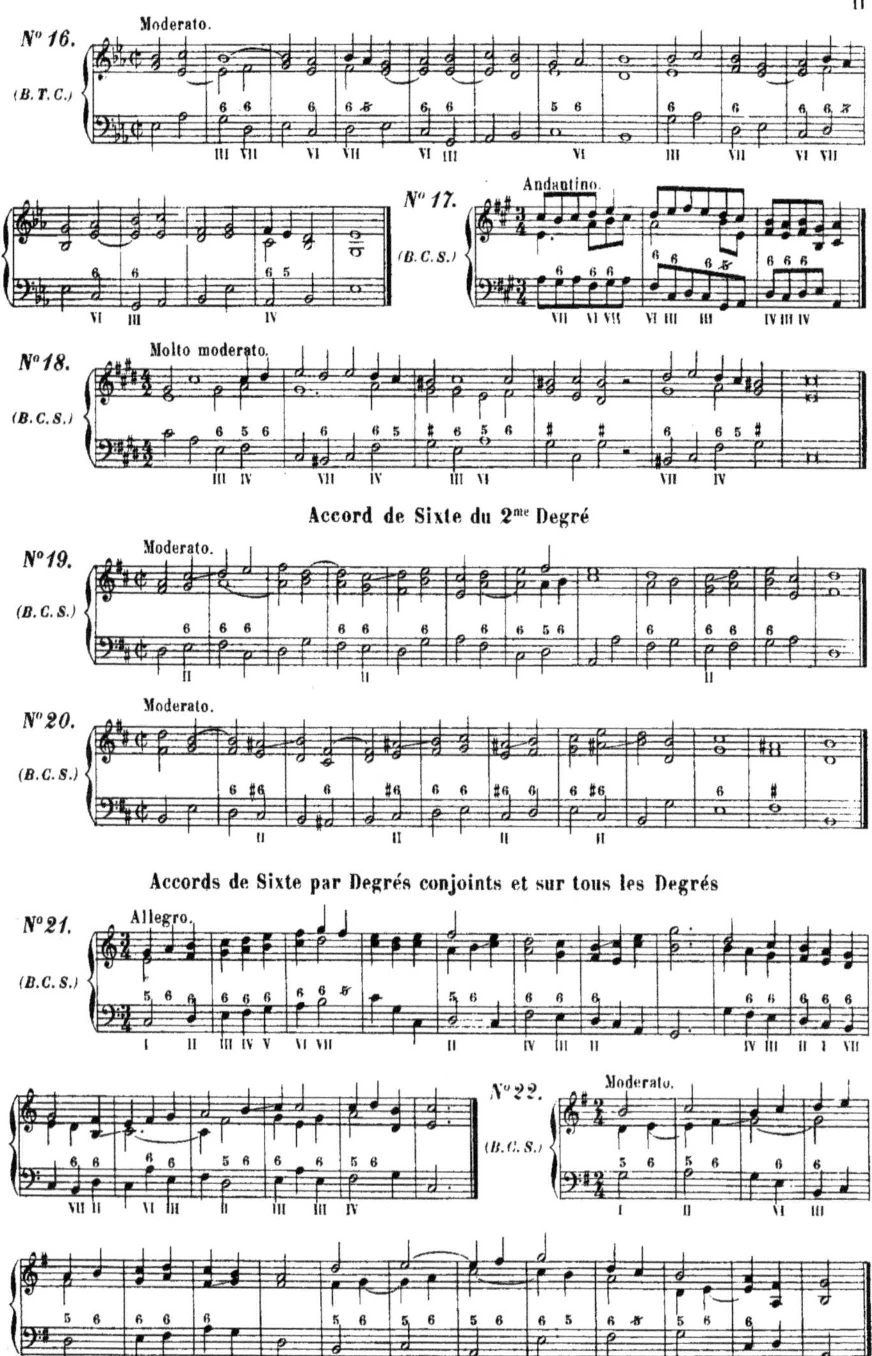
N° 16.
Moderato.
(B. T. C.)
N° 17.
Andantino.
(B. C. S.)
N° 18.
Molto moderato.
(B. C. S.)
Accord de Sixte du 2me Degré
N° 19.
Moderato.
(B. C. S.)
N° 20.
Moderato.
(B. C. S.)
Accords de Sixte par Degrés conjoints et sur tous les Degrés
N° 21.
Allegro.
(B. C. S.)
N° 22.
Moderato.
(B. C. S.)

LEÇONS A TROIS PARTIES
sur les Accords de Quarte et Sixte

BASSES DONNÉES CHIFFRÉES

Accords de Quarte et Sixte des 1er, 2me et 3me Degrés (de 1er ordre)

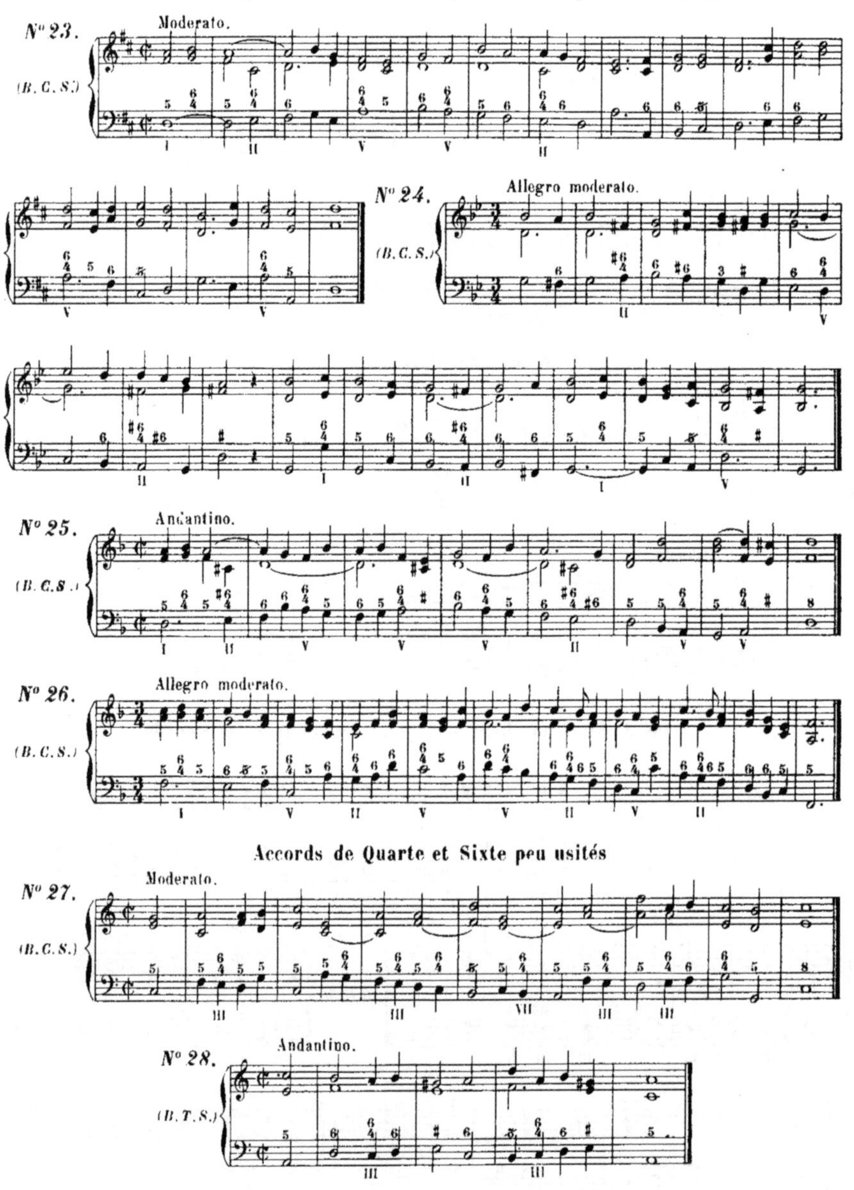

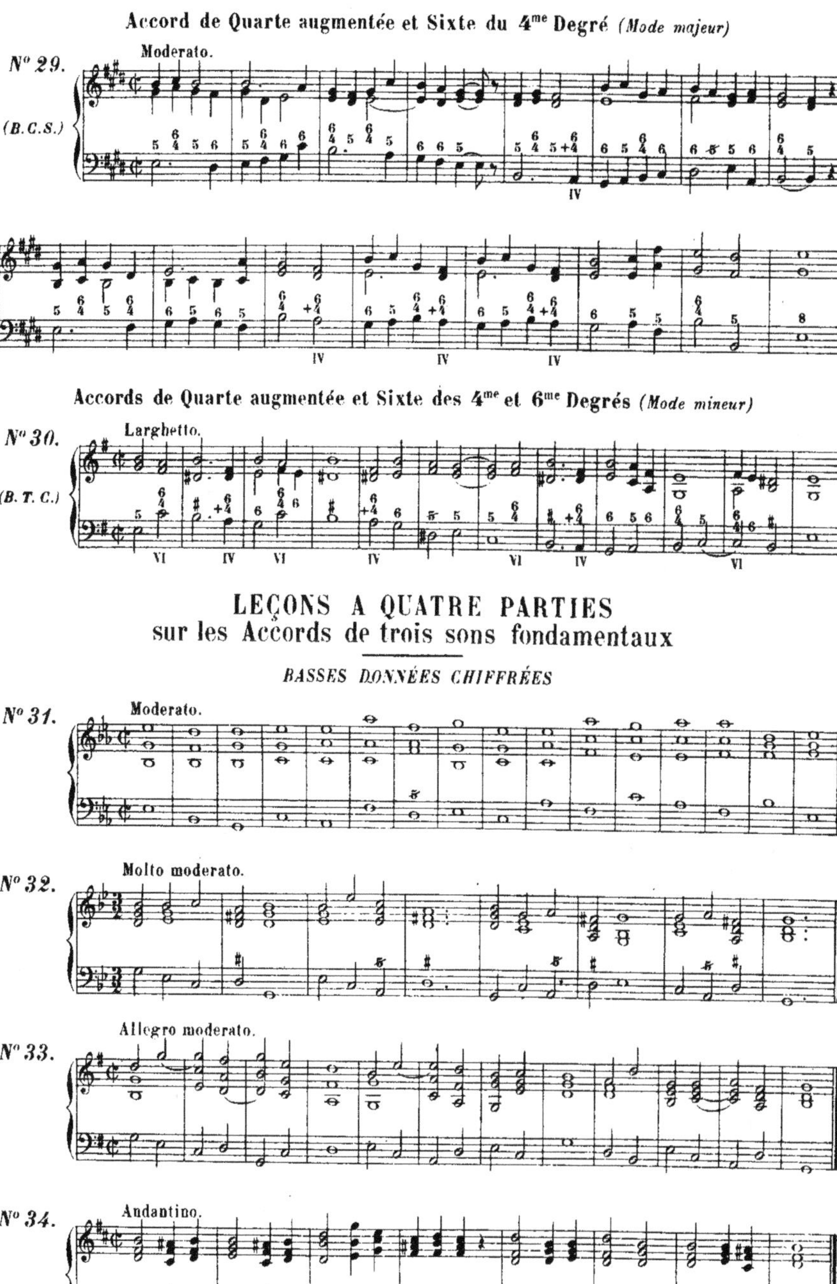
Accord de Quarte augmentée et Sixte du 4me Degré (Mode majeur)
N° 29.
Moderato.
(B.C.S.)
Accords de Quarte augmentée et Sixte des 4me et 6me Degrés (Mode mineur)
N° 30.
Larghetto.
(B. T. C.)
LEÇONS A QUATRE PARTIES
sur les Accords de trois sons fondamentaux
BASSES DONNÉES CHIFFRÉES
N° 31.
Moderato.
N° 32.
Molto moderato.
N° 33.
Allegro moderato.
N° 34.
Andantino.

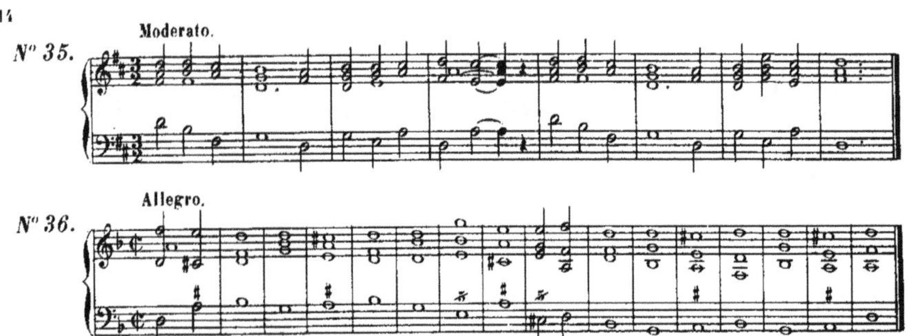

LEÇONS A QUATRE PARTIES
sur les Accords de Sixte

BASSES DONNÉES CHIFFRÉES

Nº 37. Moderato.

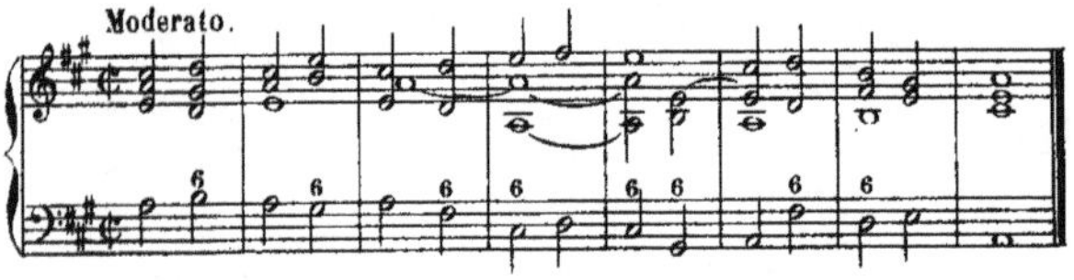

Nº 38. Allegro.

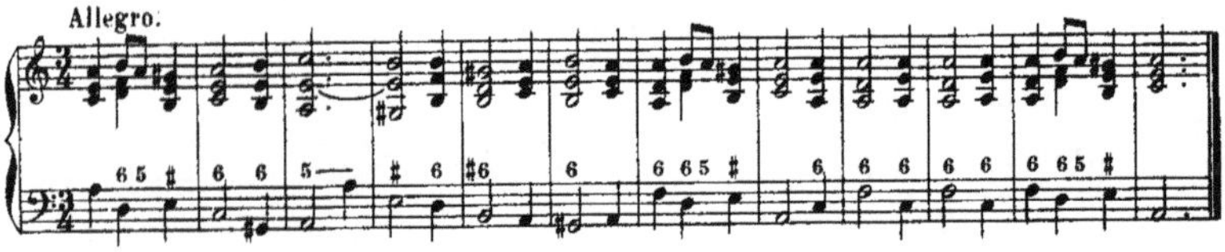

Nº 39. Allegretto.

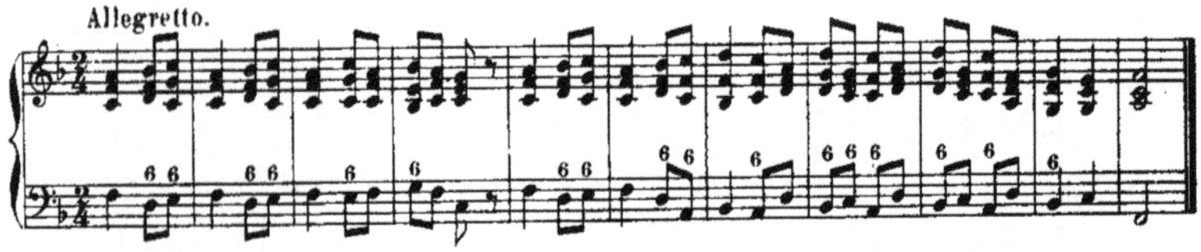

Nº 40. Allegro moderato.

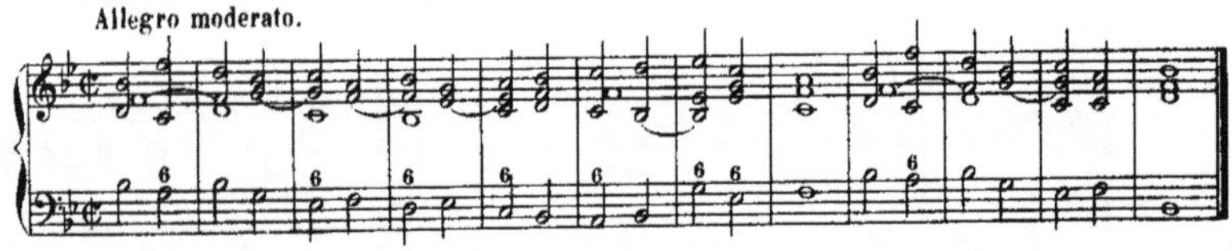

Nº 41. Moderato.

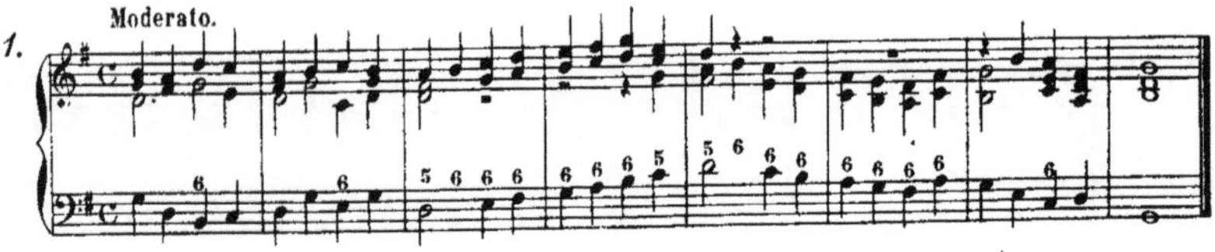

LEÇONS A QUATRE PARTIES
sur les Accords de Quarte et Sixte

BASSES DONNÉES CHIFFRÉES

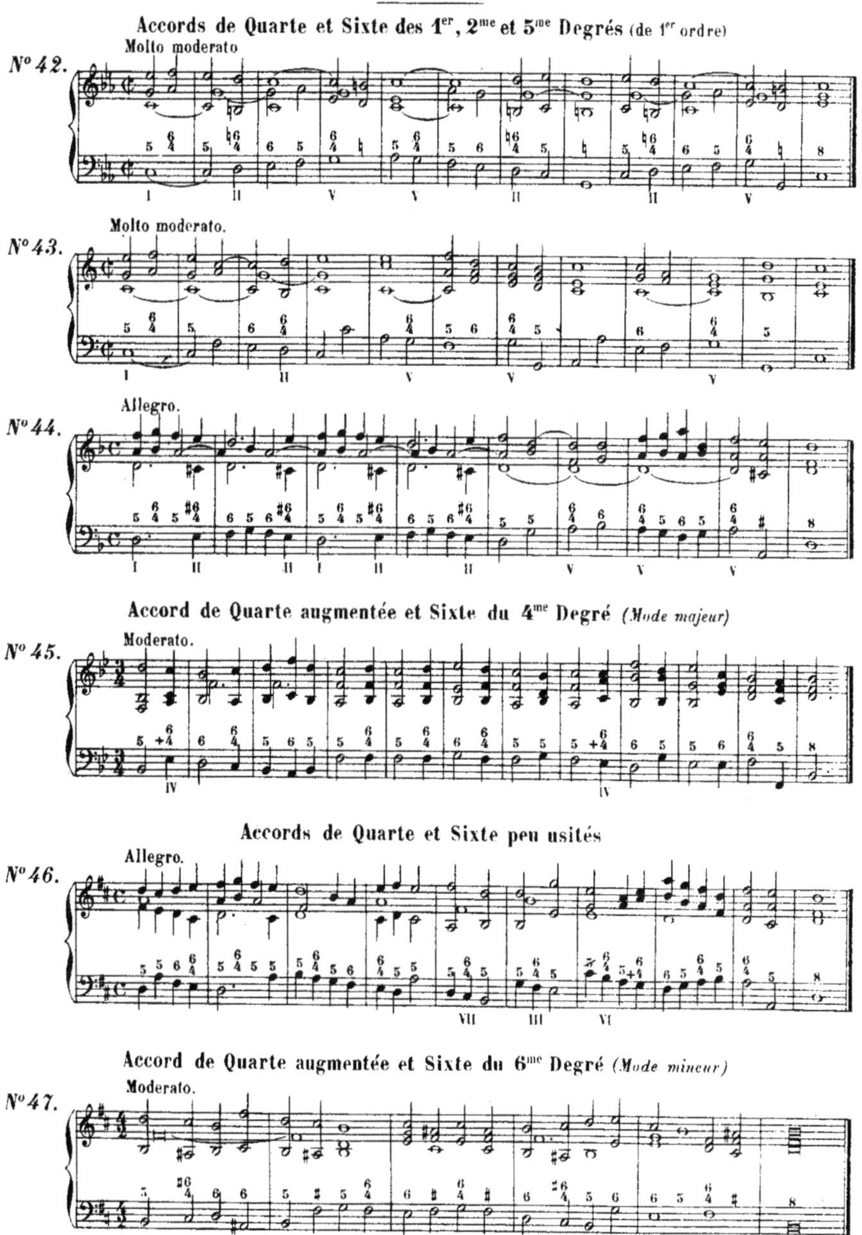

ACCORDS BRISÉS

Changements de Position et Echanges de Notes

BASSES DONNÉES CHIFFRÉES

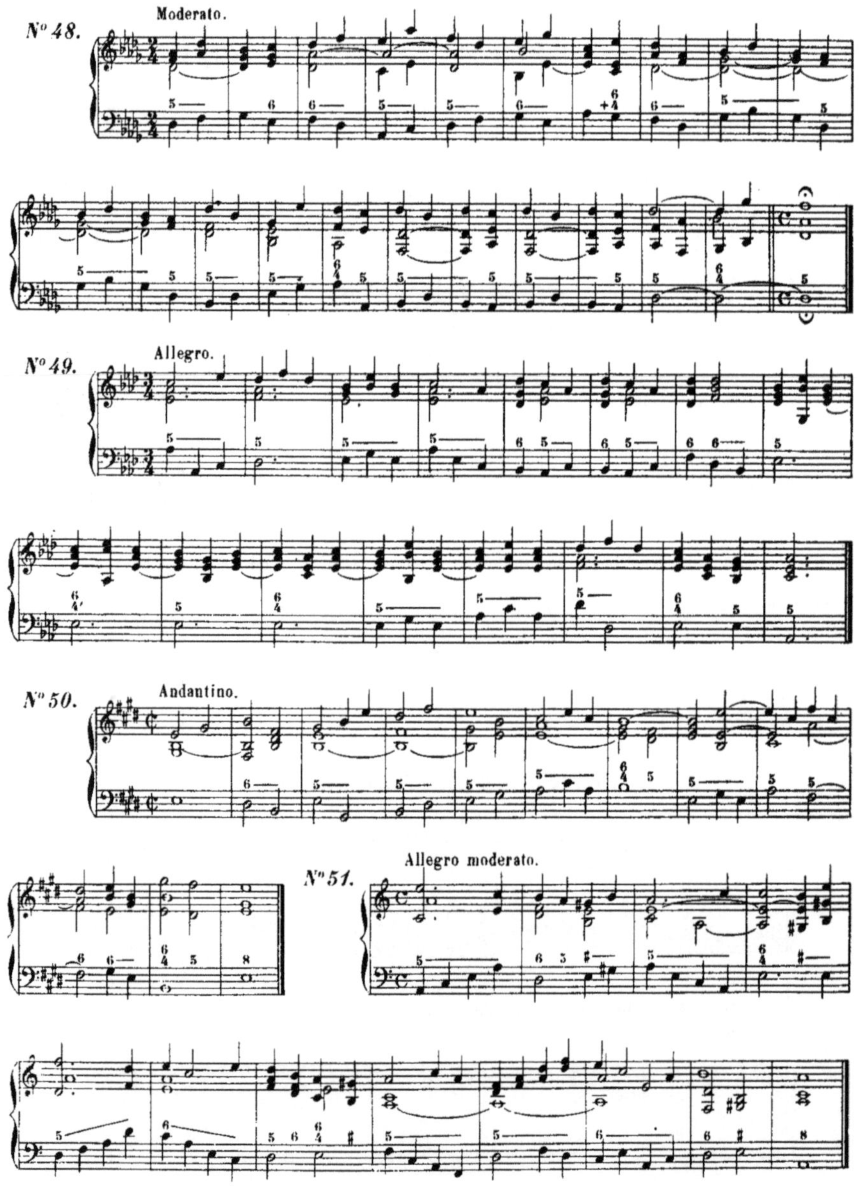

FORMULES DE CADENCES

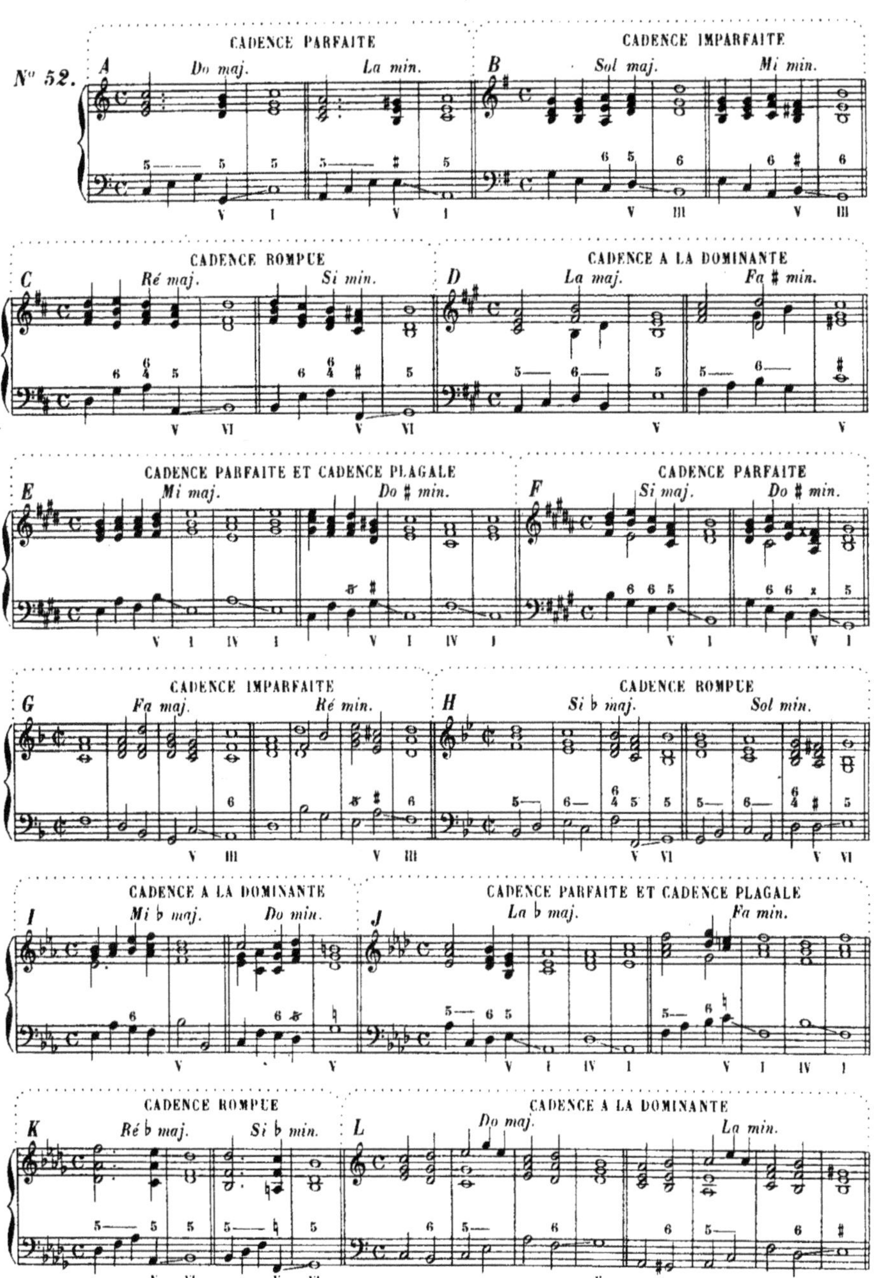

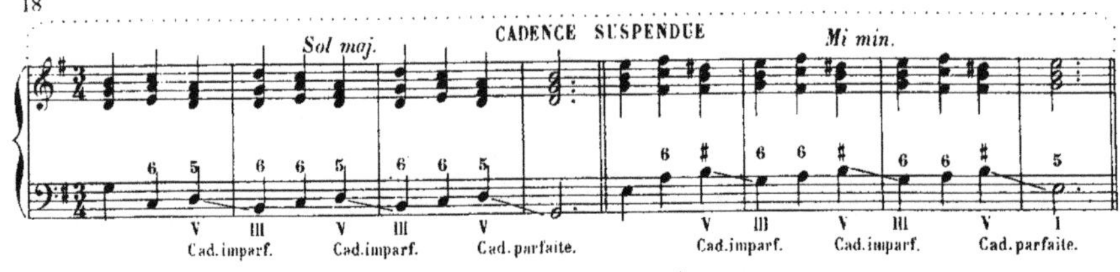

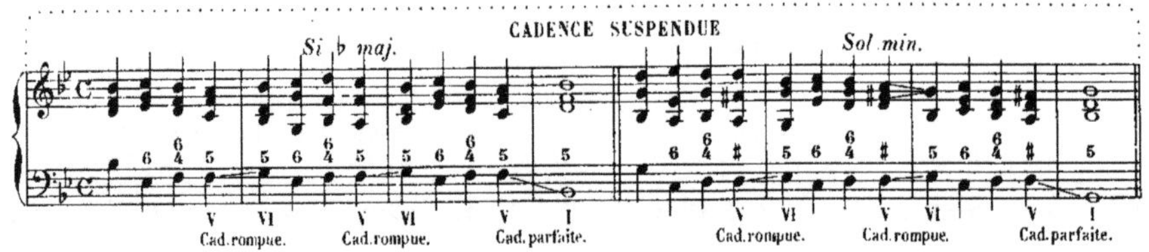

FORMES VARIÉES DES CADENCES

BASSES DONNÉES CHIFFRÉES

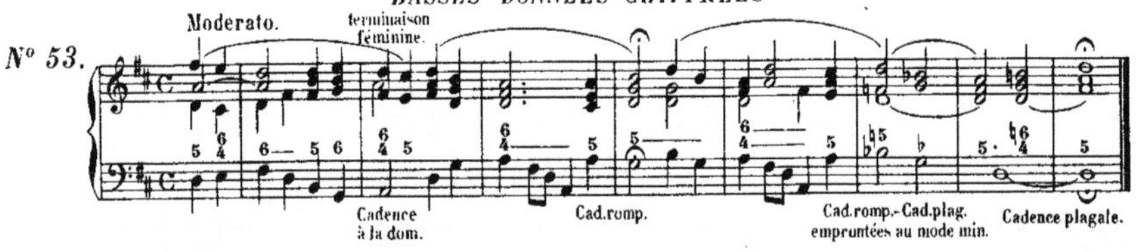

No 53. Moderato.

terminaison féminine.

Cadence à la dom. — Cad. romp. — Cad. romp.-Cad. plag. empruntées au mode min. — Cadence plagale.

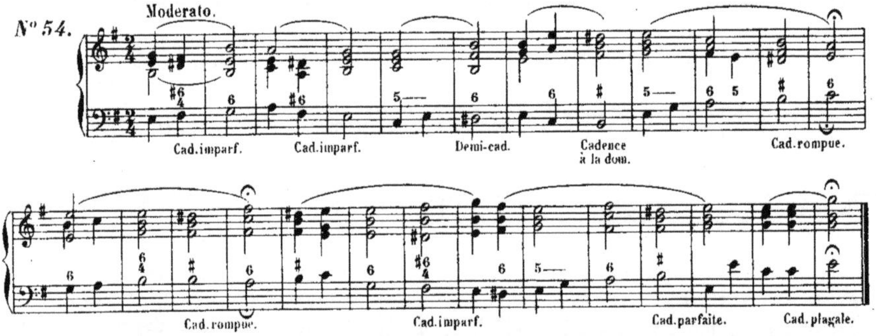

No 54. Moderato.

Cad. imparf. — Cad. imparf. — Demi-cad. — Cadence à la dom. — Cad. rompue.

Cad. rompue. — Cad. imparf. — Cad. parfaite. — Cad. plagale.

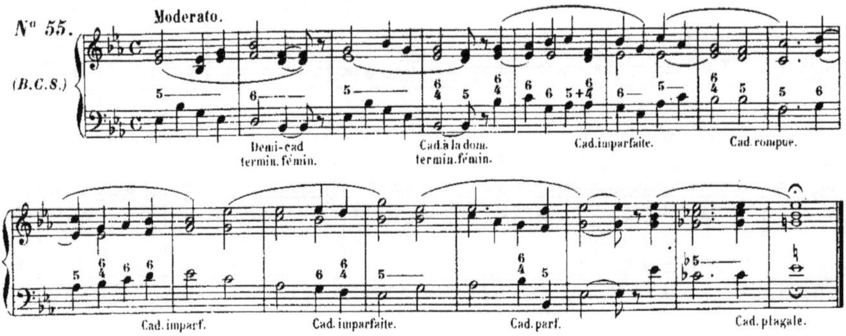

No 55. Moderato.

(B.C.S.)

Demi-cad termin. fémin. — Cad. à la dom. termin. fémin. — Cad. imparfaite. — Cad. rompue.

Cad. imparf. — Cad. imparfaite. — Cad. parf. — Cad. plagale.

MARCHES D'HARMONIE UNITONIQUES

BASSES DONNÉES CHIFFRÉES

N° 56.

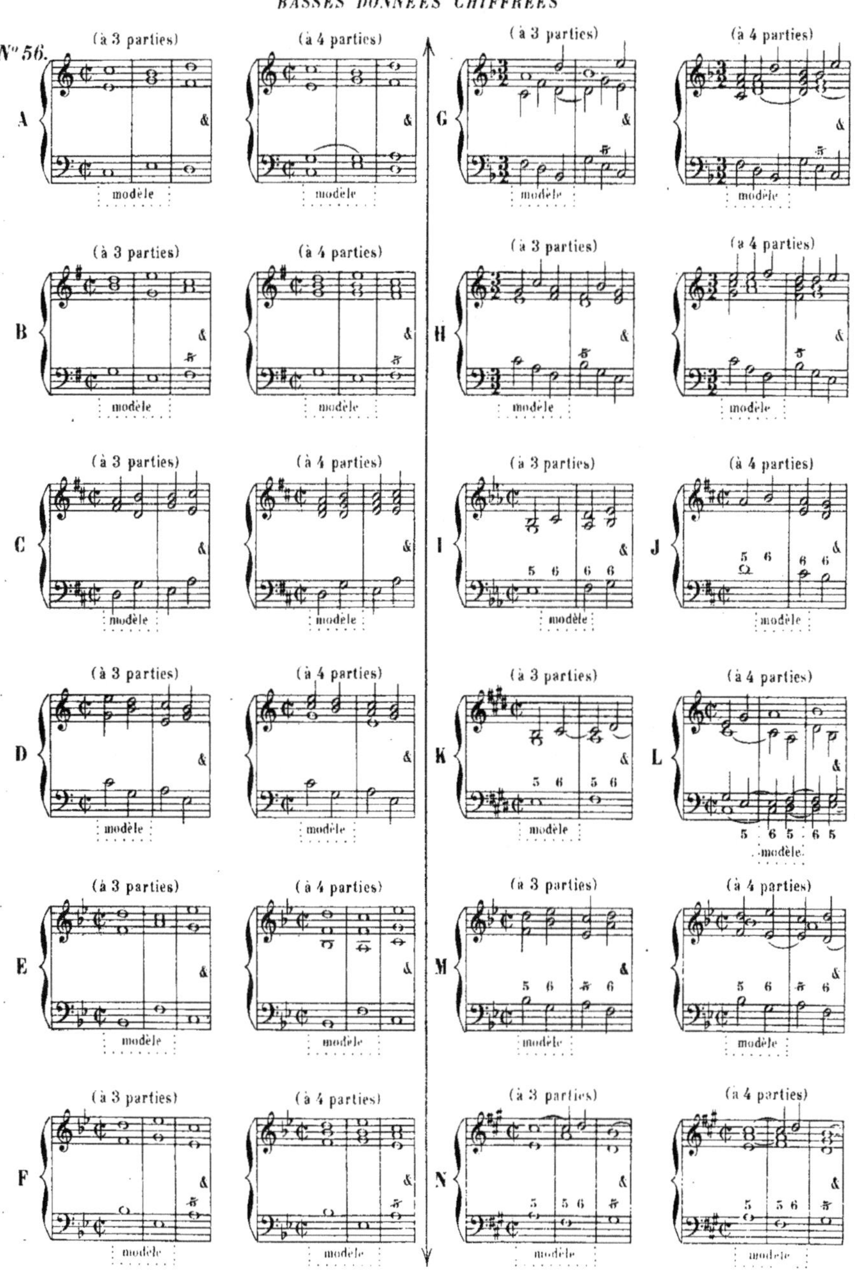

LEÇONS UNITONIQUES
pour l'emploi des Accords de 3 sons fondamentaux et renversés

BASSES DONNÉES SANS CHIFFRES (*)

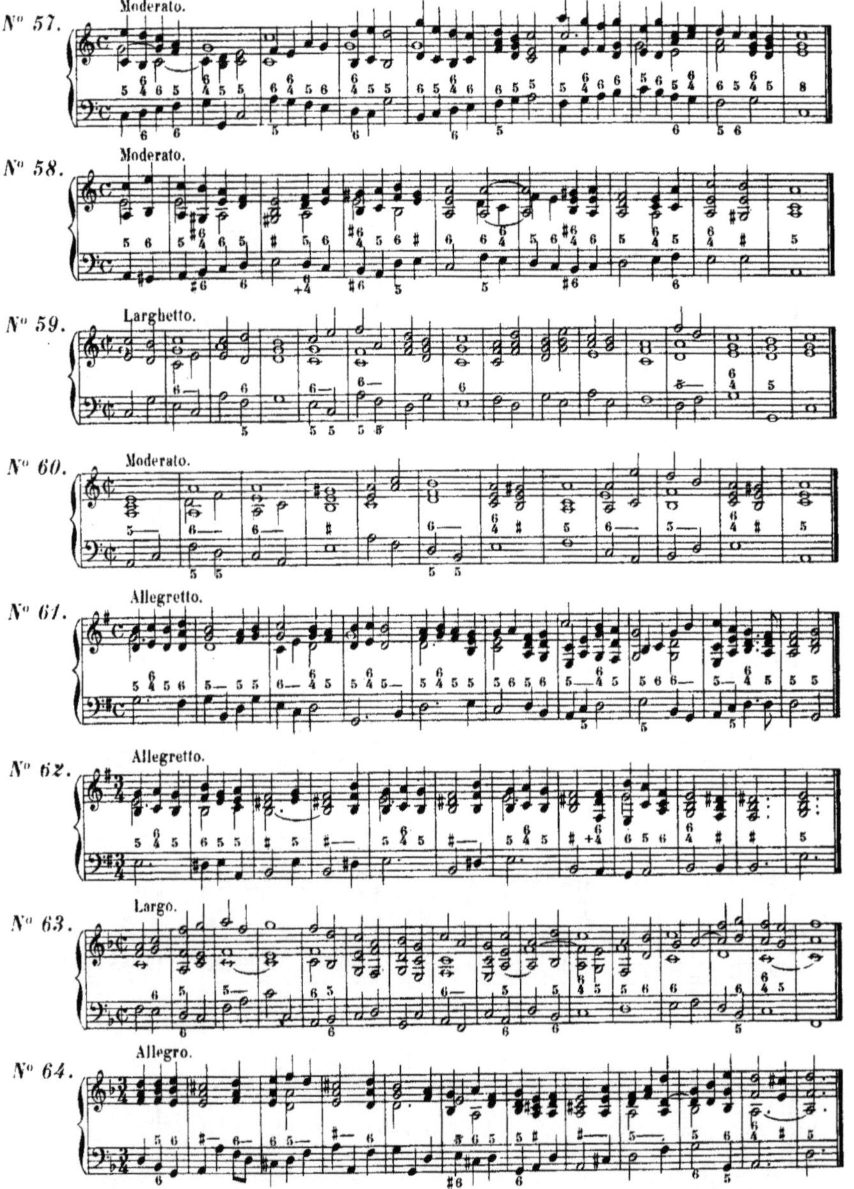

(*) Les *chiffres* placés *au dessous* de certaines notes de basse indiquent une *seconde manière d'harmoniser* ces notes.

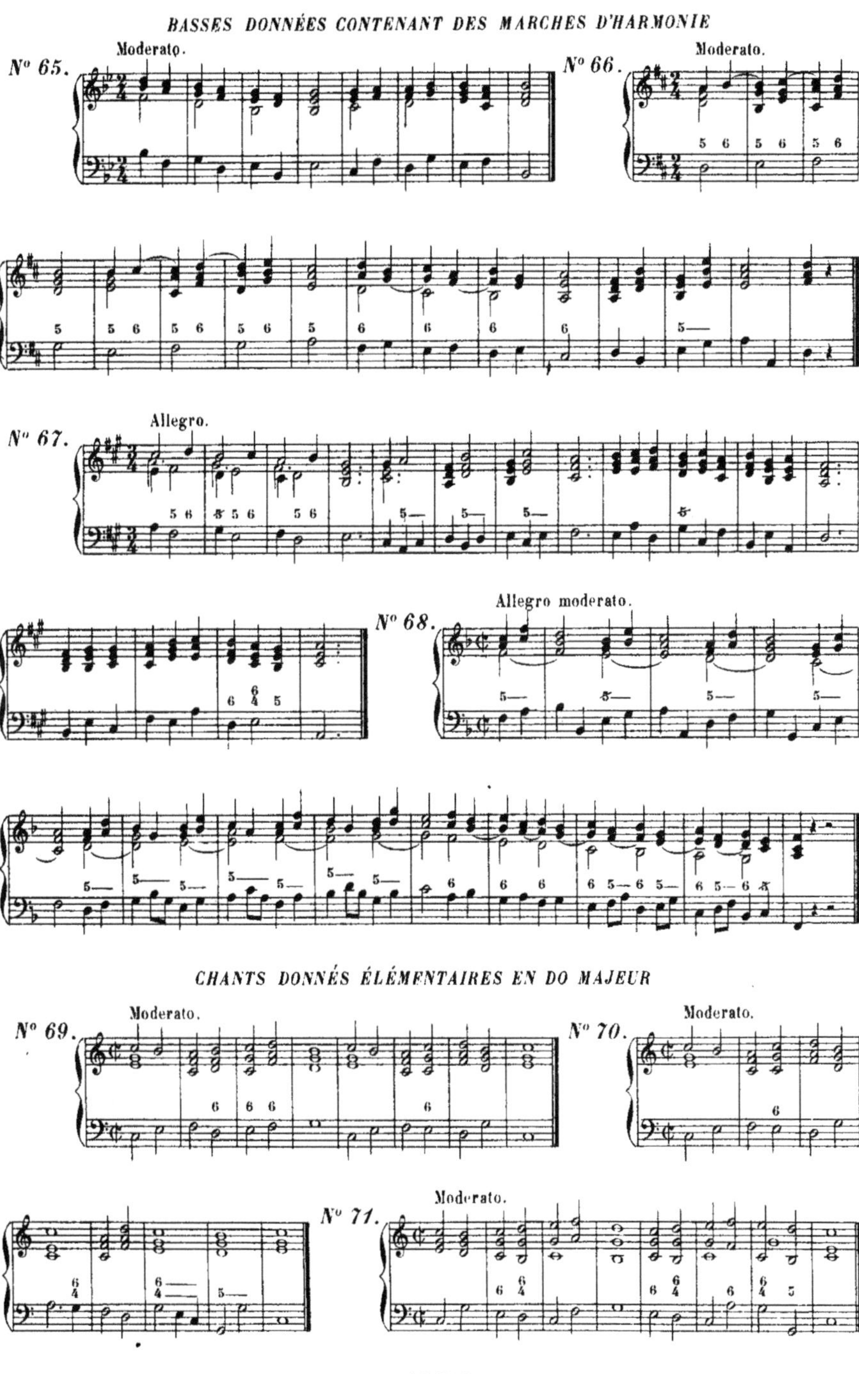
BASSES DONNÉES CONTENANT DES MARCHES D'HARMONIE
Nº 65.
Moderato.
Nº 66.
Moderato.
Nº 67.
Allegro.
Nº 68.
Allegro moderato.
CHANTS DONNÉS ÉLÉMENTAIRES EN DO MAJEUR
Nº 69.
Moderato.
Nº 70.
Moderato.
Nº 71.
Moderato.

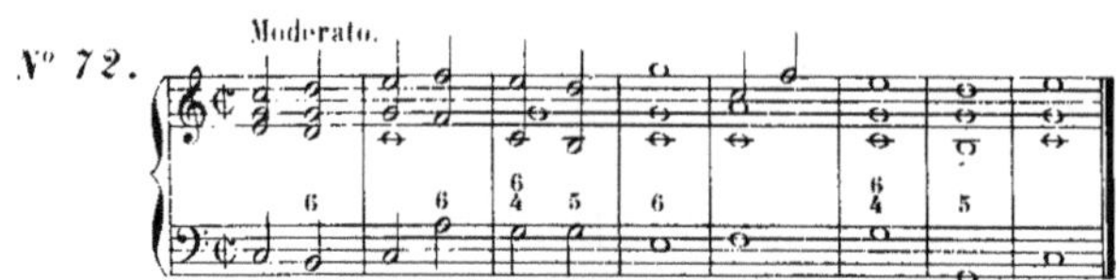

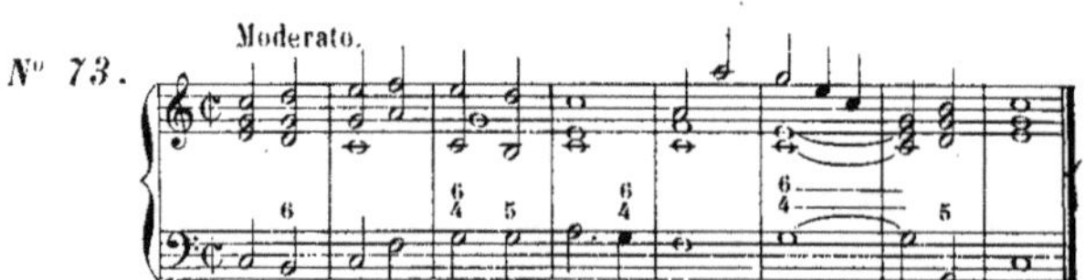

CHANTS DONNÉS ÉLÉMENTAIRES EN LA MINEUR

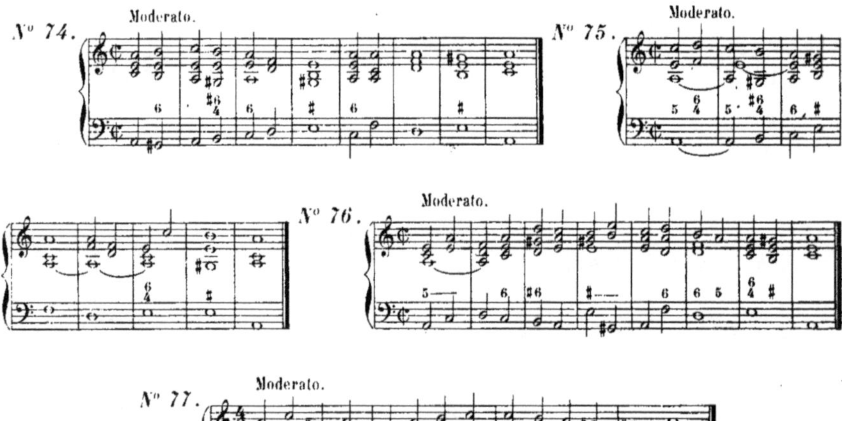

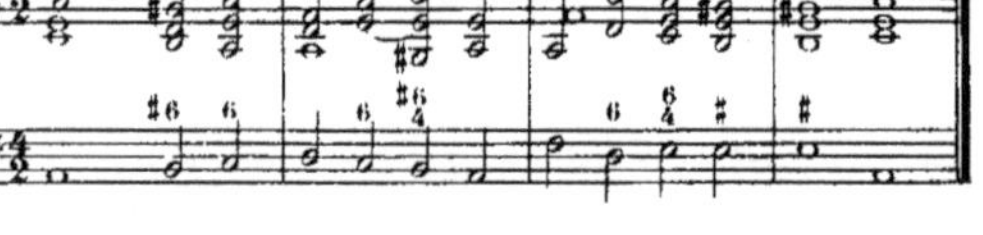

CHANTS DONNÉS EN DIFFÉRENTS TONS

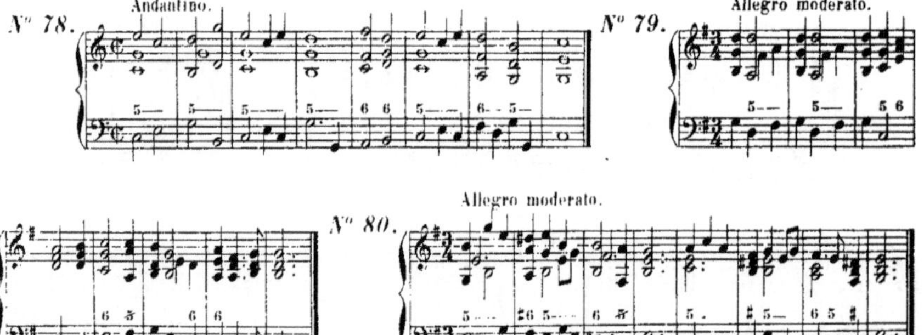

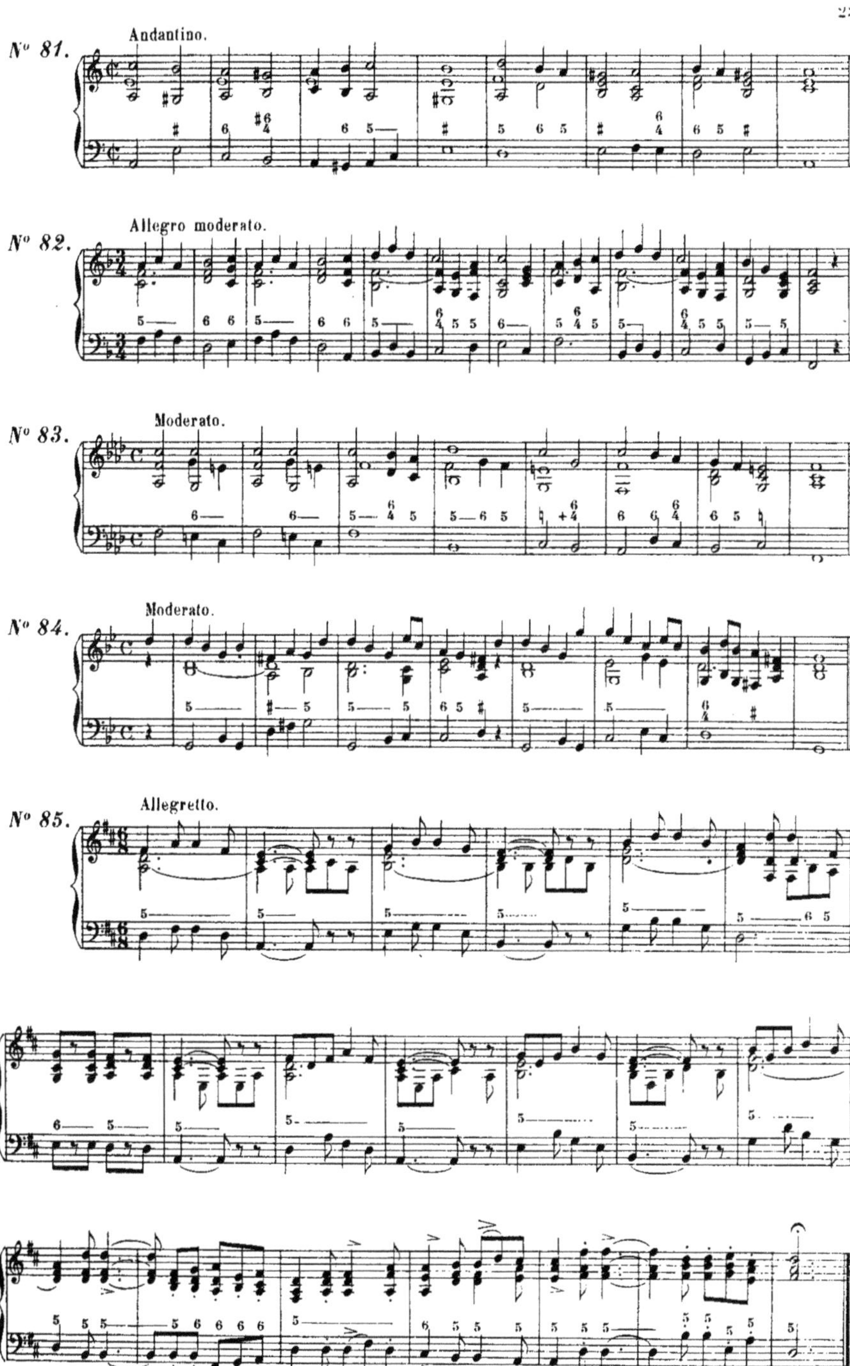
Nº 81.
Andantino.
Nº 82.
Allegro moderato.
Nº 83.
Moderato.
Nº 84.
Moderato.
Nº 85.
Allegretto.

BASSES DONNÉES SANS CHIFFRES

MODULATIONS AUX TONS VOISINS *(Accord du 5me Degré)*

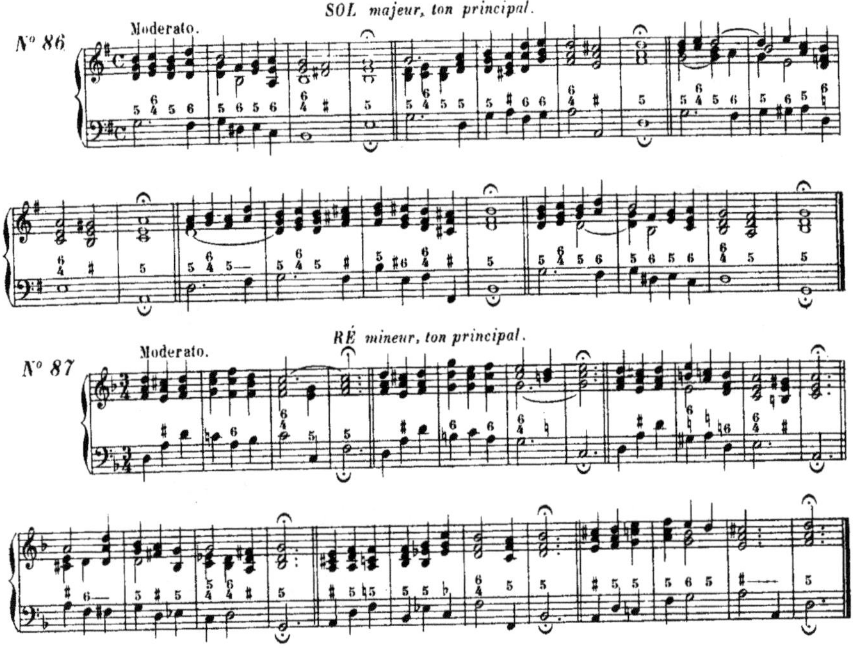

MODULATIONS AUX TONS VOISINS *(Accord de 5 du 7me Degré)*

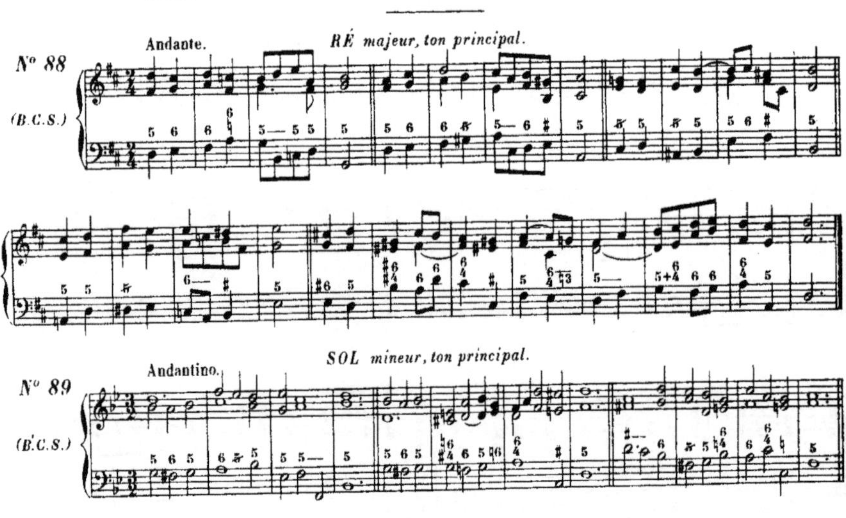

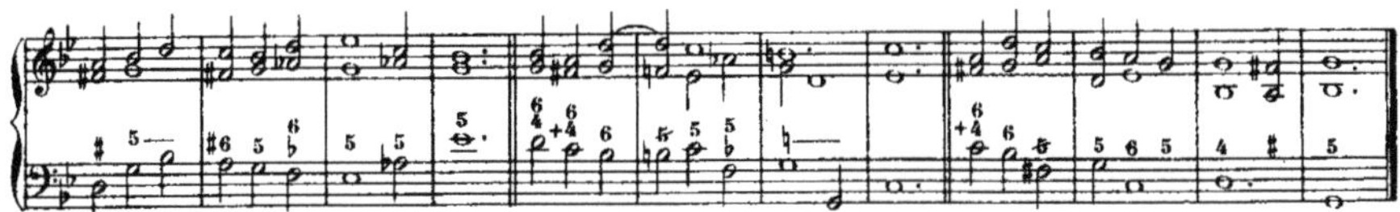

MODULATIONS ENTRE TONS VOISINS
avec accords mixtes

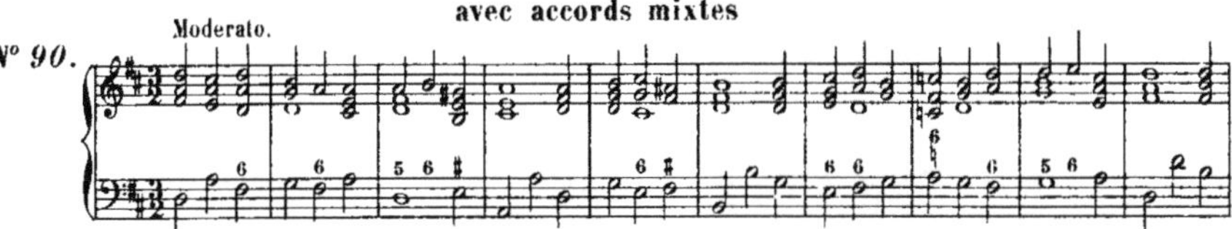

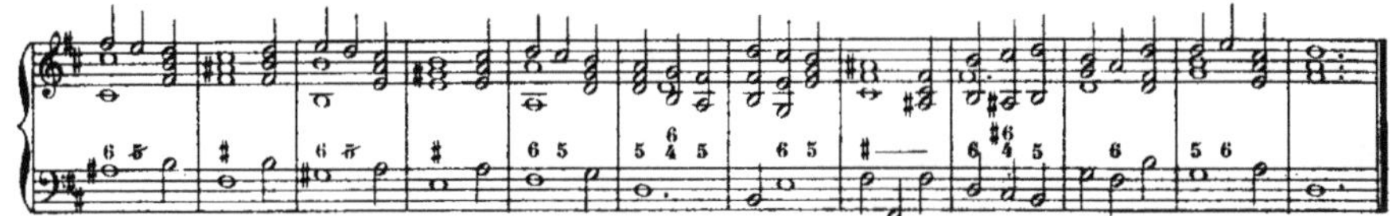

MODULATIONS ENTRE TONS VOISINS
en quittant le ton primitif
et en abordant le nouveau ton de diverses manières

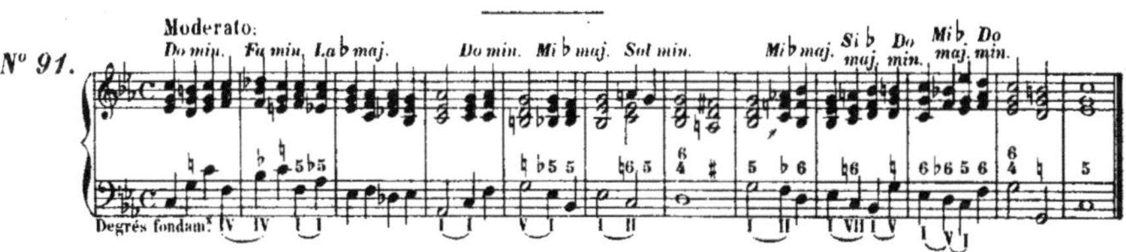

MODULATIONS PAR LE CHANGEMENT DE MODE
de l'accord du 1er degré fondamental ou renversé

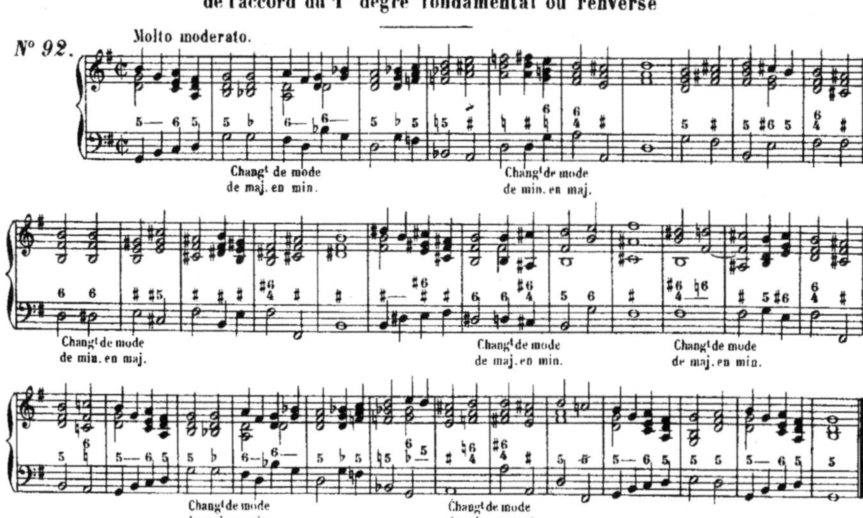

MODE MINEUR

abordé par l'un de ses accords du 2e, du 4e ou du 6e degré;

MODE MAJEUR

abordé par le 1er renversement de l'accord du 4e degré.

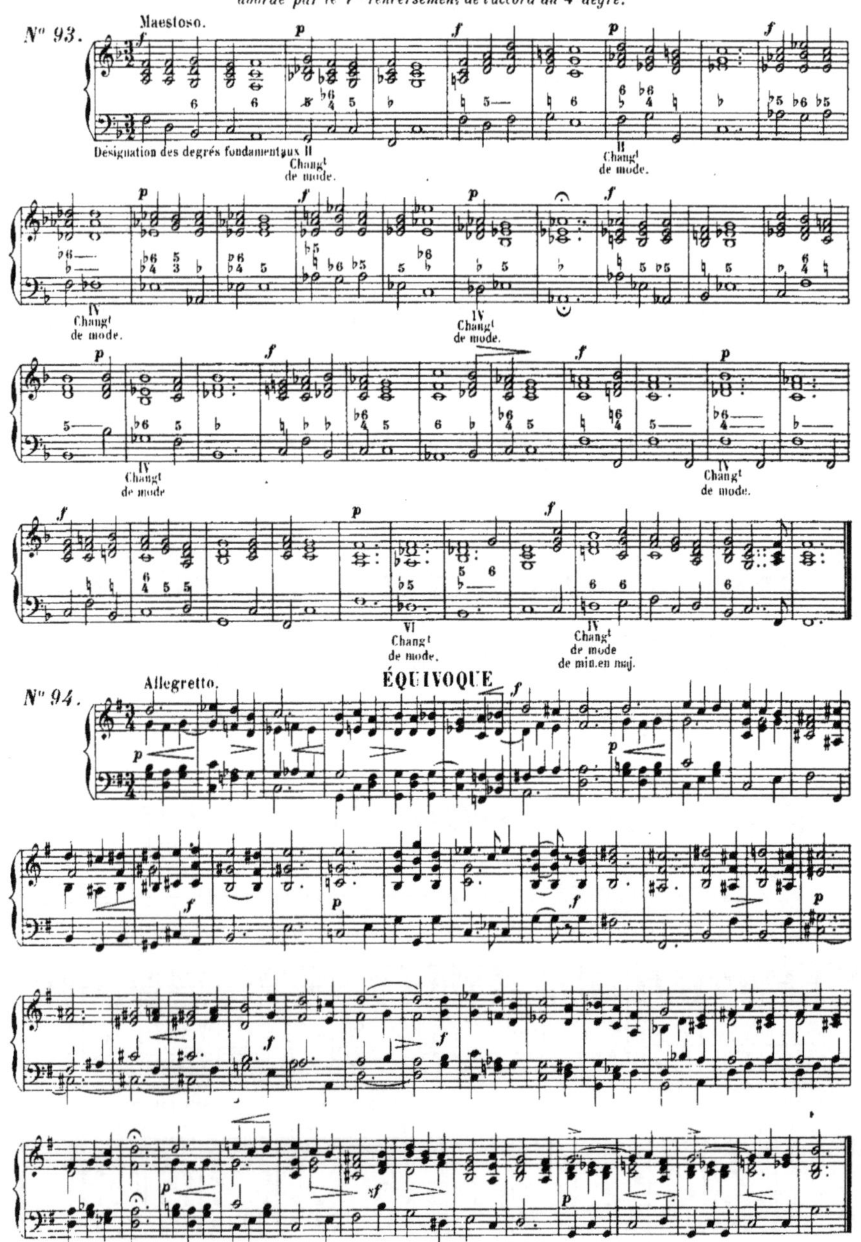

MODULATIONS

provoquées par l'Accord de Quarte et Sixte non-préparé.

Nº 95. Moderato.

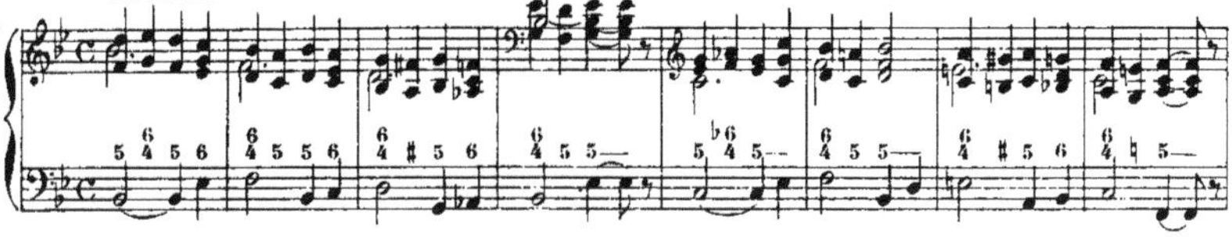

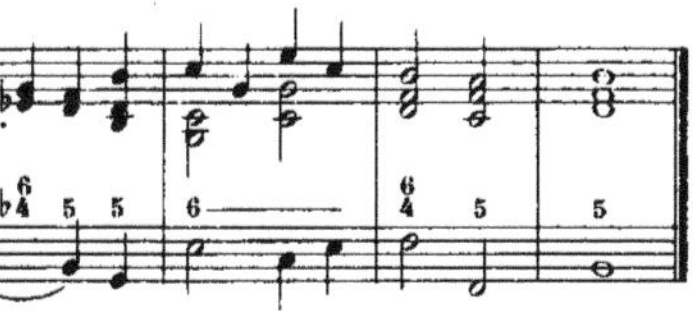

Nº 96. Allegretto.

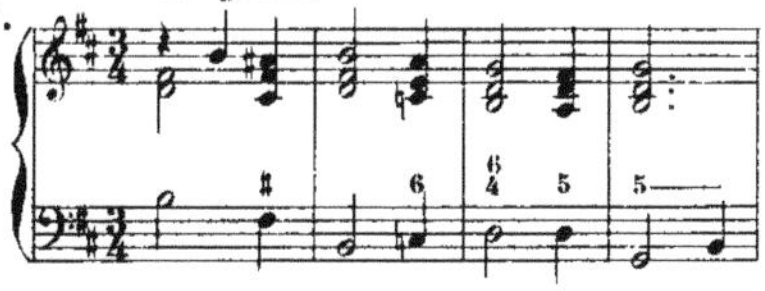

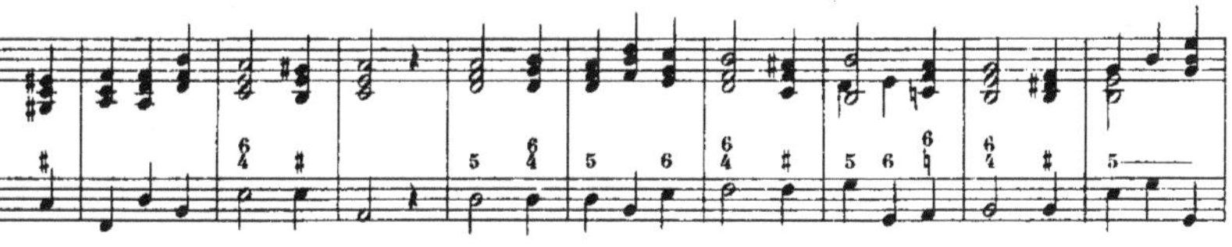

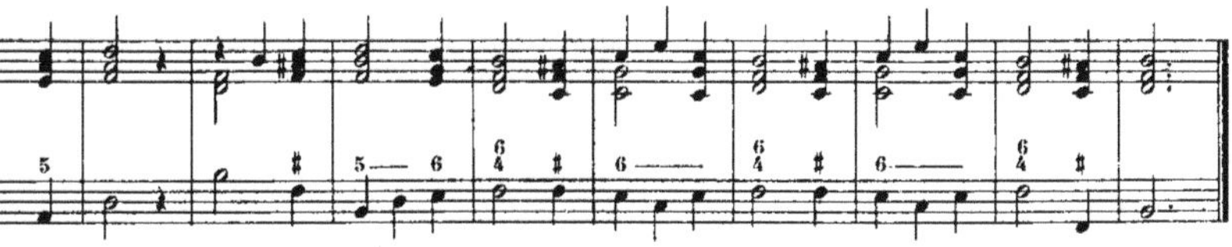

ENHARMONIE

BASSE DONNÉE CHIFFRÉE

Nº 97. Andantino.

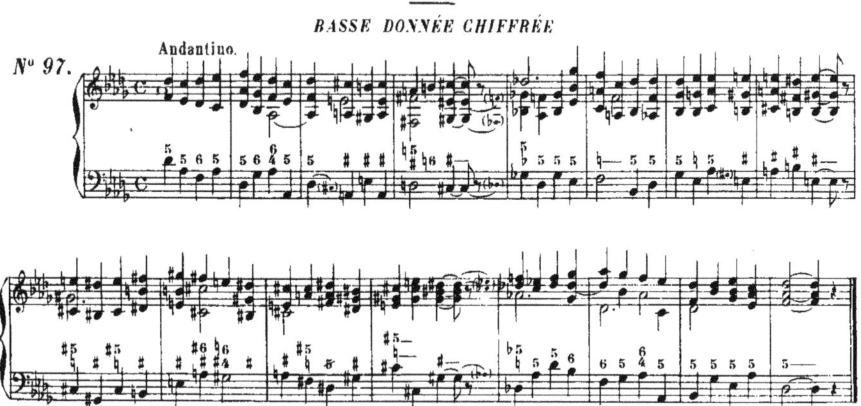

MARCHES MODULANTES

BASSES DONNÉES CHIFFRÉES

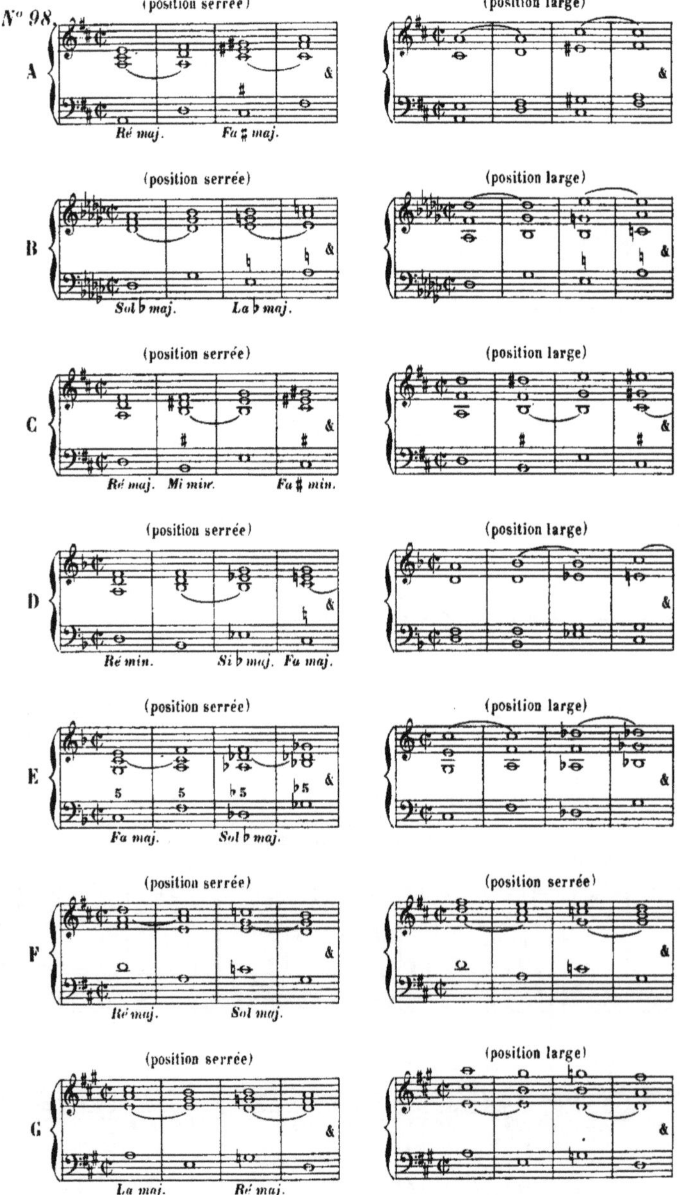

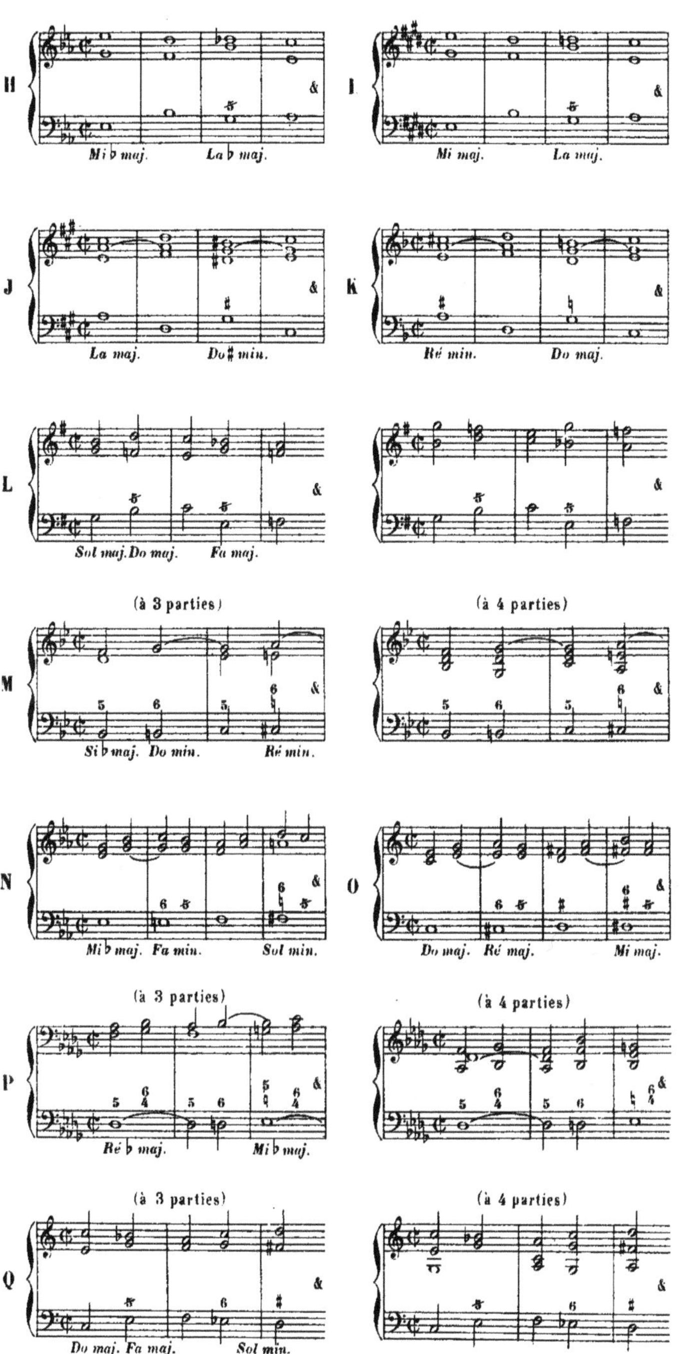
H
Mi ♭ maj.
La ♭ maj.
I
Mi maj.
La maj.
J
La maj.
Do ♯ min.
K
Ré min.
Do maj.
L
Sol maj. Do maj.
Fa maj.
(à 3 parties)
(à 4 parties)
M
Si ♭ maj.
Do min.
Ré min.
N
Mi ♭ maj.
Fa min.
Sol min.
O
Do maj.
Ré maj.
Mi maj.
(à 3 parties)
(à 4 parties)
P
Ré ♭ maj.
Mi ♭ maj.
(à 3 parties)
(à 4 parties)
Q
Do maj. Fa maj.
Sol min.

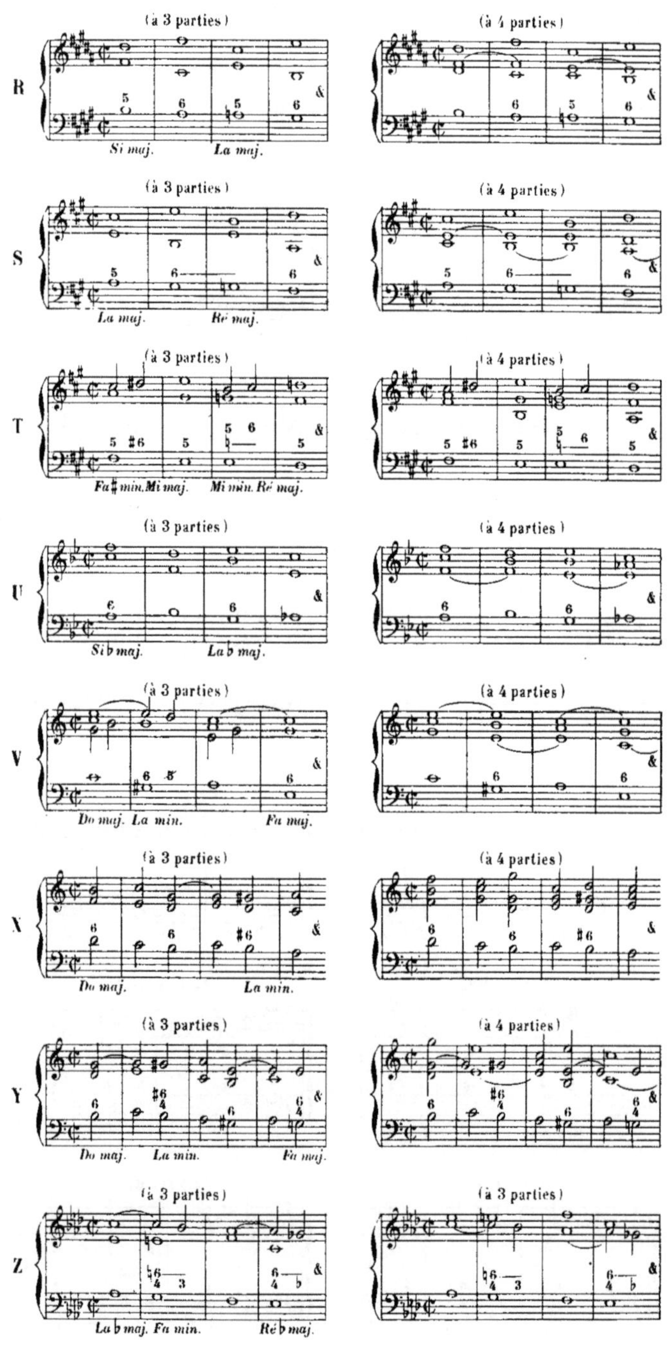
(à 3 parties)
(à 4 parties)
R
Si maj.
La maj.
S
La maj.
Ré maj.
T
Fa♯ min. Mi maj.
Mi min. Ré maj.
U
Si♭ maj.
La♭ maj.
V
Do maj. La min.
Fa maj.
X
Do maj.
La min.
Y
Do maj.
La min.
Fa maj.
Z
(à 3 parties)
La♭ maj. Fa min.
Ré♭ maj.

CADENCES ÉVITÉES

BASSE DONNÉE CHIFFRÉE

N° 99. Moderato.

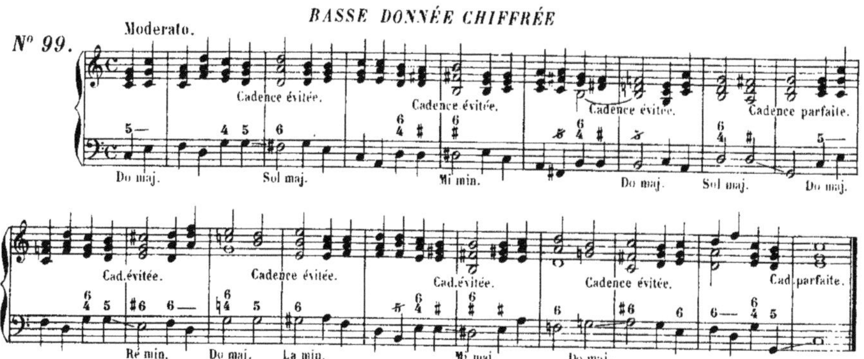

LEÇONS DONNÉES AVEC LEUR RÉALISATION
sauf les Altérations demandées

MODE MAJEUR

Accords parfaits majeurs rendus mineurs par l'altération descendante de leur Tierce

N° 100. *A* 1er DEGRÉ.

Accord fond. — 1r renvt — 2d renvt

B 4me DEGRÉ.

Accd fond. — 1r renvt — 2d renvt

C 5me DEGRÉ.

Accd fond. — 1r renvt — 2d renvt

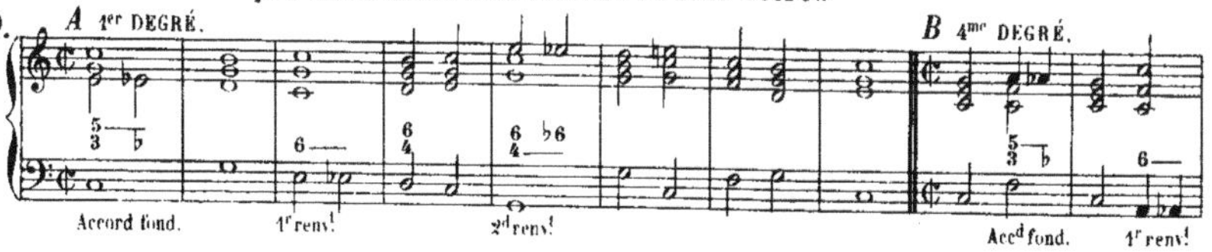

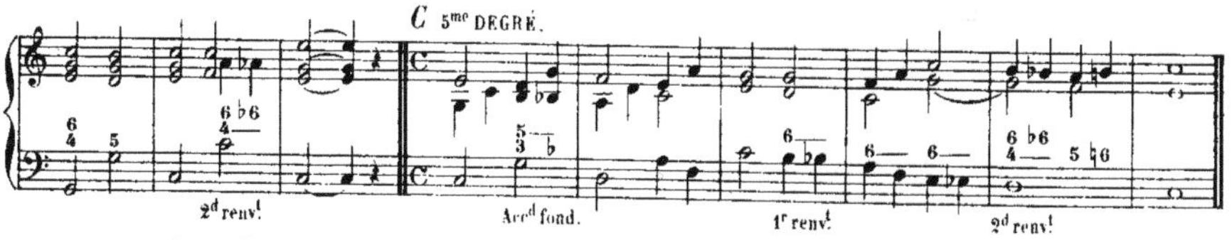

Accords parfaits majeurs devenant des Accords de Quinte diminuée par l'altération ascendante de leur Fondamentale

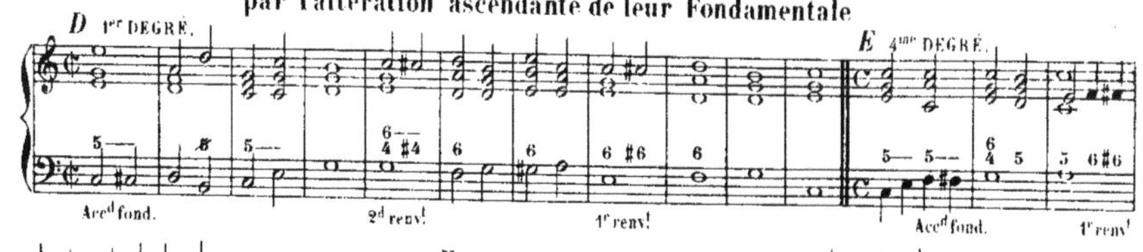

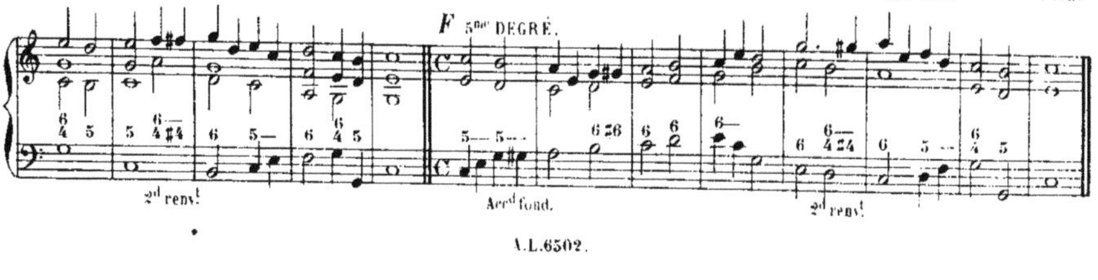

D 1er DEGRÉ.

Accd fond. — 2d renvt — 1r renvt

E 4me DEGRÉ.

Accd fond. — 1r renvt — 2d renvt

F 5me DEGRÉ.

Accd fond. — 2d renvt

A.L.6502.

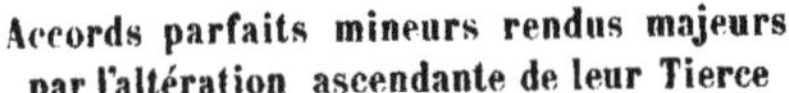

Accords parfaits mineurs rendus majeurs par l'altération ascendante de leur Tierce

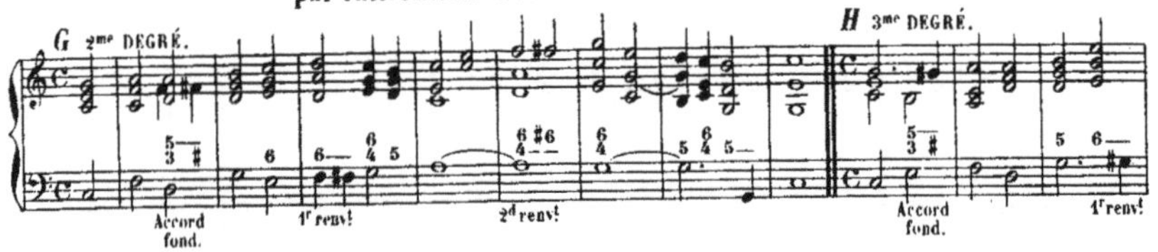

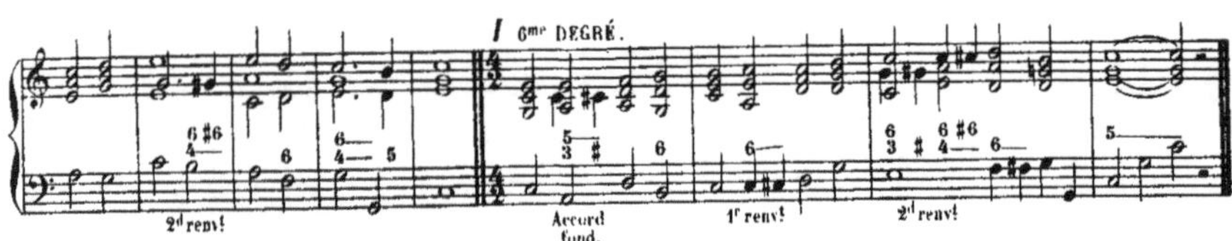

Accords parfaits mineurs devenant des Accords de Quinte diminuée par l'altération descendante de leur Quinte

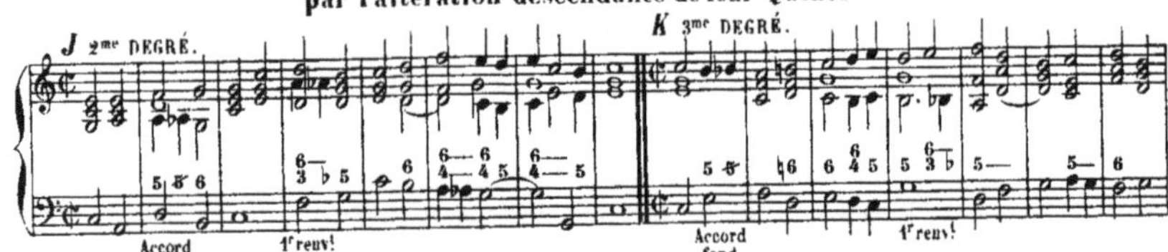

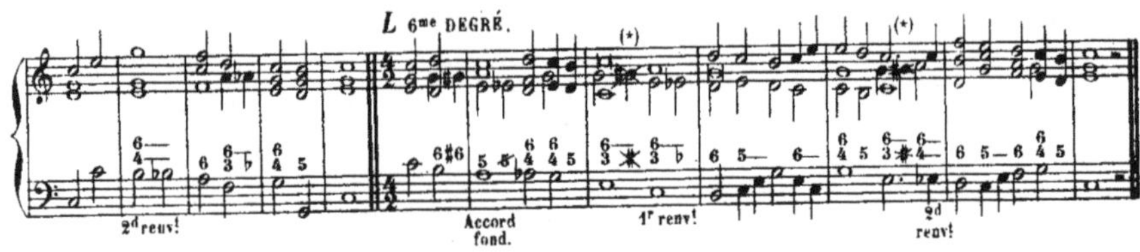

Accord de Quinte diminuée du 7me degré devenant accord parfait mineur par l'altération ascendante de sa Quinte

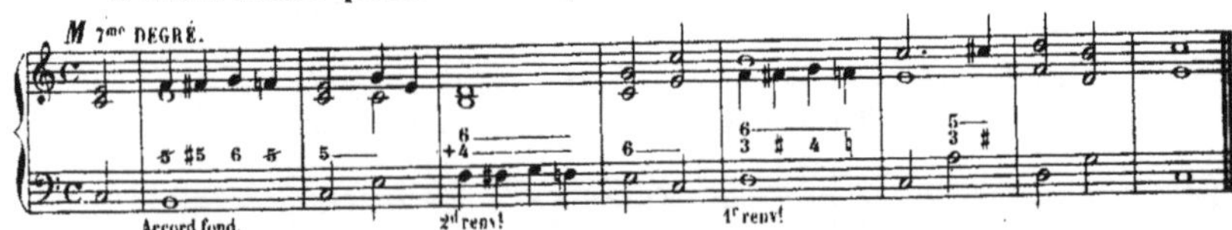

Accord de Quinte diminuée du 7me degré devenant Accord parfait majeur par l'altération descendante de sa Fondamentale

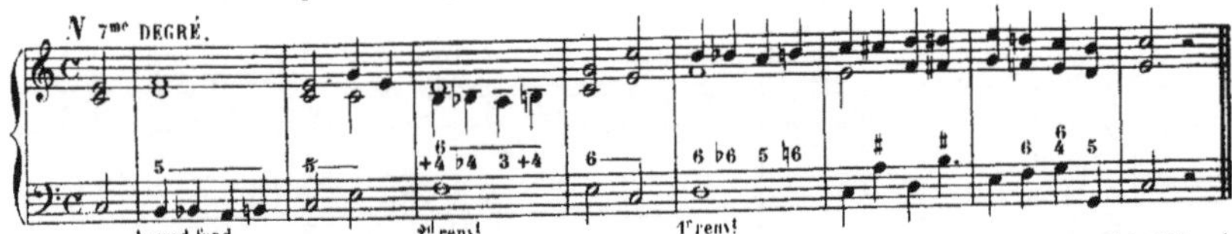

(*) Si nous employons ici cette *altération dissonante* c'est qu'elle amène bien ce renversement *peu usité* de l'accord du 6e degré.

MODE MINEUR

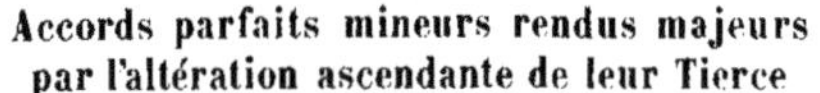

Accords parfaits mineurs rendus majeurs par l'altération ascendante de leur Tierce

N° 101.

A 1er DEGRÉ

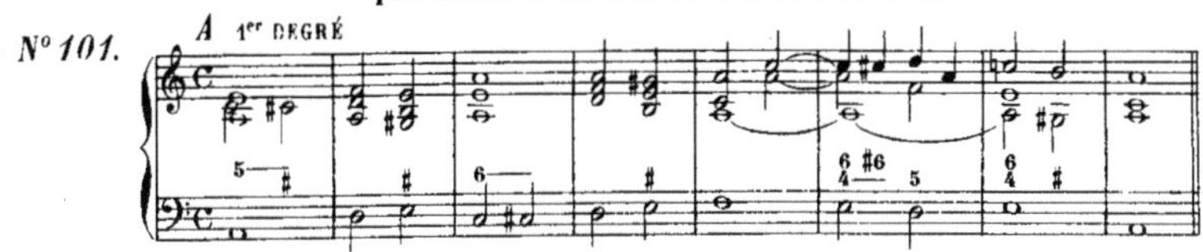

B 4me DEGRÉ

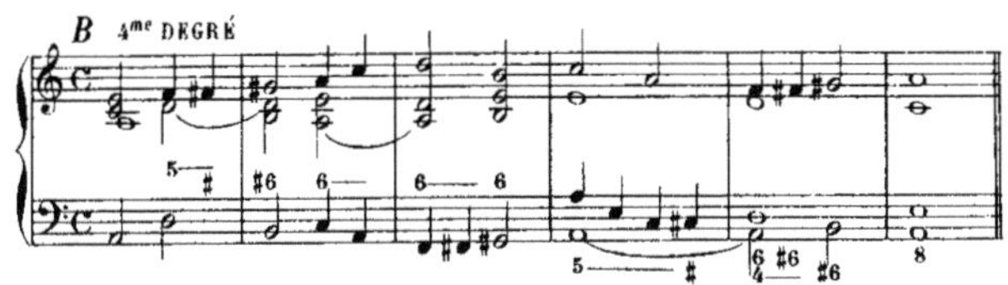

Accord parfait majeur du 5me degré rendu mineur par l'altération descendante de sa Tierce

C

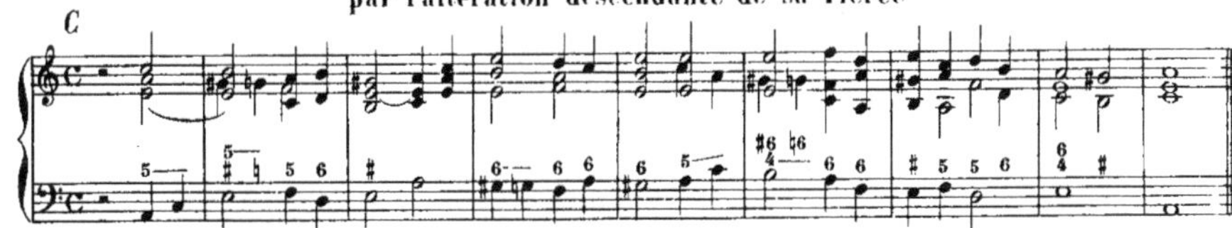

Accord parfait majeur du 6me degré devenant accord de Quinte diminuée par l'altération ascendante de sa Fondamentale

D

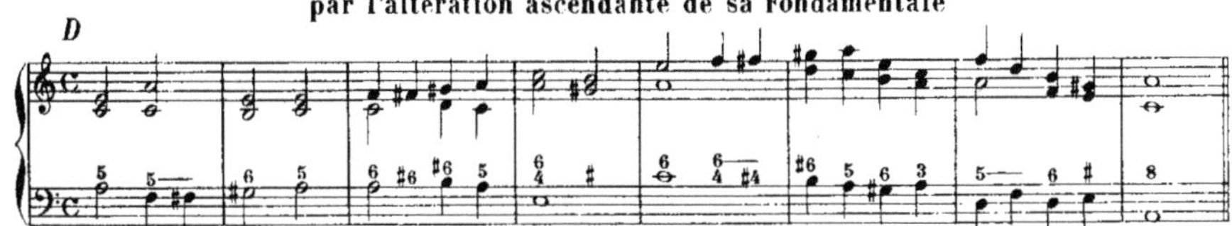

Accords de Quinte diminuée devenant des accords parfaits mineurs par l'altération ascendante de leur Quinte

E 2me DEGRÉ

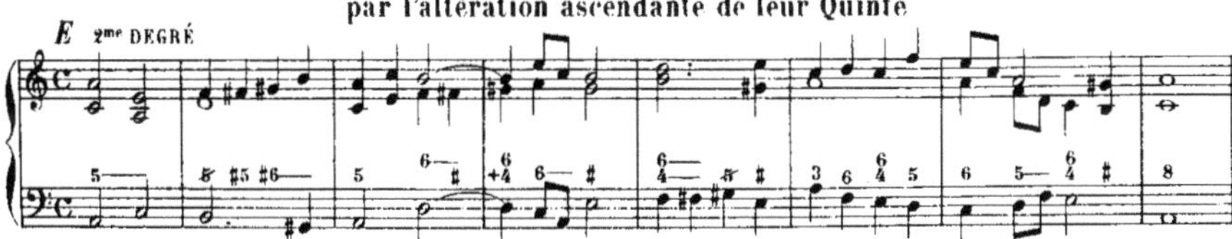

F 7me DEGRÉ

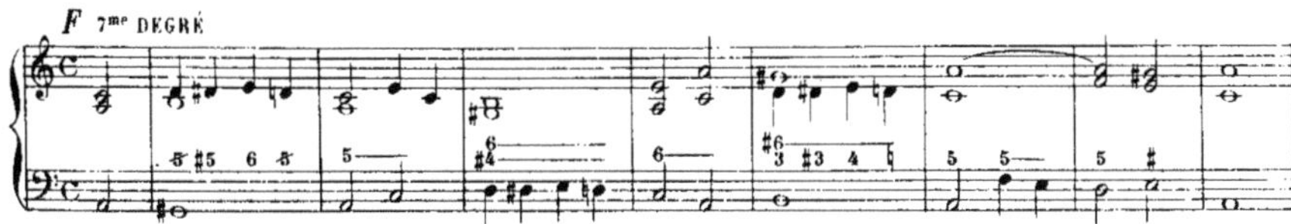

Accords de Quinte diminuée devenant des Accords parfaits majeurs par l'altération descendante de leur fondamentale

G 2me DEGRÉ

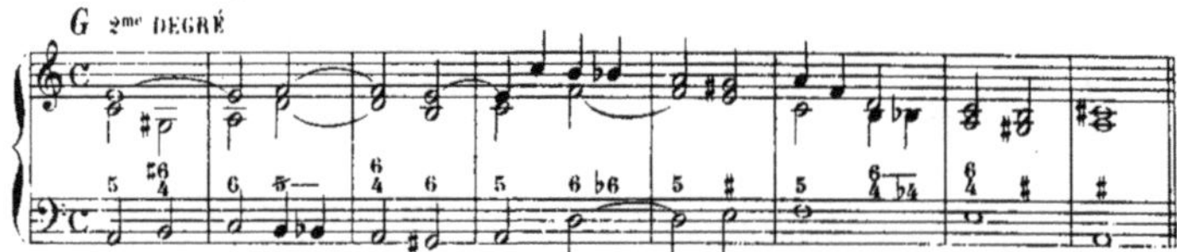

H 7me DEGRÉ

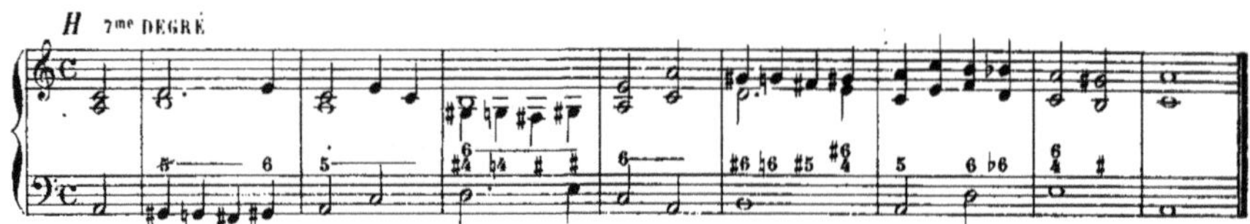

ALTÉRATIONS DOUBLES ET TRIPLES

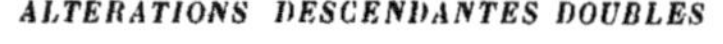

MODE MAJEUR

ALTÉRATIONS DESCENDANTES DOUBLES

Nº 102.

A

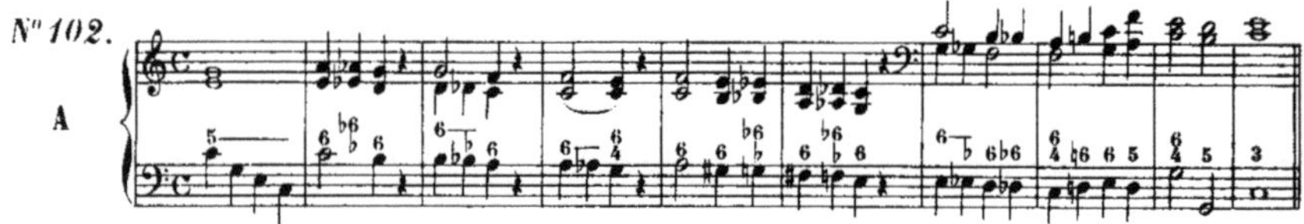

ALTÉRATIONS ASCENDANTES DOUBLES

B

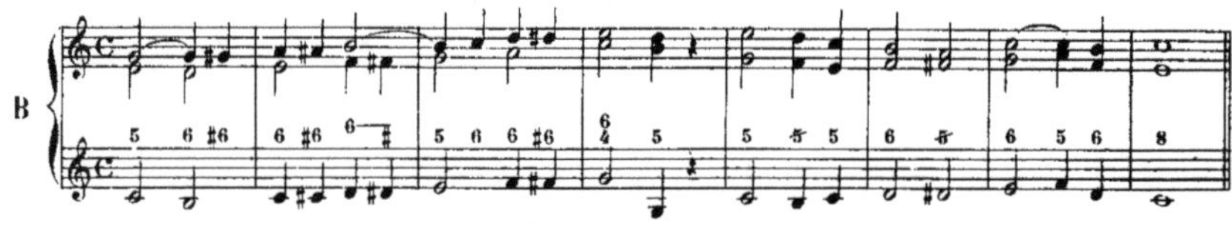

ALTÉRATIONS TRIPLES ASCENDANTES ET DESCENDANTES

C

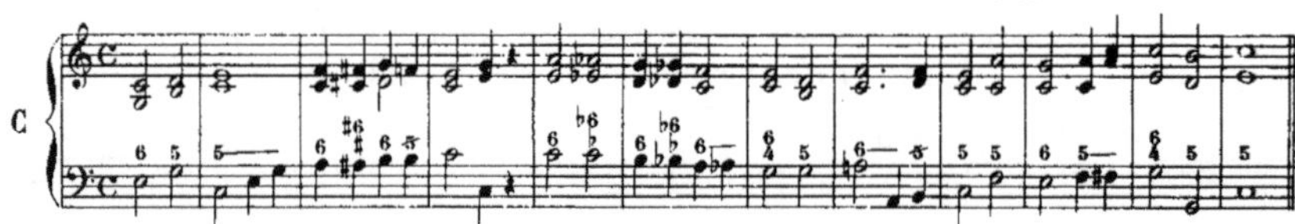

MODE MINEUR

ALTÉRATIONS DOUBLES ET TRIPLES ASCENDANTES ET DESCENDANTES

D

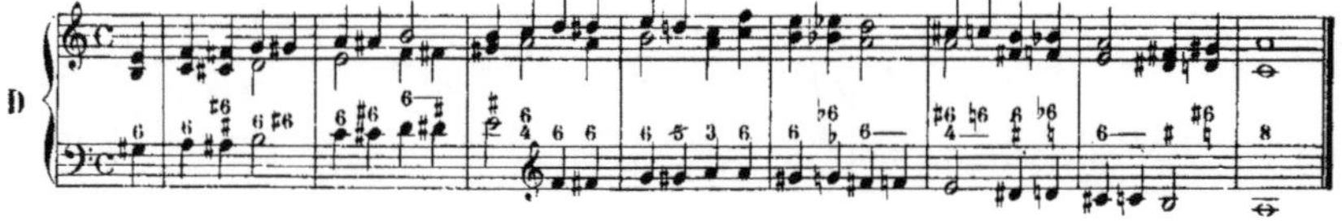

ALTÉRATIONS NON-PRÉPARÉES

BASSES DONNÉES CHIFFRÉES

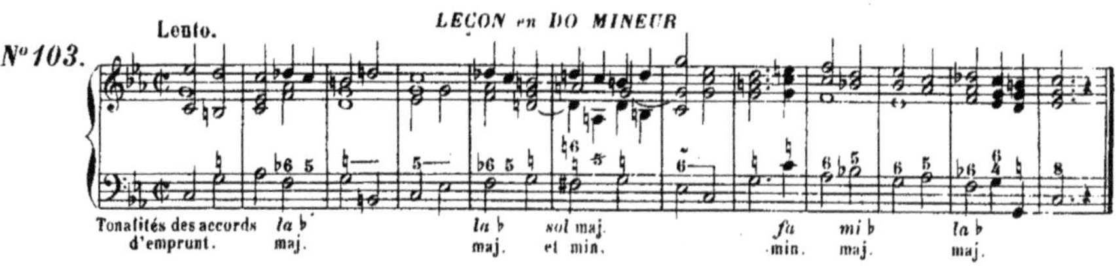

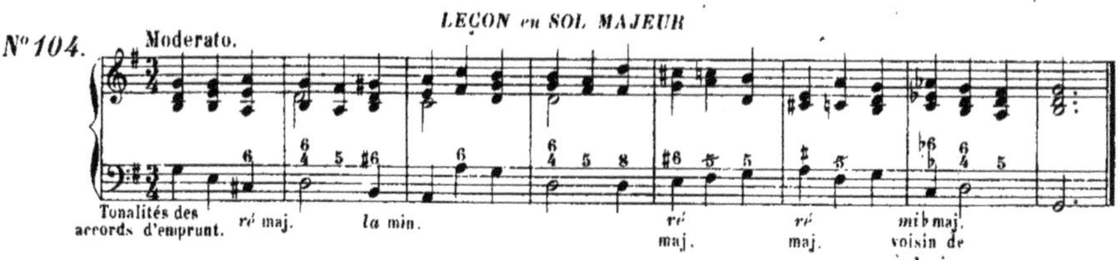

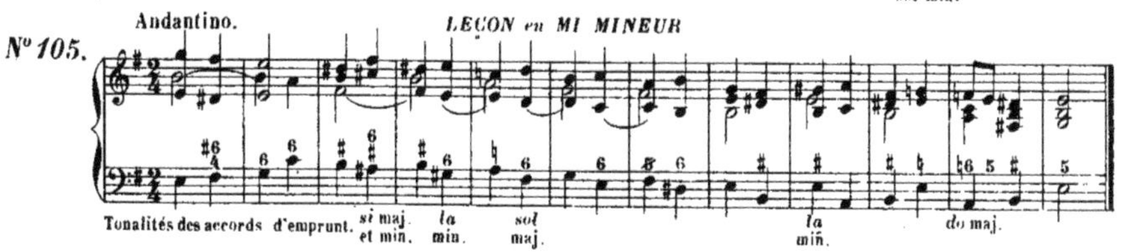

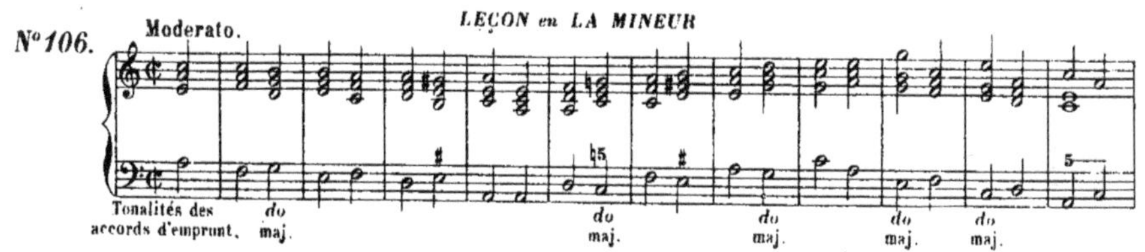

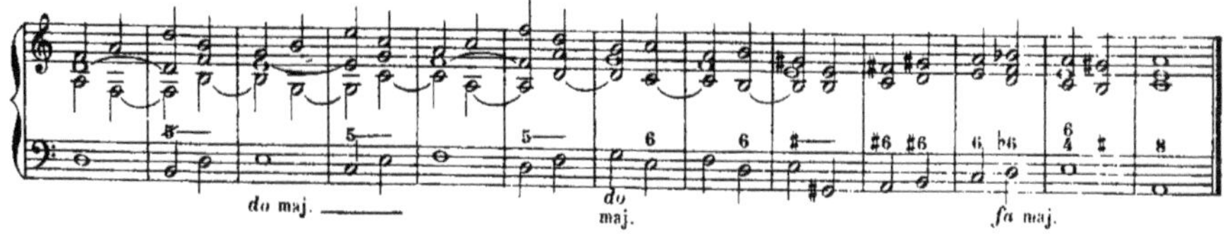

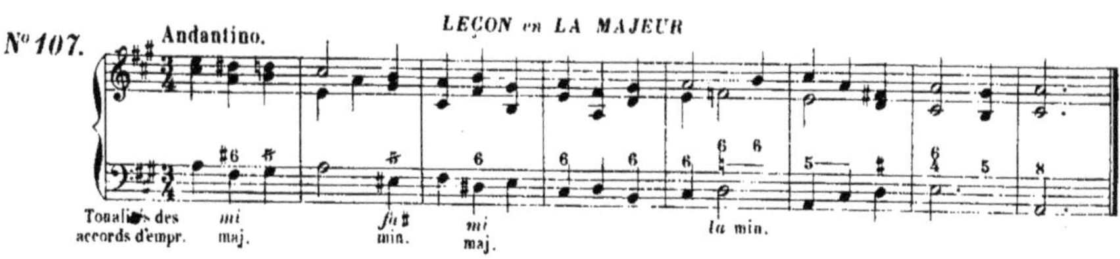

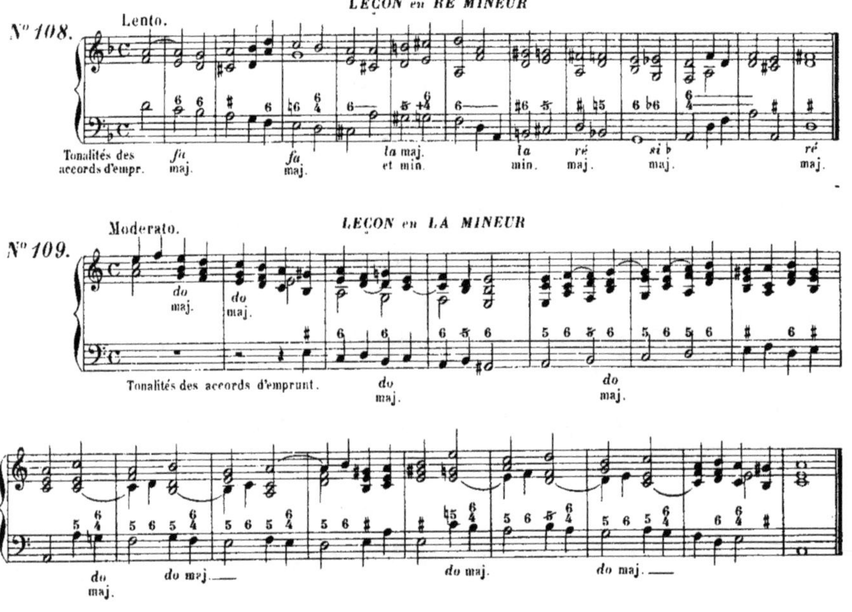

BASSES ET CHANTS DONNÉS MODULANTS

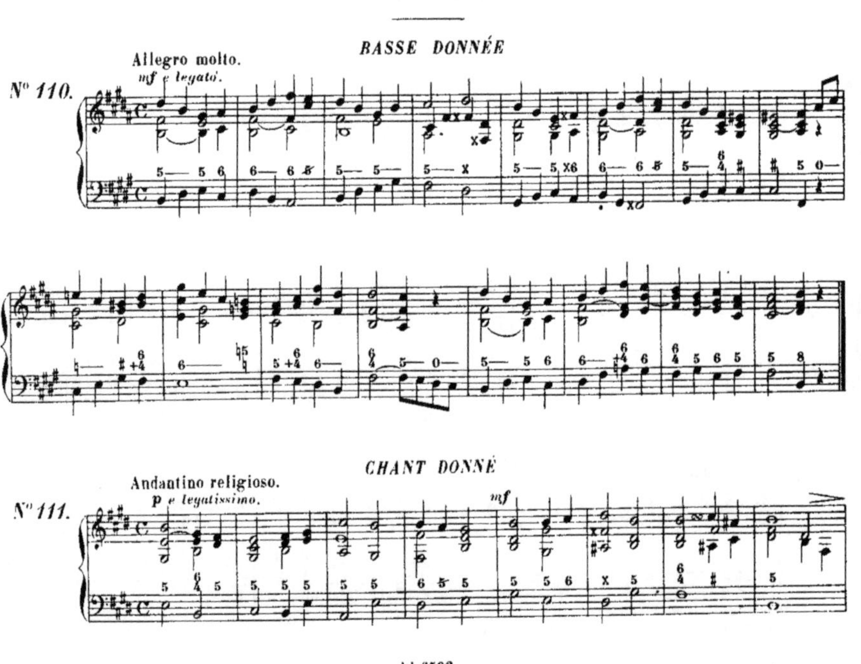

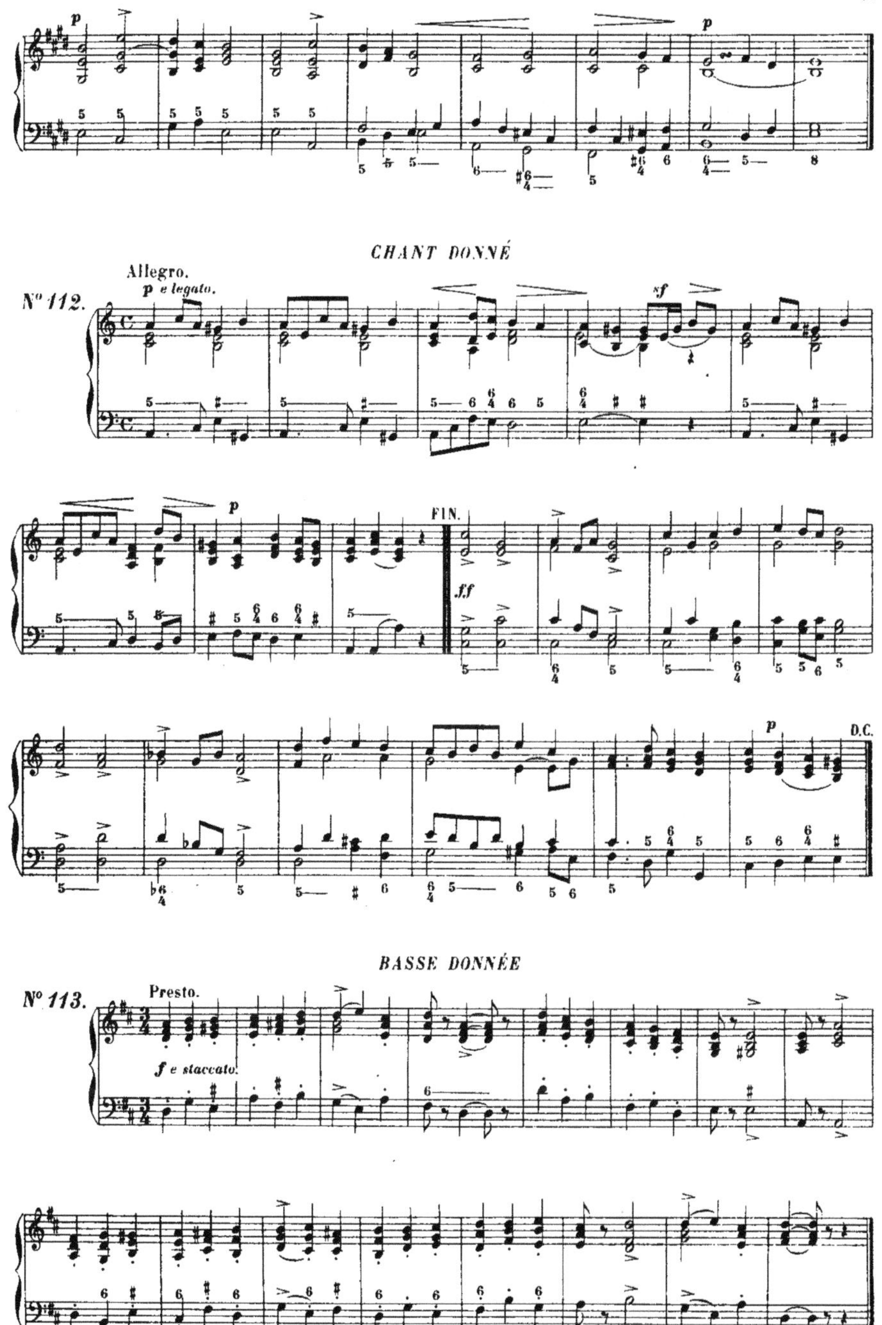
CHANT DONNÉ
N° 112.
Allegro.
p e legato.
FIN.
D.C.
BASSE DONNÉE
N° 113.
Presto.
f e staccato.

CHANT DONNÉ

N° 114.

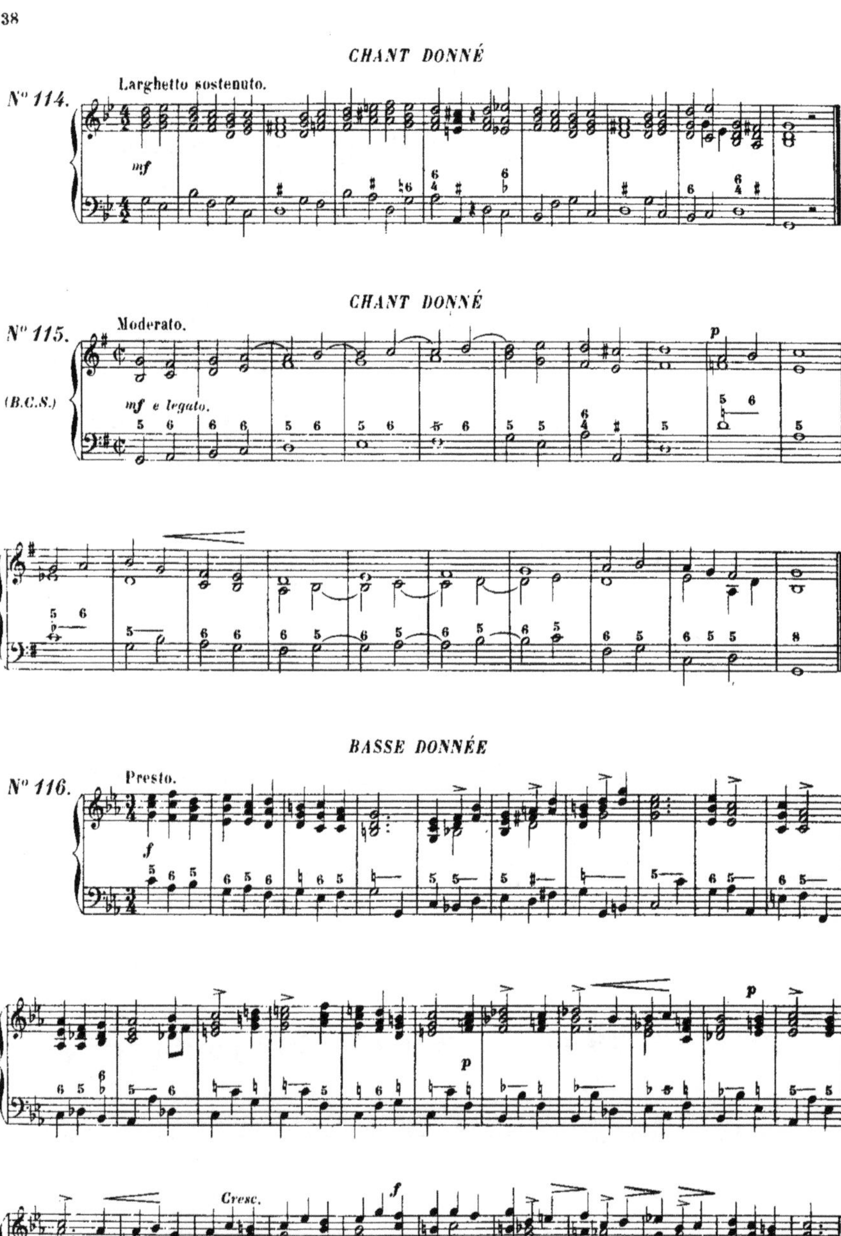

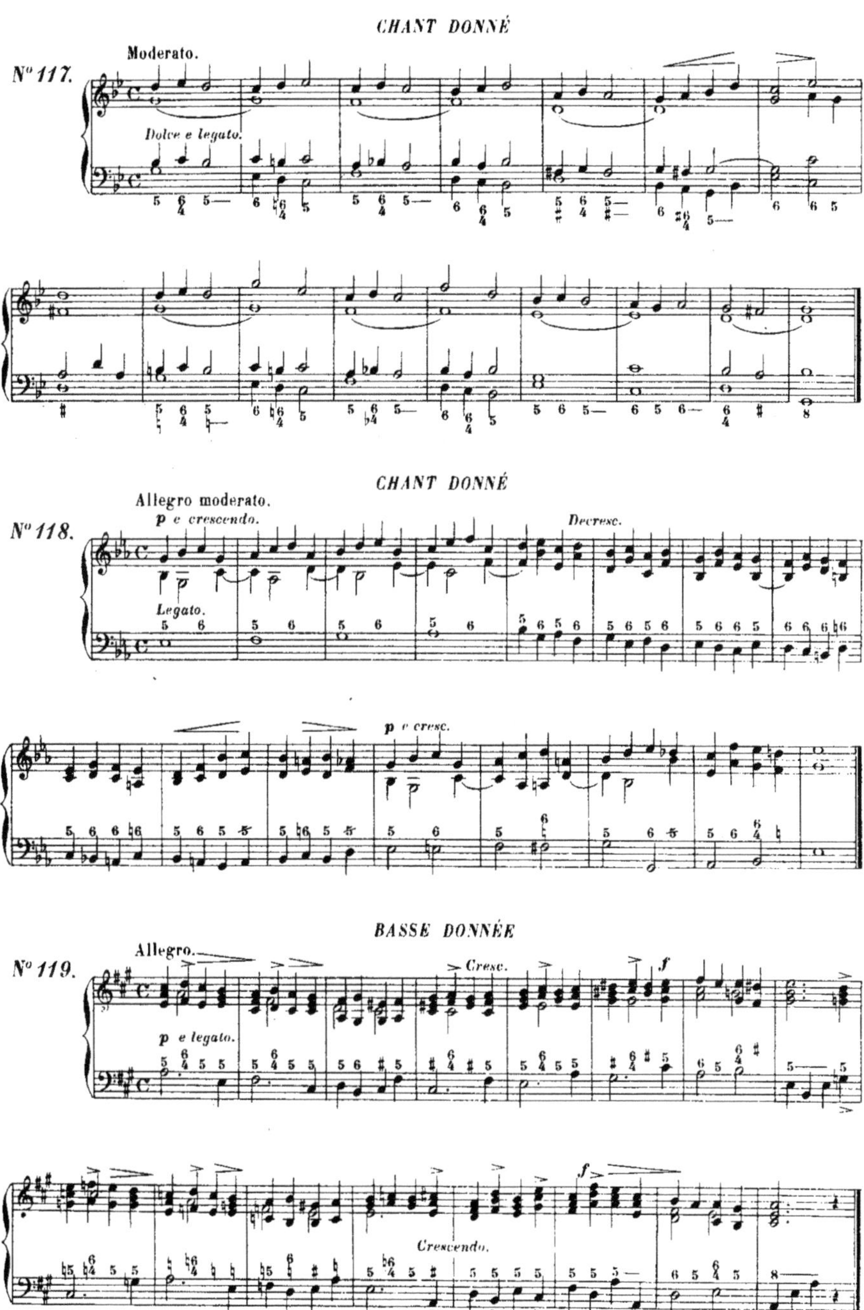
CHANT DONNÉ
Moderato.
Nº 117.
Dolce e legato.
CHANT DONNÉ
Allegro moderato.
Nº 118.
p e crescendo.
Decresc.
Legato.
p e cresc.
BASSE DONNÉE
Allegro.
Nº 119.
Cresc.
f
p e legato.
f
Crescendo.

NOTES DE PASSAGE

LEÇONS DONNÉES AVEC LEUR RÉALISATION
en Notes réelles seulement

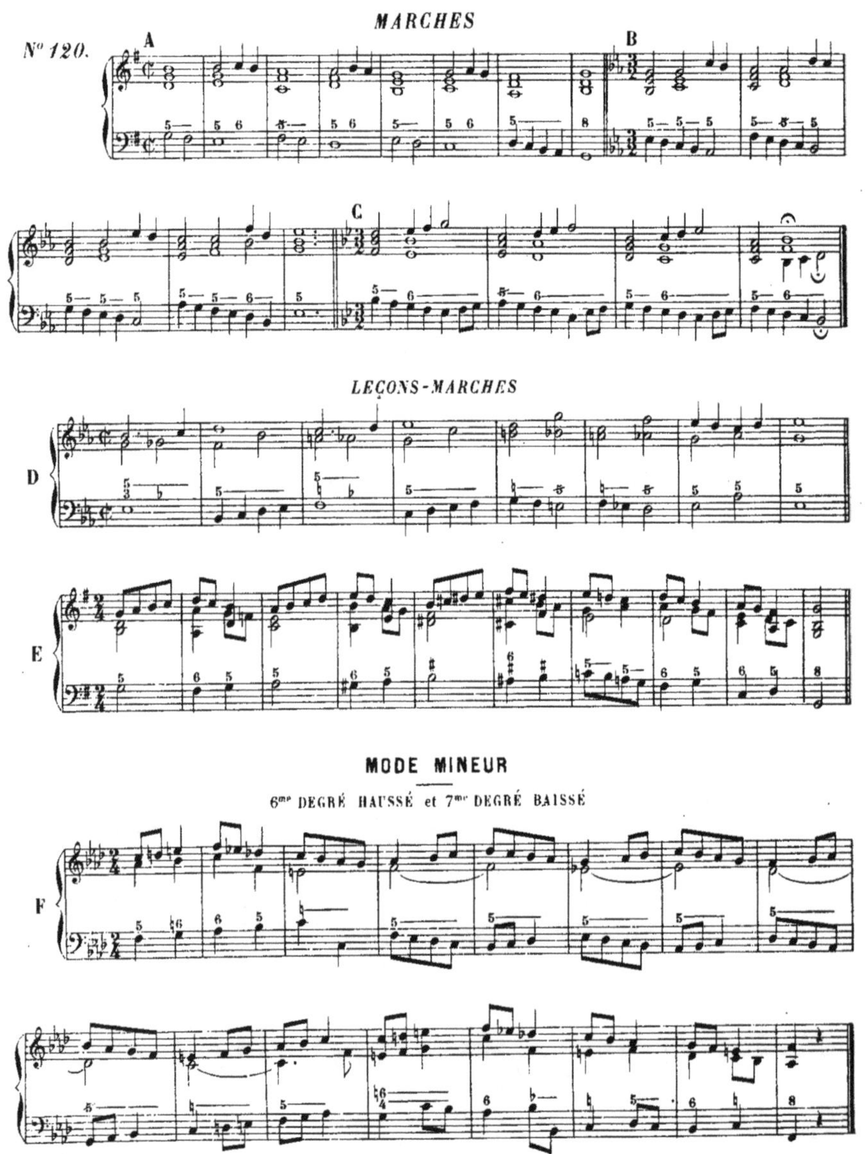

BRODERIES

LEÇONS DONNÉES AVEC LEUR RÉALISATION sauf les Broderies

MARCHES

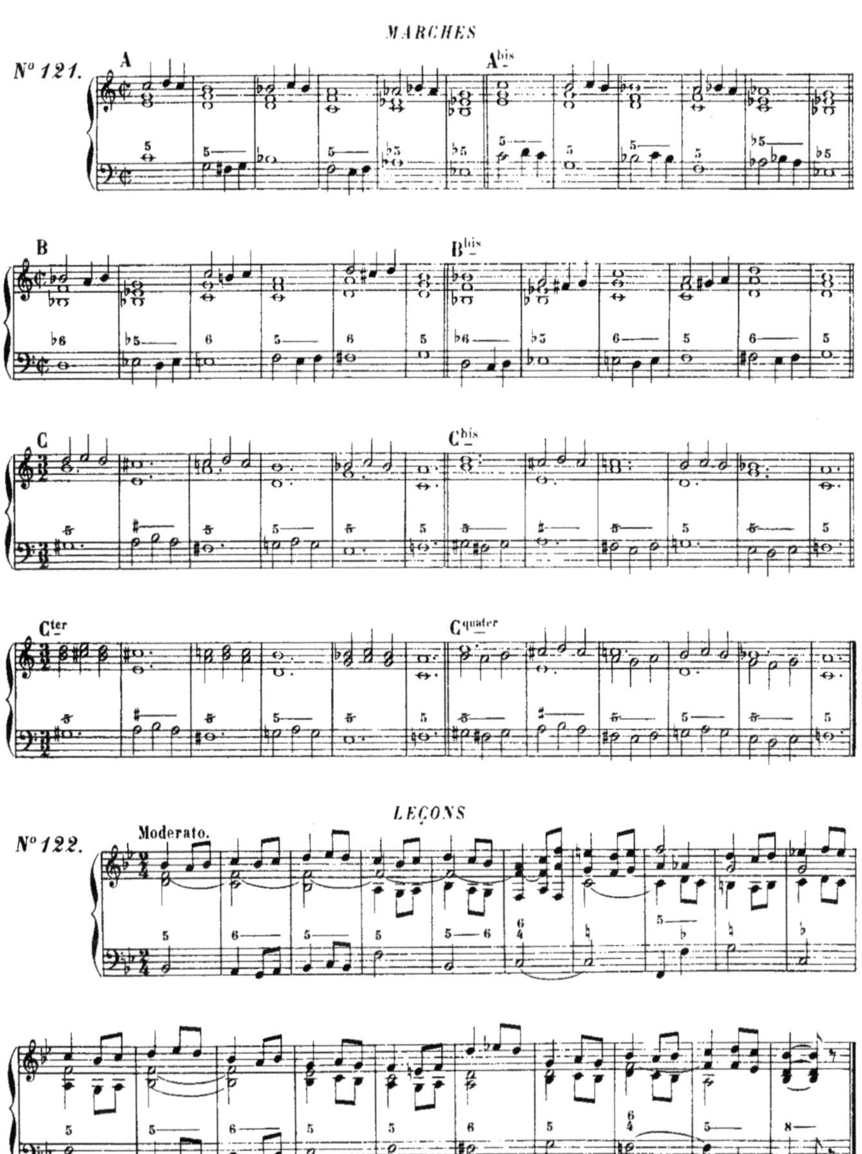

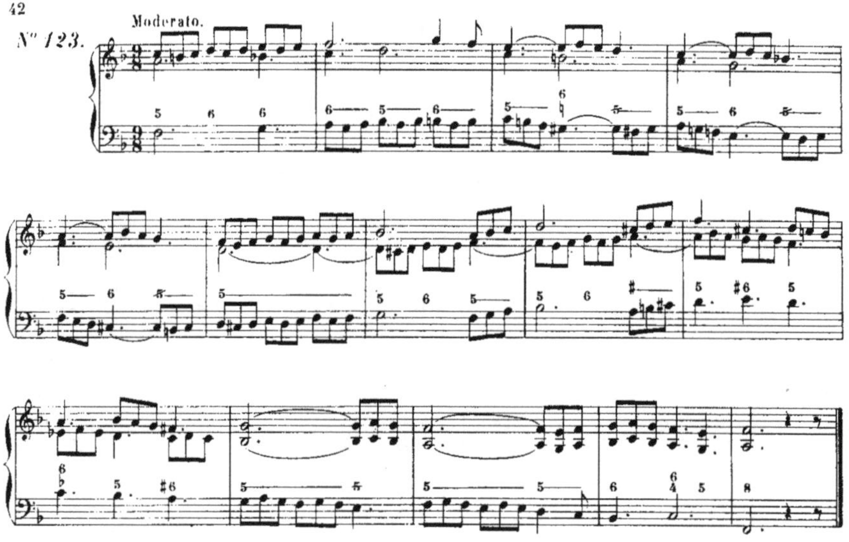

MODE MINEUR

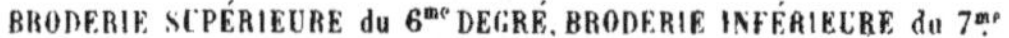

BRODERIE SUPÉRIEURE du 6me DEGRÉ, BRODERIE INFÉRIEURE du 7me

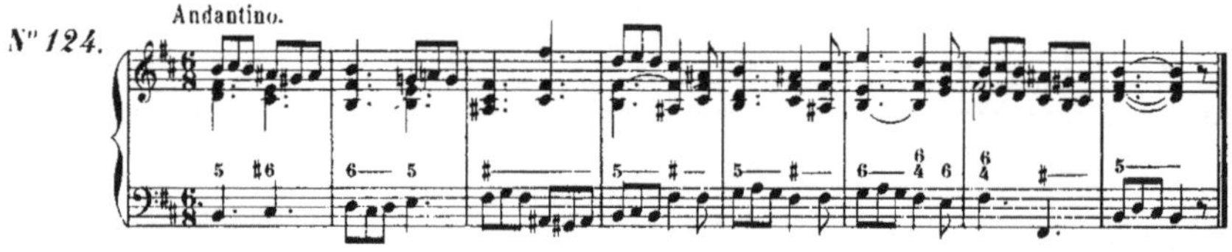

NOTES DE PASSAGE, BRODERIES, IMITATIONS

BASSES DONNÉES CHIFFRÉES

MARCHES A IMITATIONS

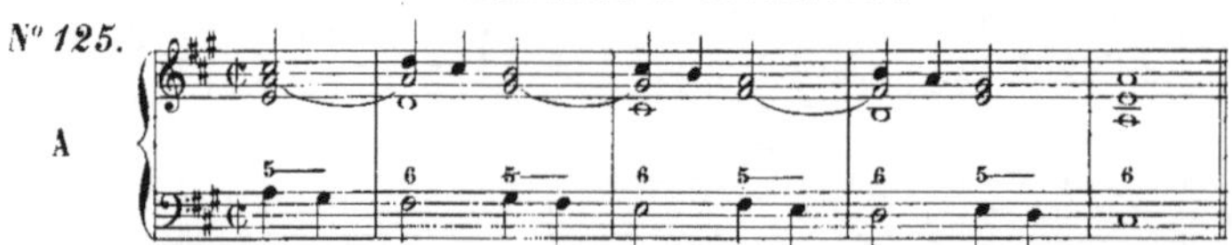

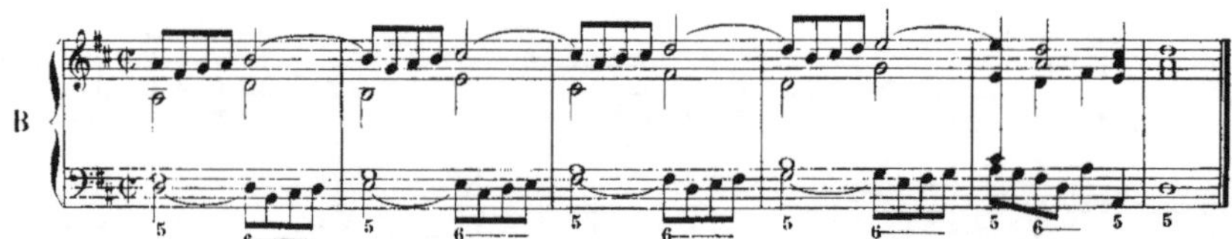

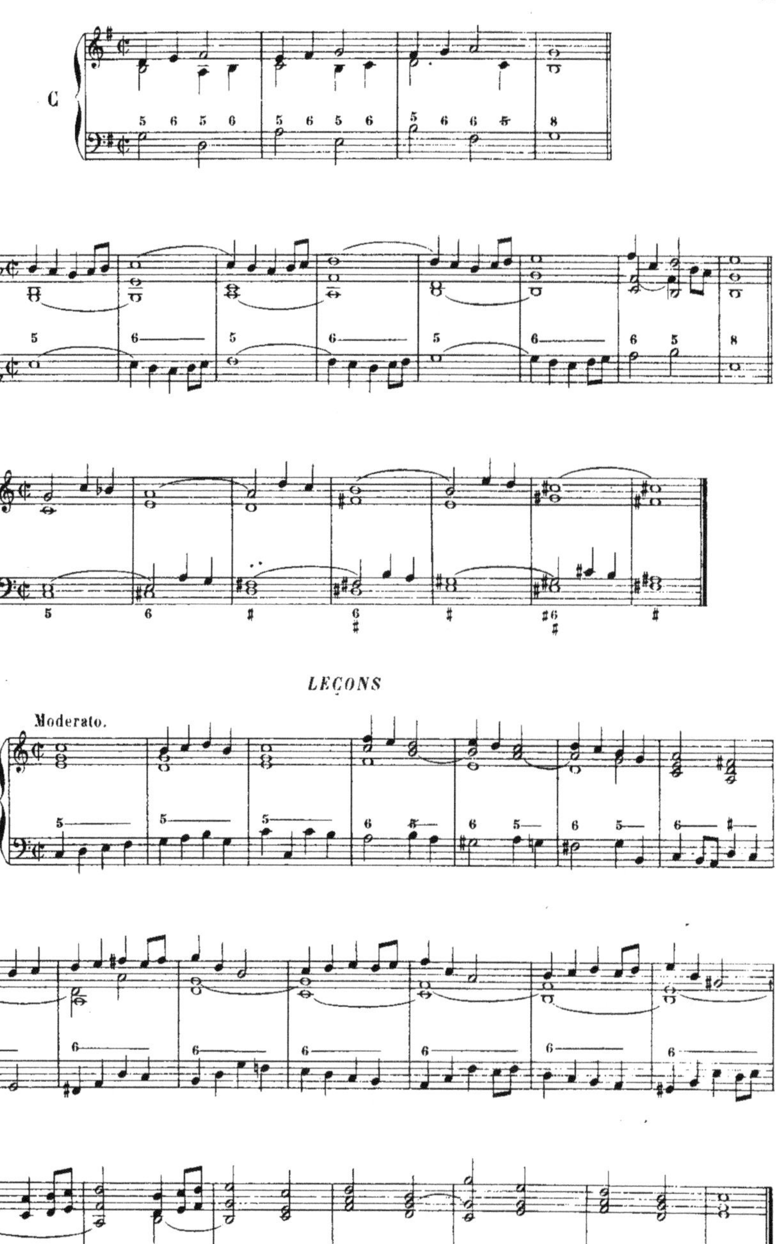
C
D
E
LEÇONS
Nº 126.
Moderato.

N° 127.

Moderato.

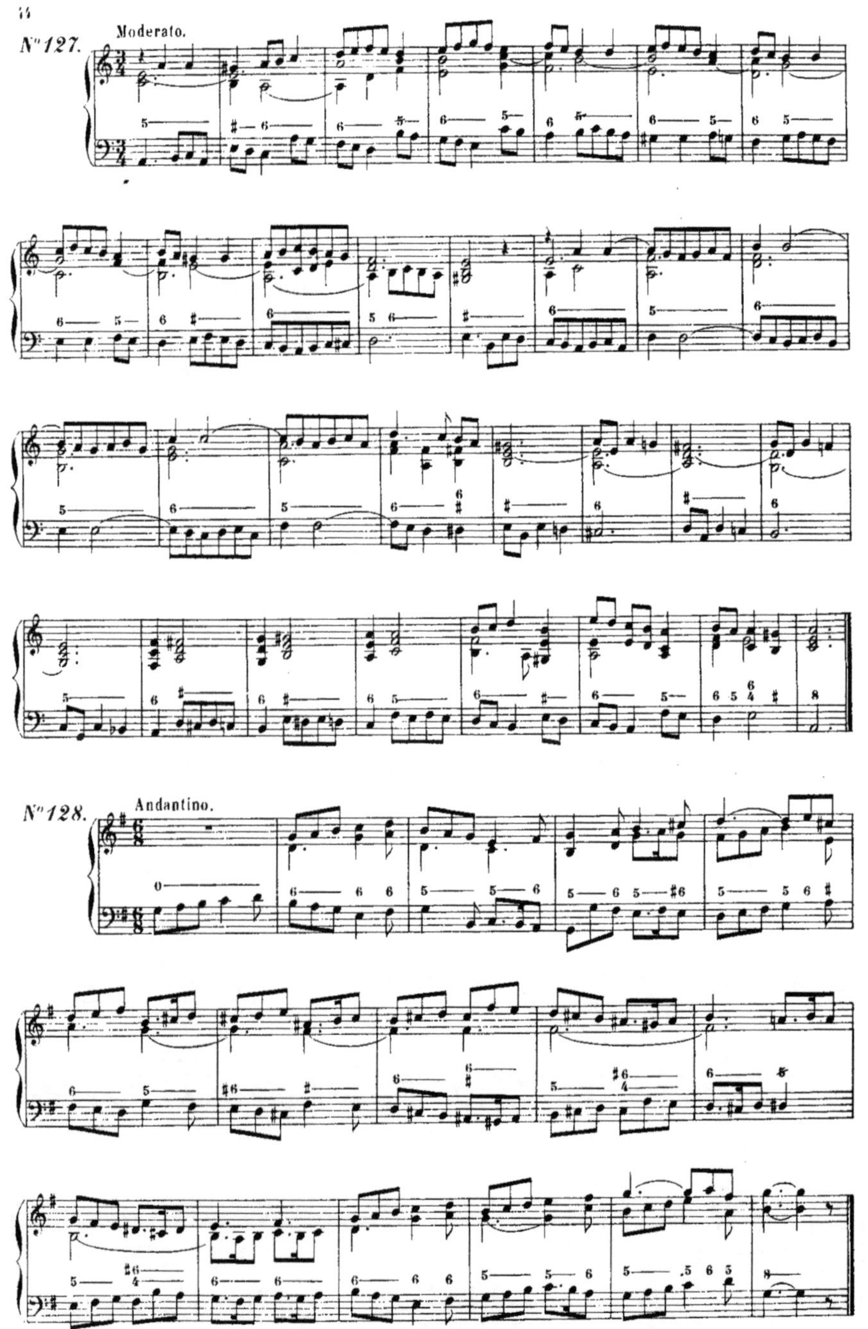

N° 128.

CHANT DONNÉ

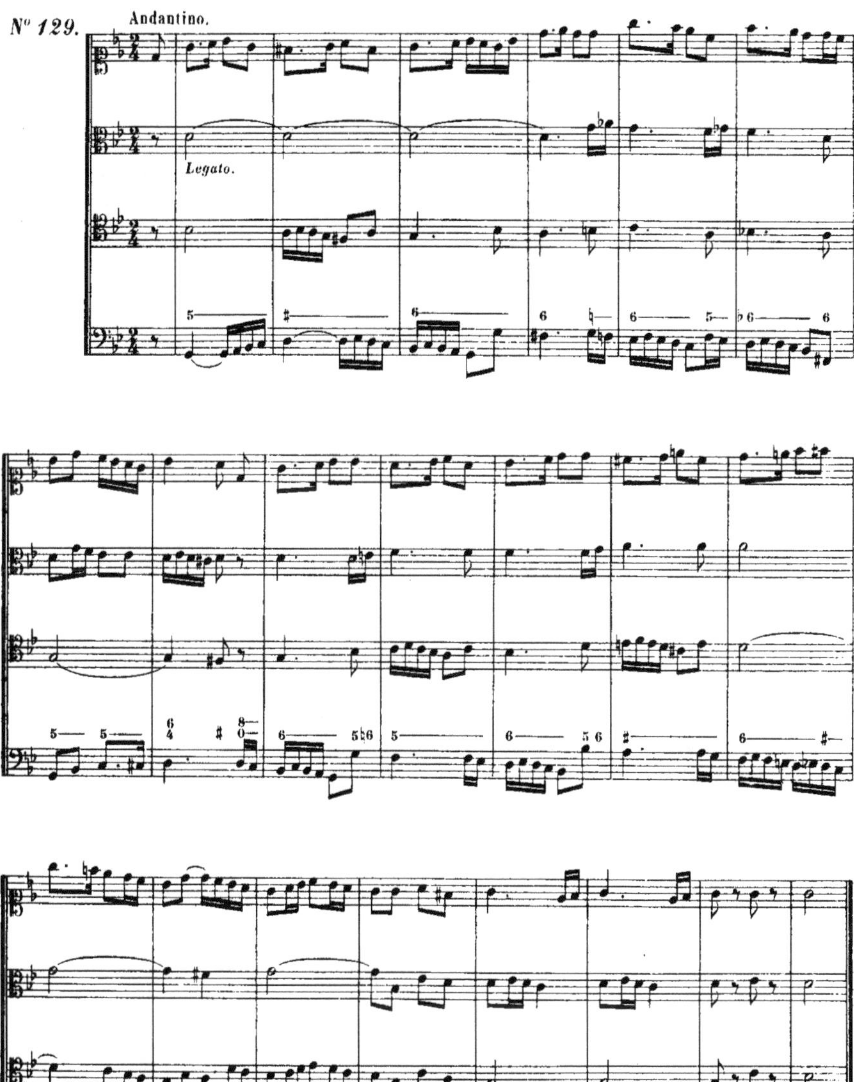

FIN DE LA PREMIÈRE PARTIE

DEUXIÈME PARTIE

ACCORD de SEPTIÈME de DOMINANTE
et ses renversements

LEÇONS UNITONIQUES

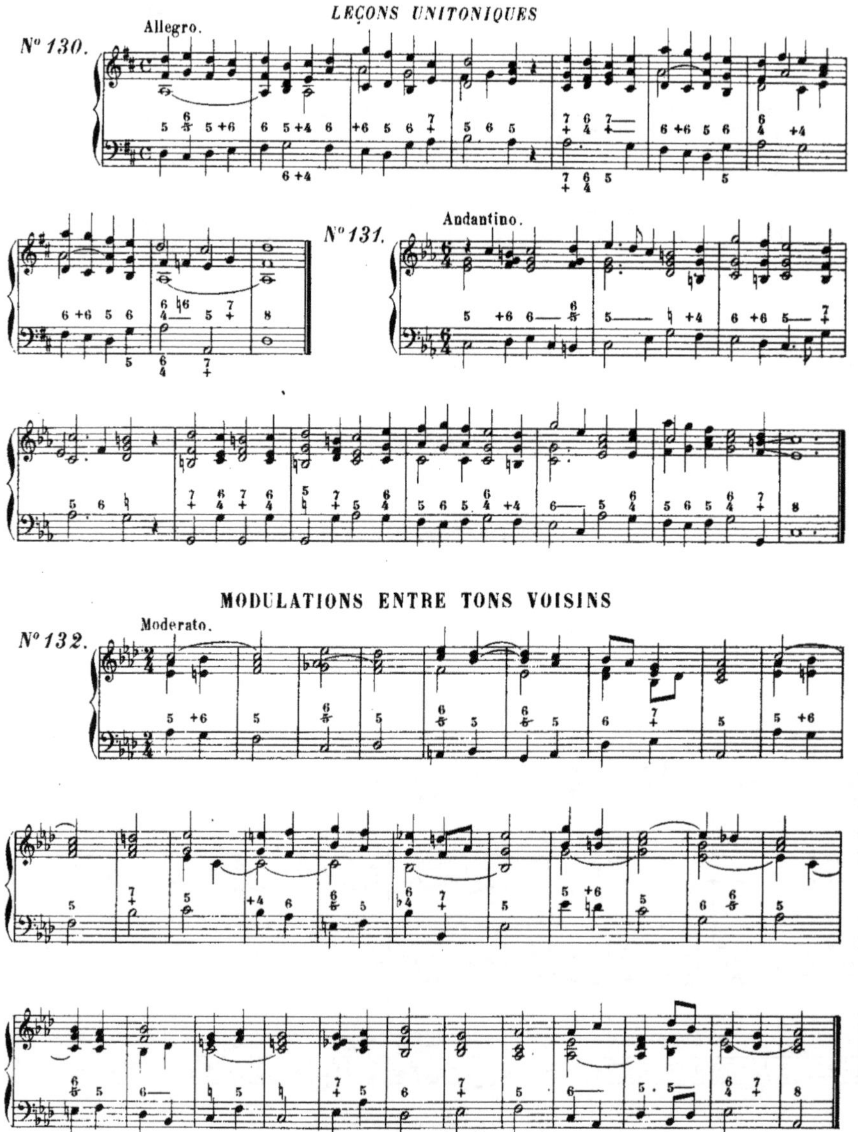

N° 133. Allegretto.

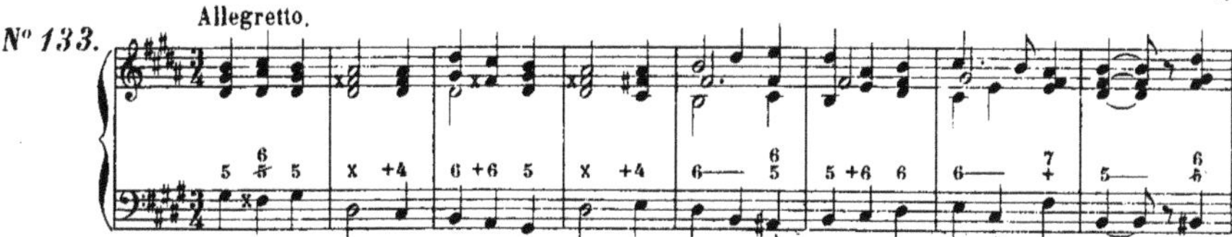

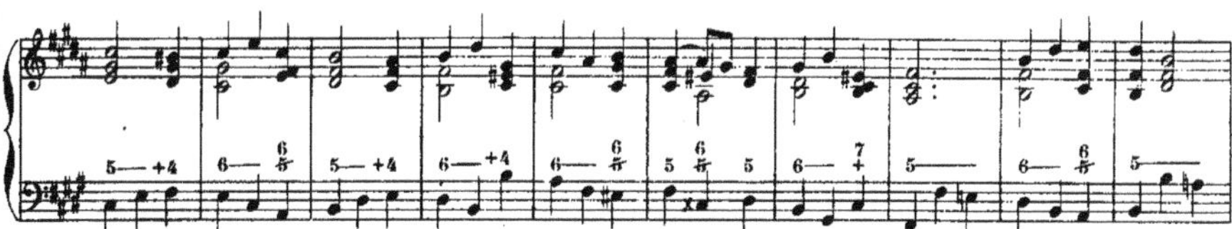

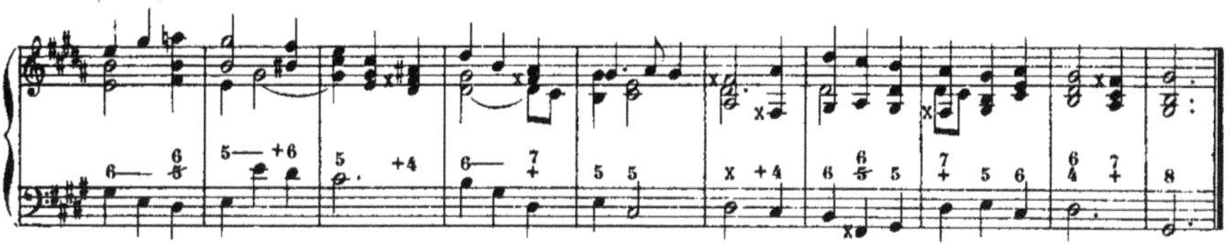

MODULATIONS AUX TONS ÉLOIGNÉS

opérées au moyen de modulations successives entre tons voisins poursuivies dans une même direction.

N° 134. Moderato.

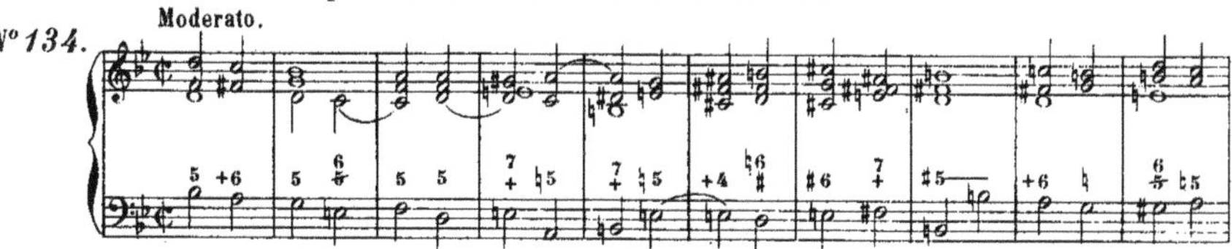

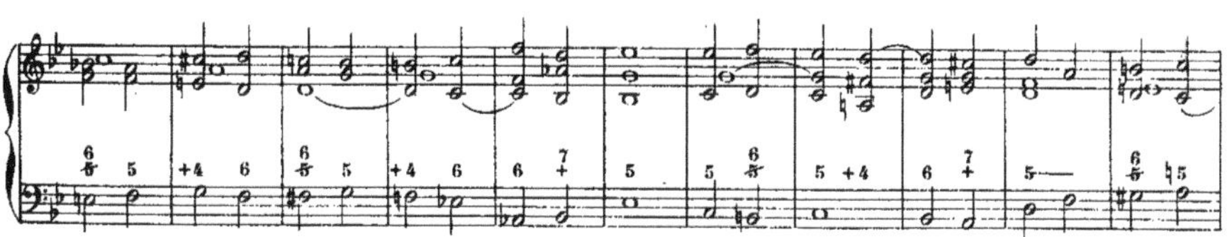

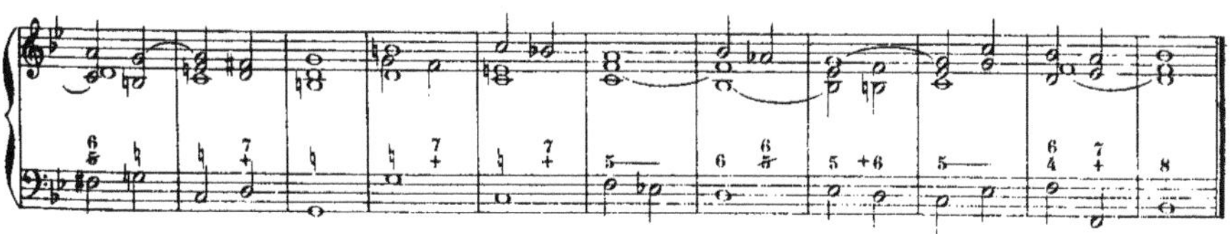

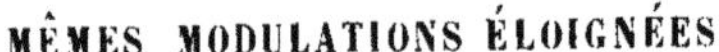

MÊMES MODULATIONS ÉLOIGNÉES

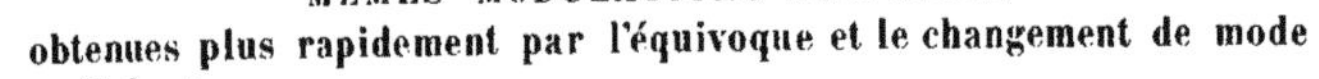

obtenues plus rapidement par l'équivoque et le changement de mode

N° 135.

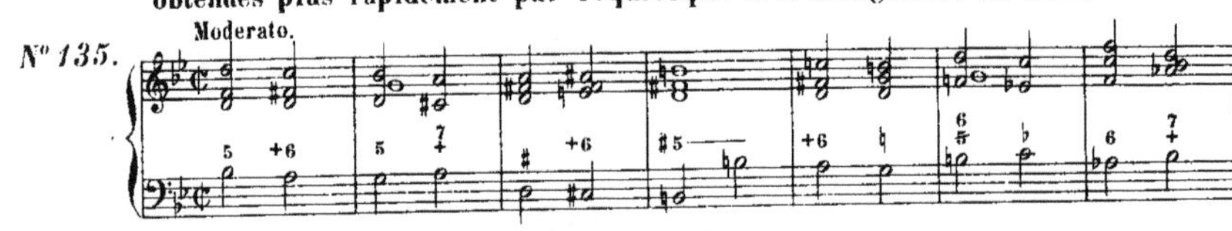

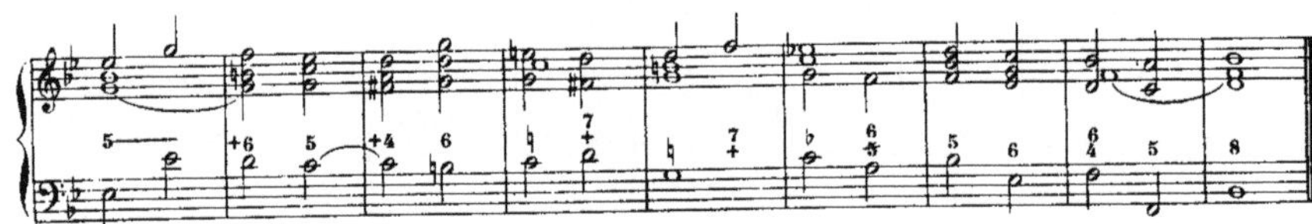

MODULATIONS OPÉRÉES BRUSQUEMENT

au moyen de la cadence rompue empruntée au mode mineur

N° 136.

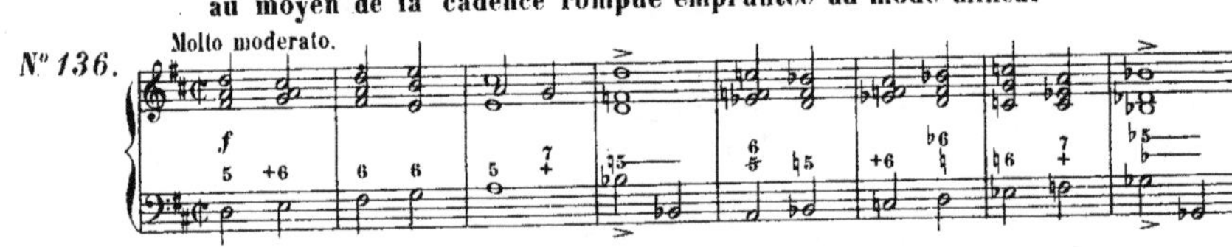

MARCHES D'HARMONIE

Accord de septième de Dominante et ses Renversements en résolution naturelle.

N° 137.

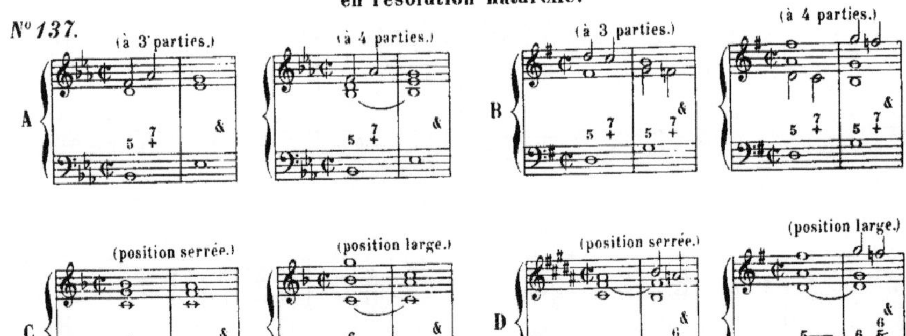

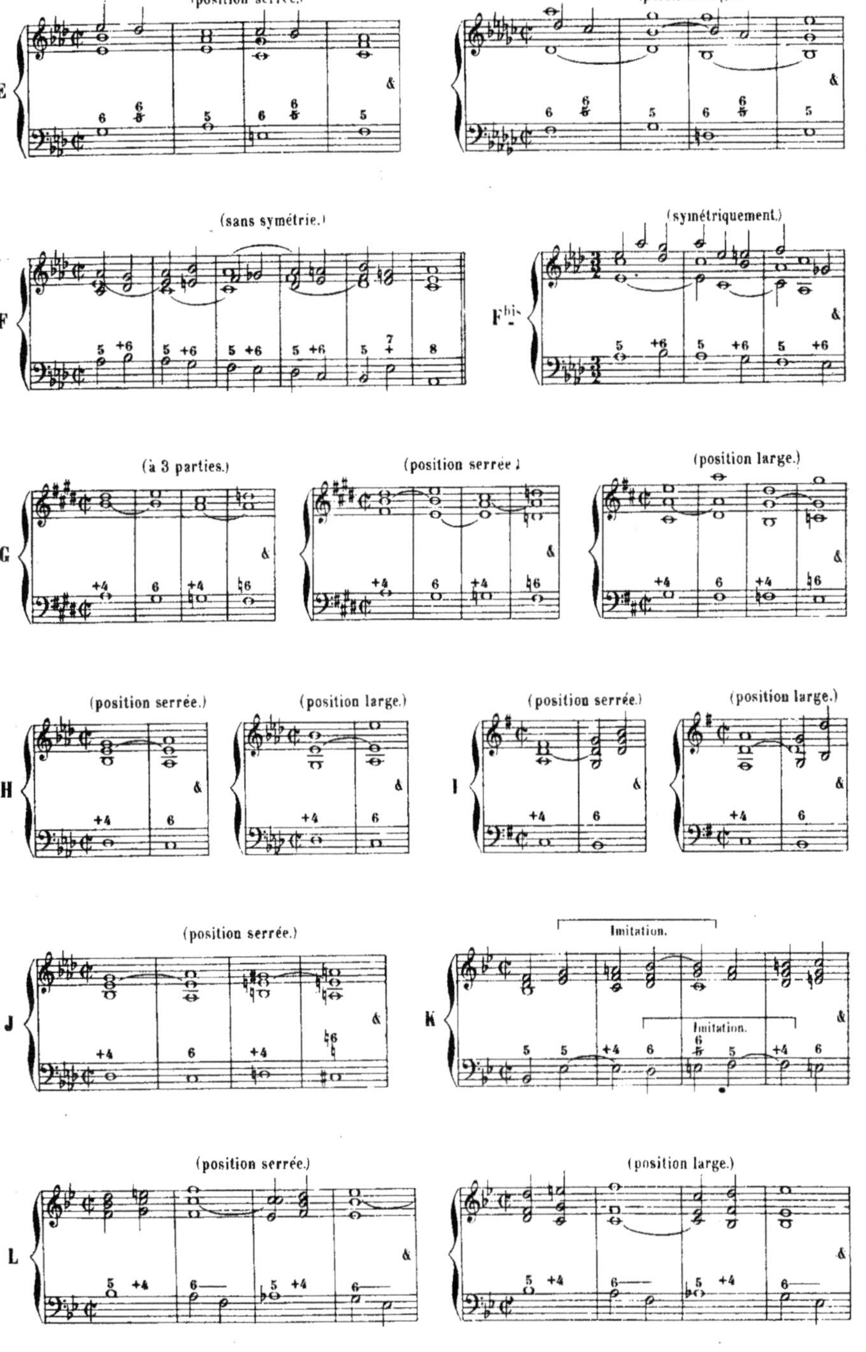
(position serrée.)
(position large.)
E
(sans symétrie.)
(symétriquement.)
F
F bis
(à 3 parties.)
(position serrée.)
(position large.)
G
(position serrée.)
(position large.)
H
(position serrée.)
(position large.)
I
(position serrée.)
J
Imitation.
Imitation.
K
(position serrée.)
(position large.)
L

CHANTS DONNÉS

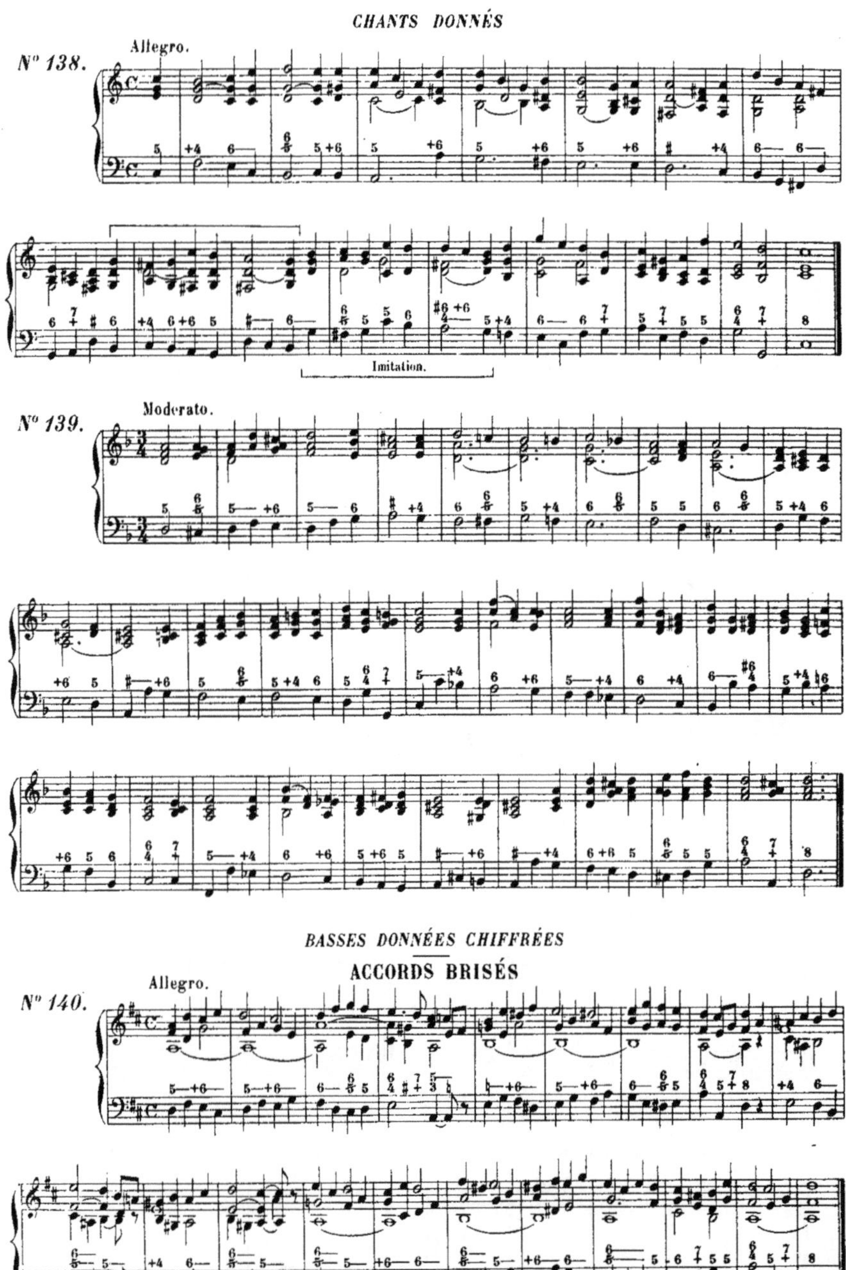

ÉCHANGES de NOTES avec NOTES de PASSAGE

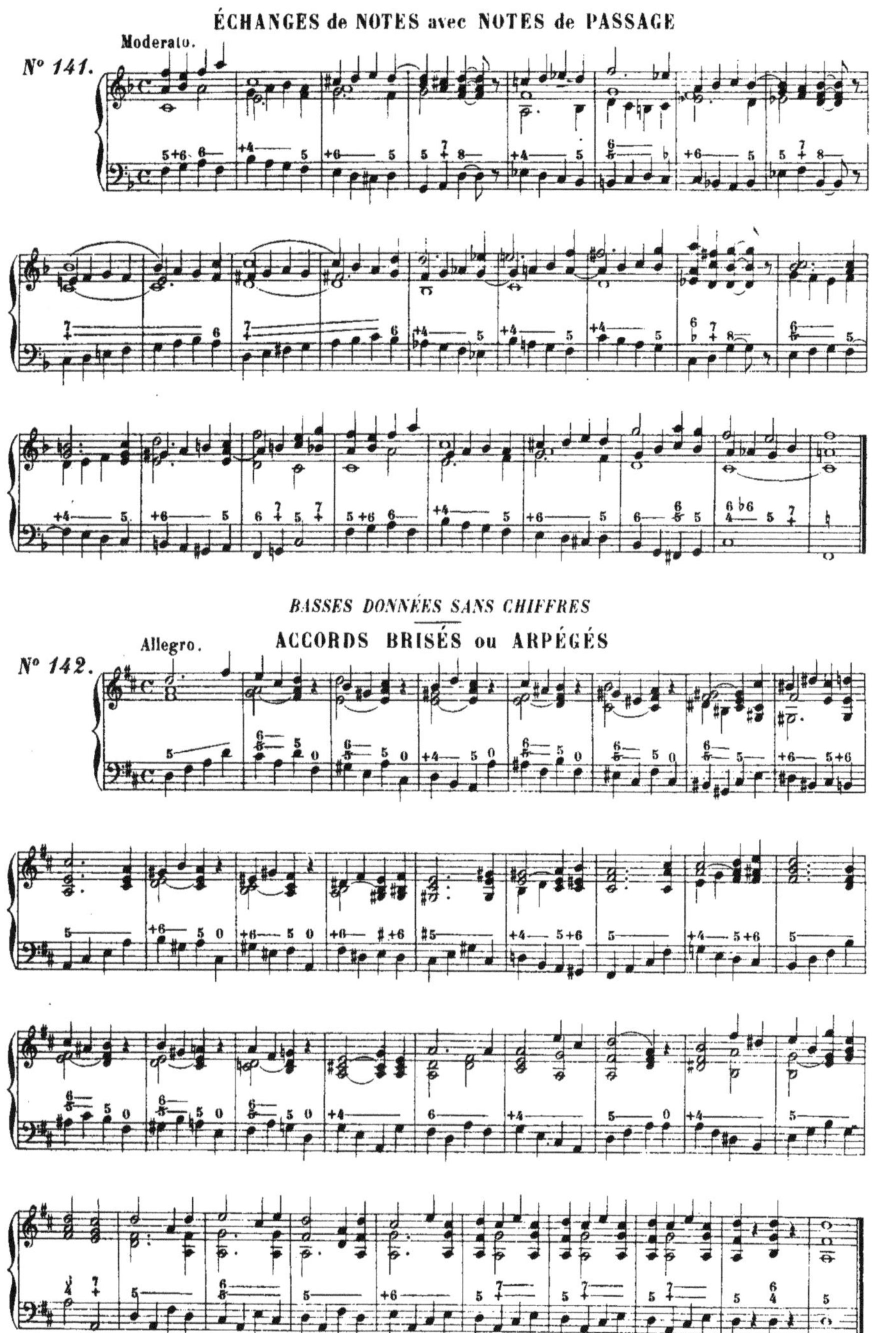

N° 143. Allegro.

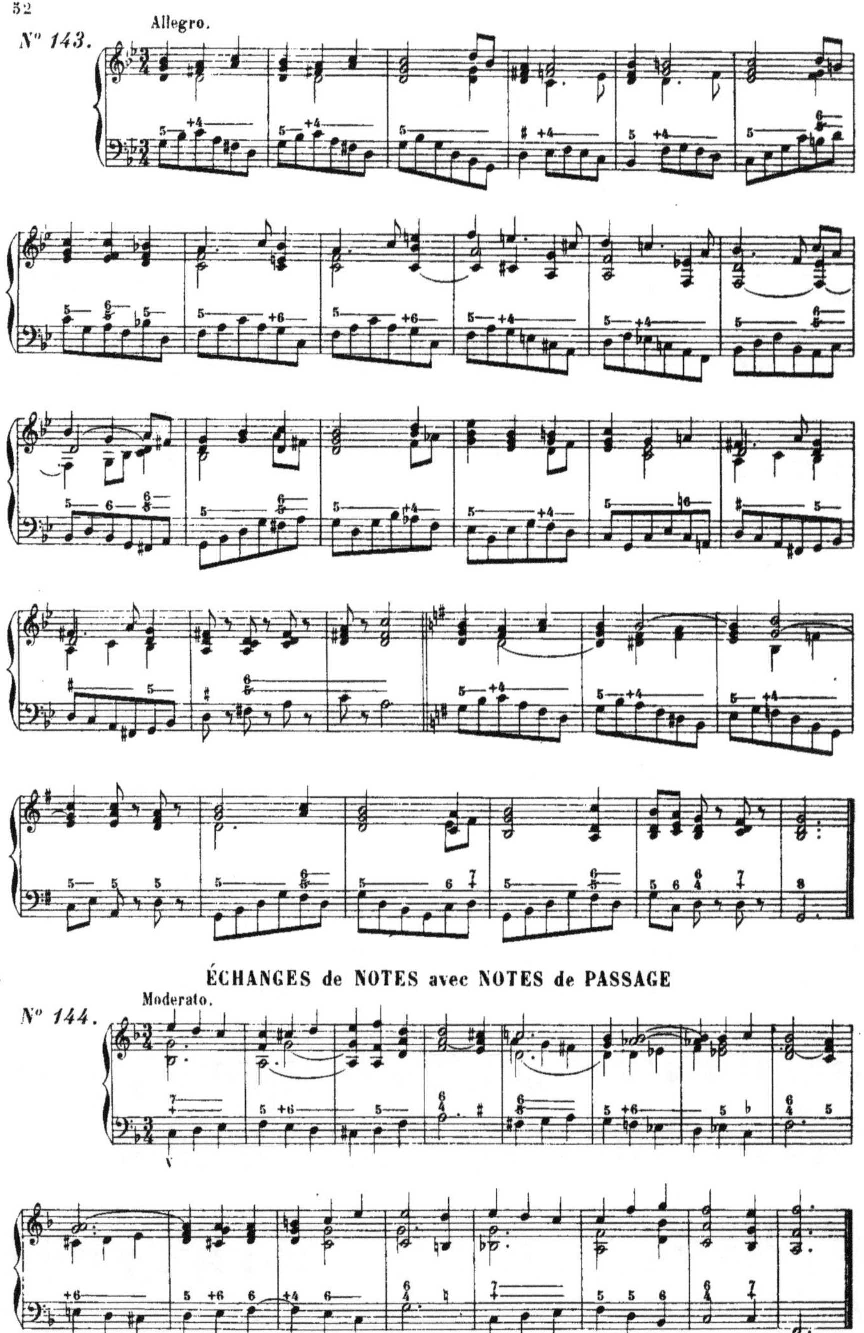

ÉCHANGES de NOTES avec NOTES de PASSAGE

N° 144. Moderato.

CHANTS DONNÉS

ACCORDS BRISÉS

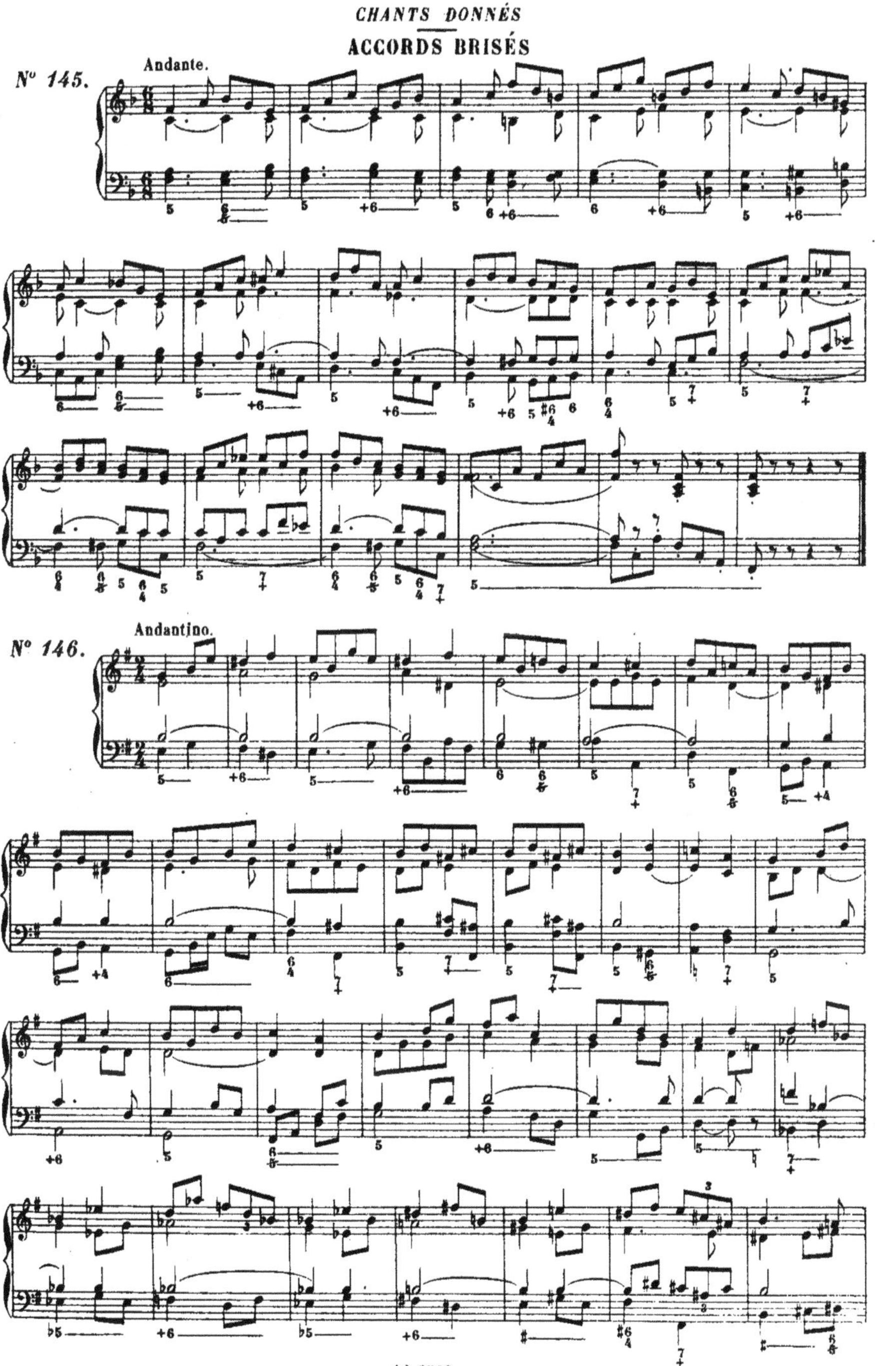

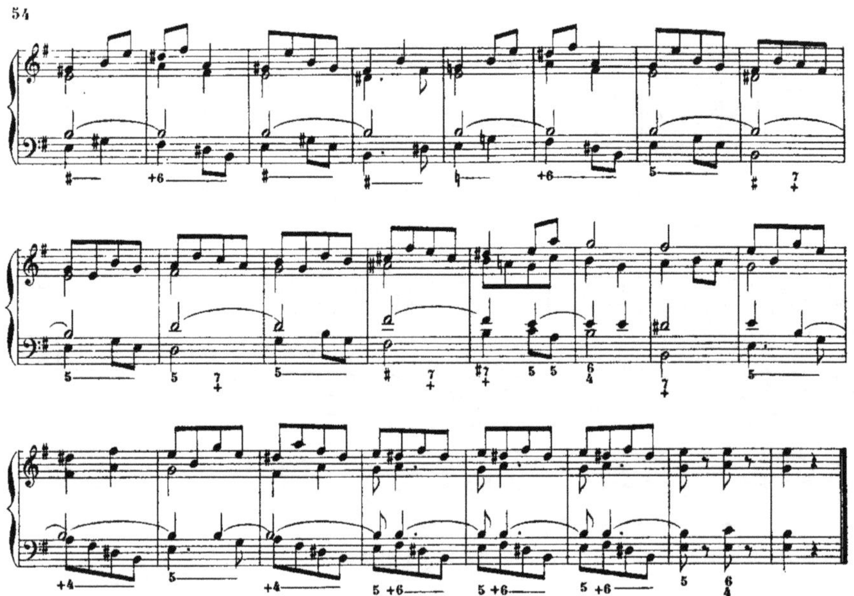

RÉSOLUTIONS EXCEPTIONNELLES
de l'accord de septième de dominante et de ses renversements

EXERCICES

Nº 147.

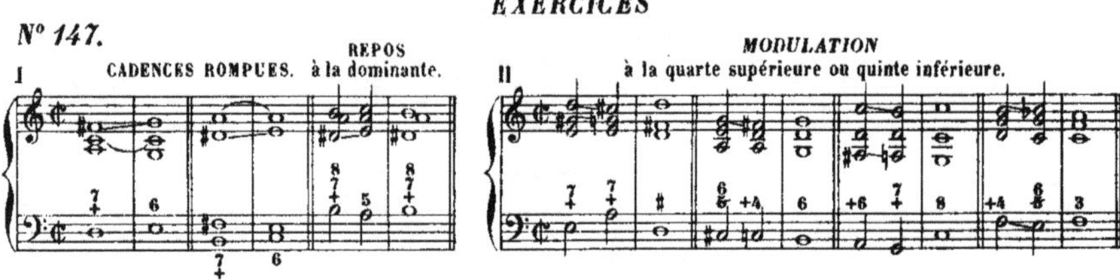

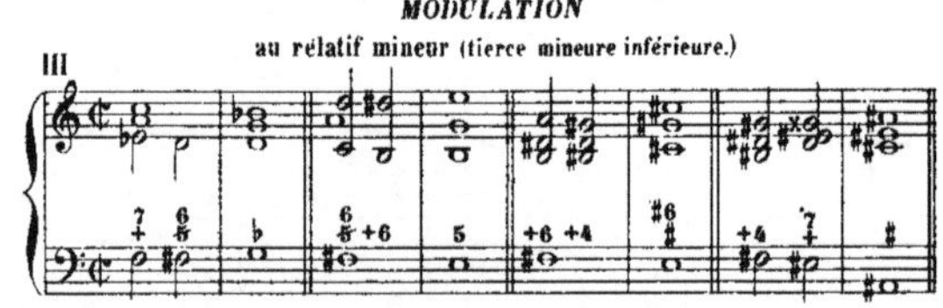

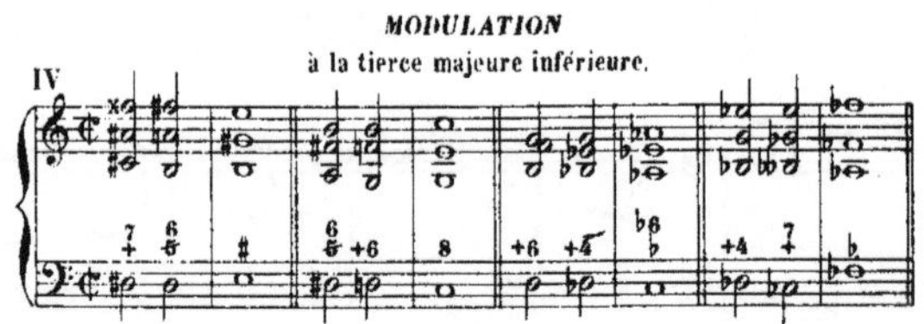

MODULATION
au relatif majeur (tierce mineure supérieure.)

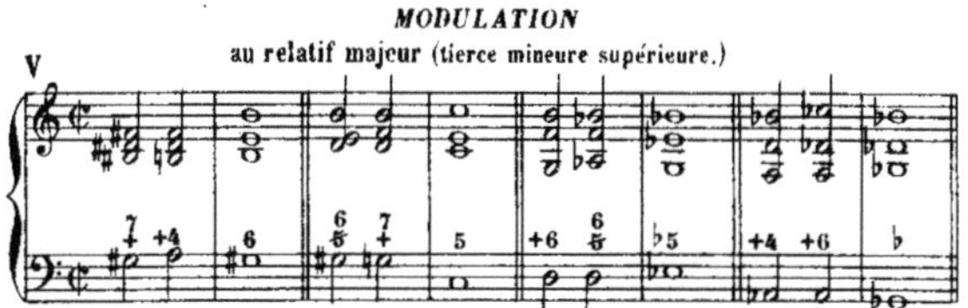

MODULATION
à la tierce majeure supérieure.

MODULATION
à la quinte supérieure ou quarte inférieure.

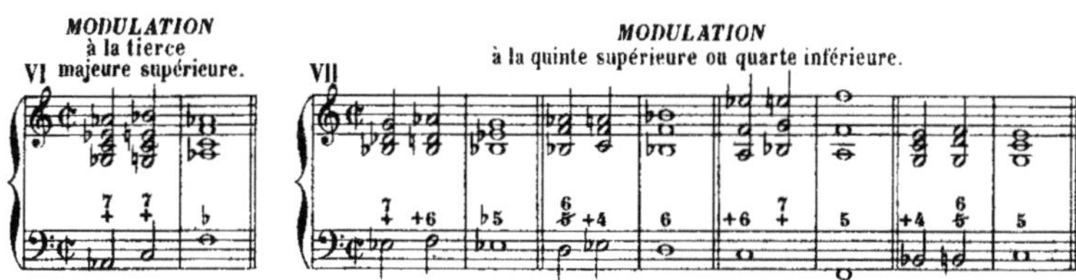

MODULATION
à la seconde majeure supérieure.

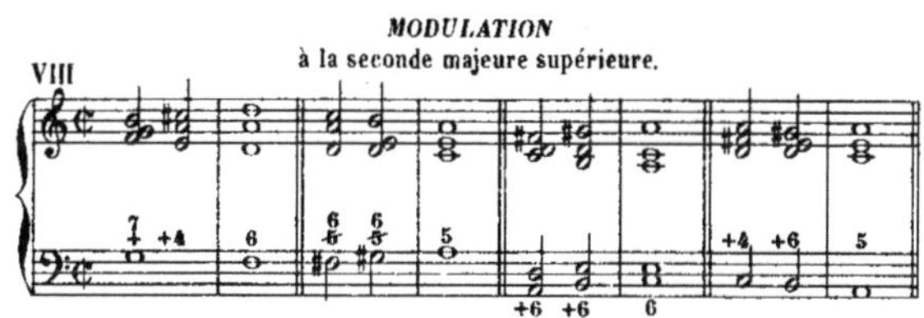

MODULATION
à la seconde mineure supérieure.

MODULATION
à la seconde mineure inférieure.

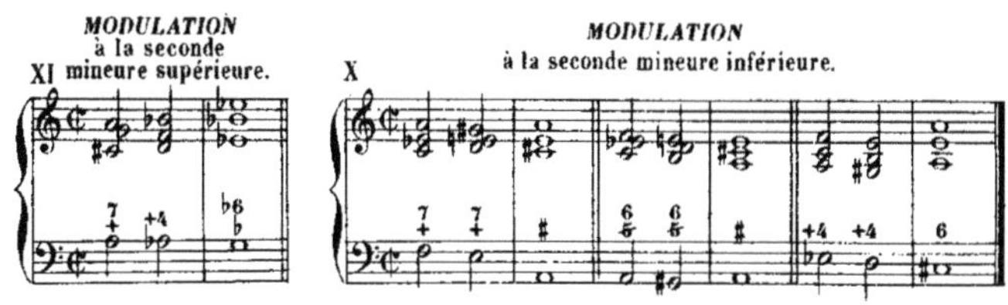

MARCHES D'HARMONIE

N° *148.*

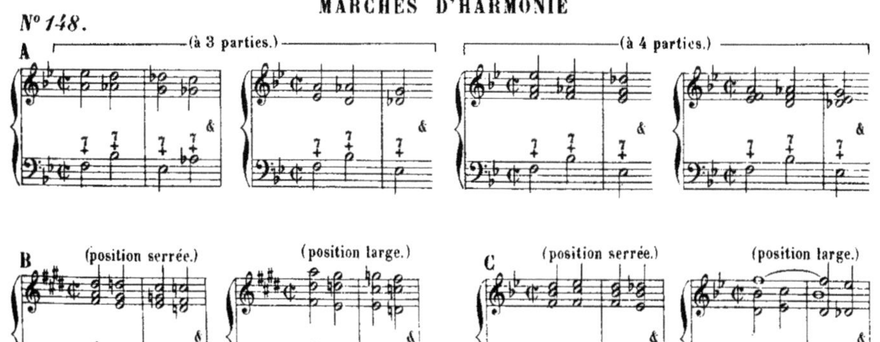

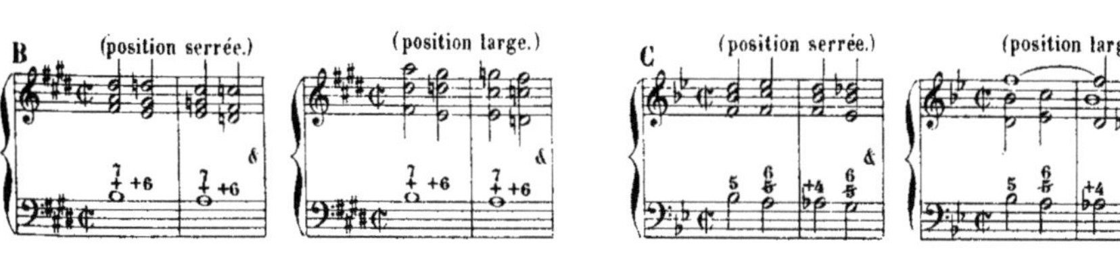

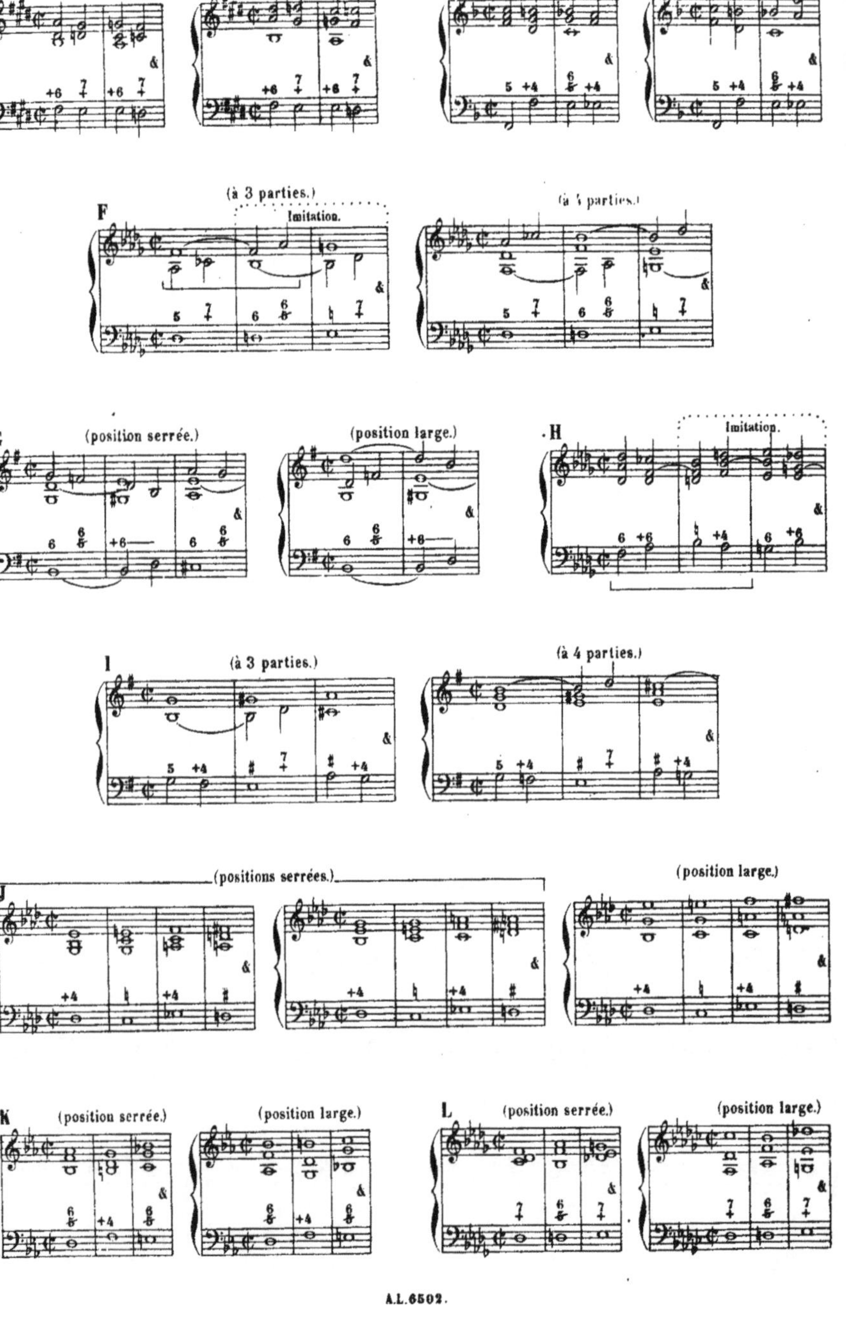
D
(position serrée.)
position large.)
E
(position serrée.)
(position large.)
F
(à 3 parties.)
Imitation.
(à 4 parties.)
G
(position serrée.)
(position large.)
H
Imitation.
I
(à 3 parties.)
(à 4 parties.)
J
(positions serrées.)
(position large.)
K
(position serrée.)
(position large.)
L
(position serrée.)
(position large.)

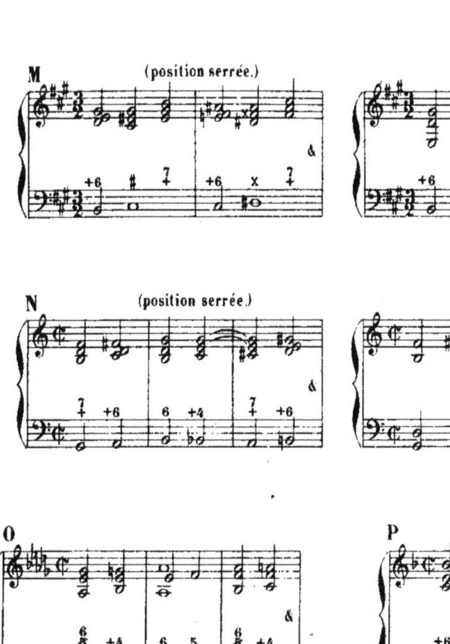

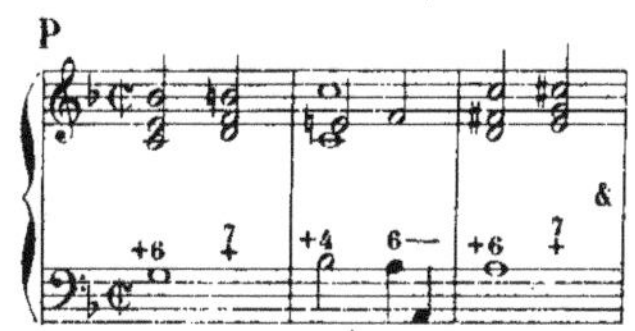

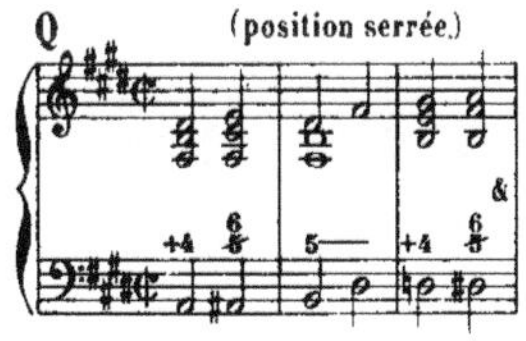

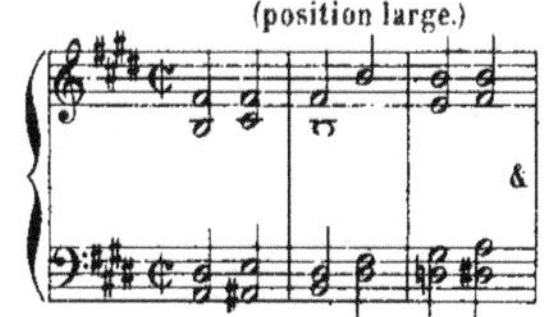

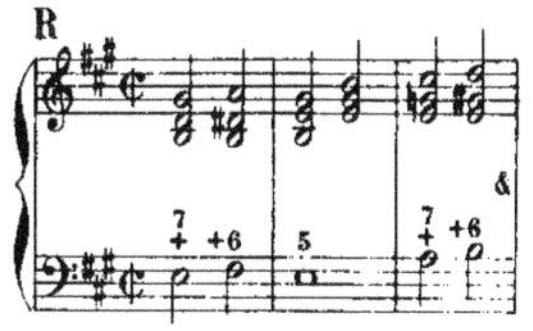

MARCHES RÉALISÉES SANS SYMÉTRIE

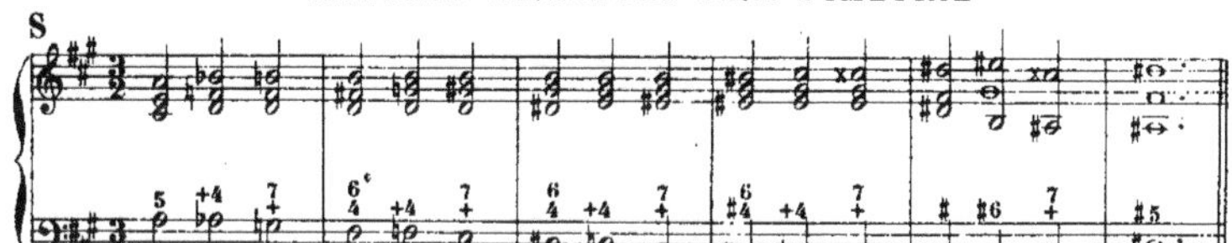

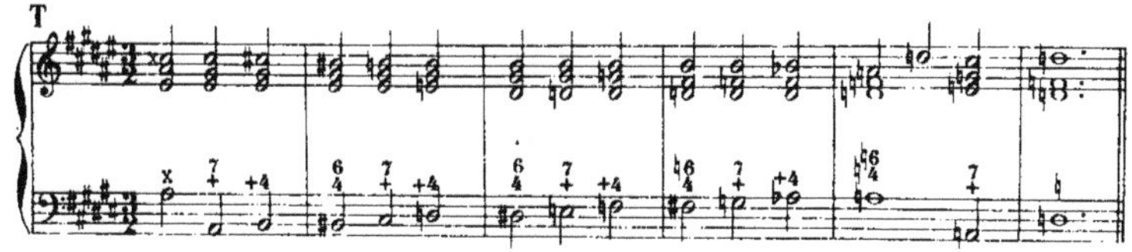

BASSE ET CHANT DONNÉS

Nº 149.

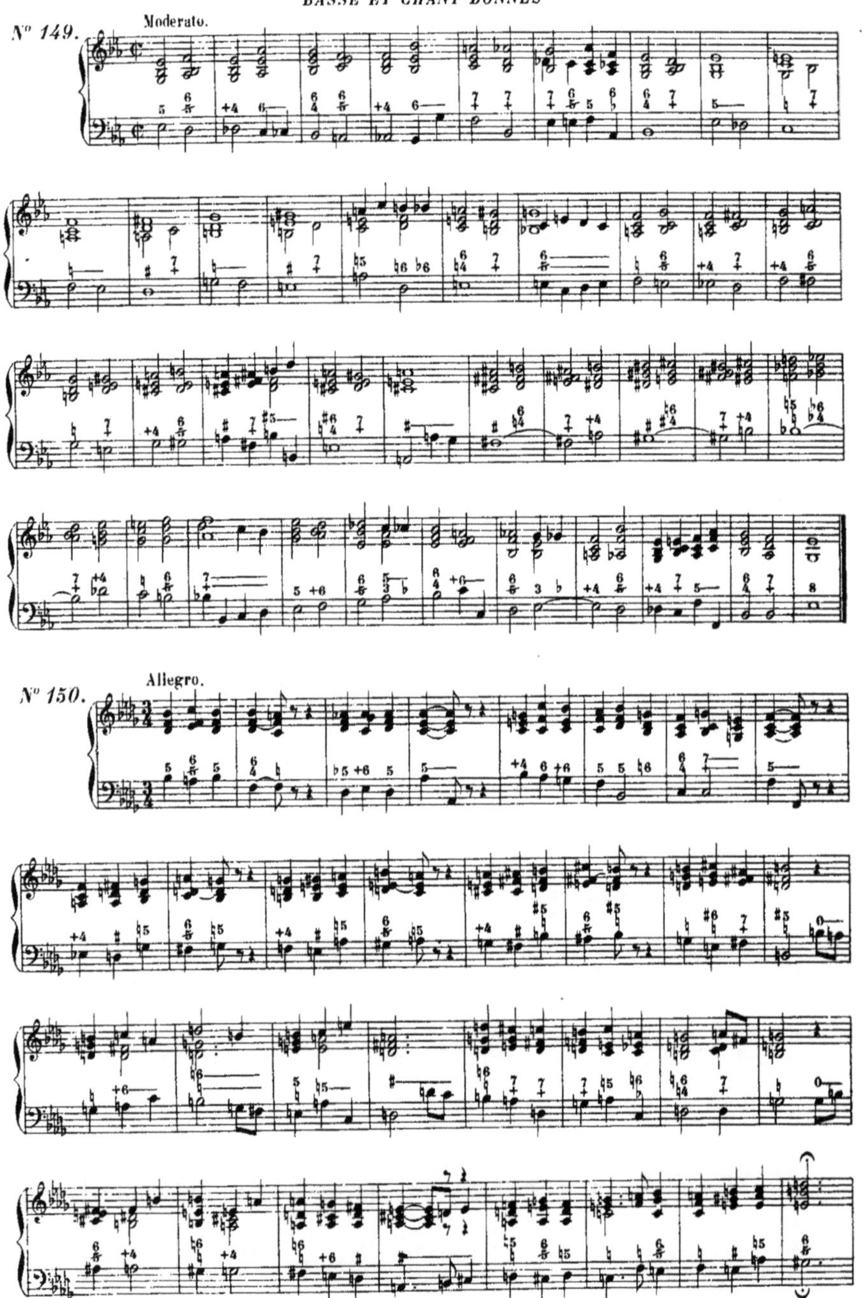

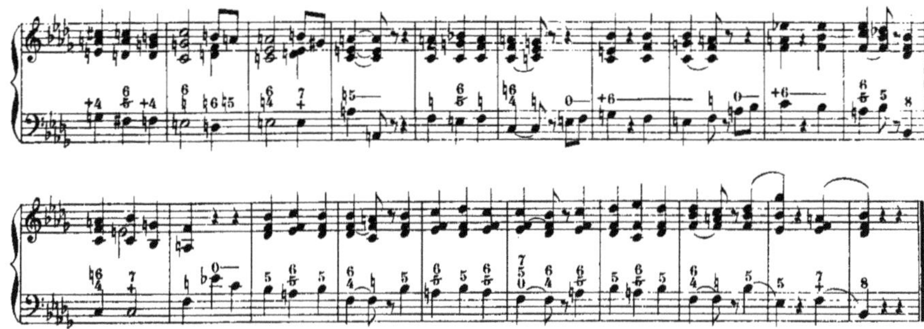

NOTES de PASSAGE, BRODERIES, IMITATIONS

LEÇONS DONNÉES SANS LEUR HARMONIE

BASSE DONNÉE

Nº 151. Moderato.

Imitation.

Imitation.

Imitation.

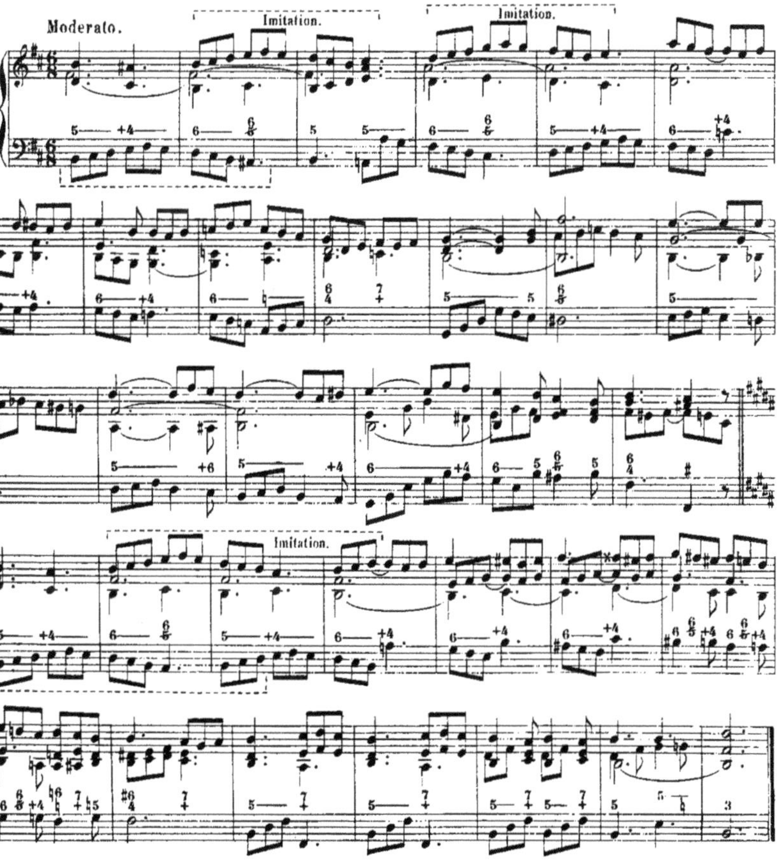

BASSE, DEUXIÈME et PREMIÈRE PARTIES

données alternativement.

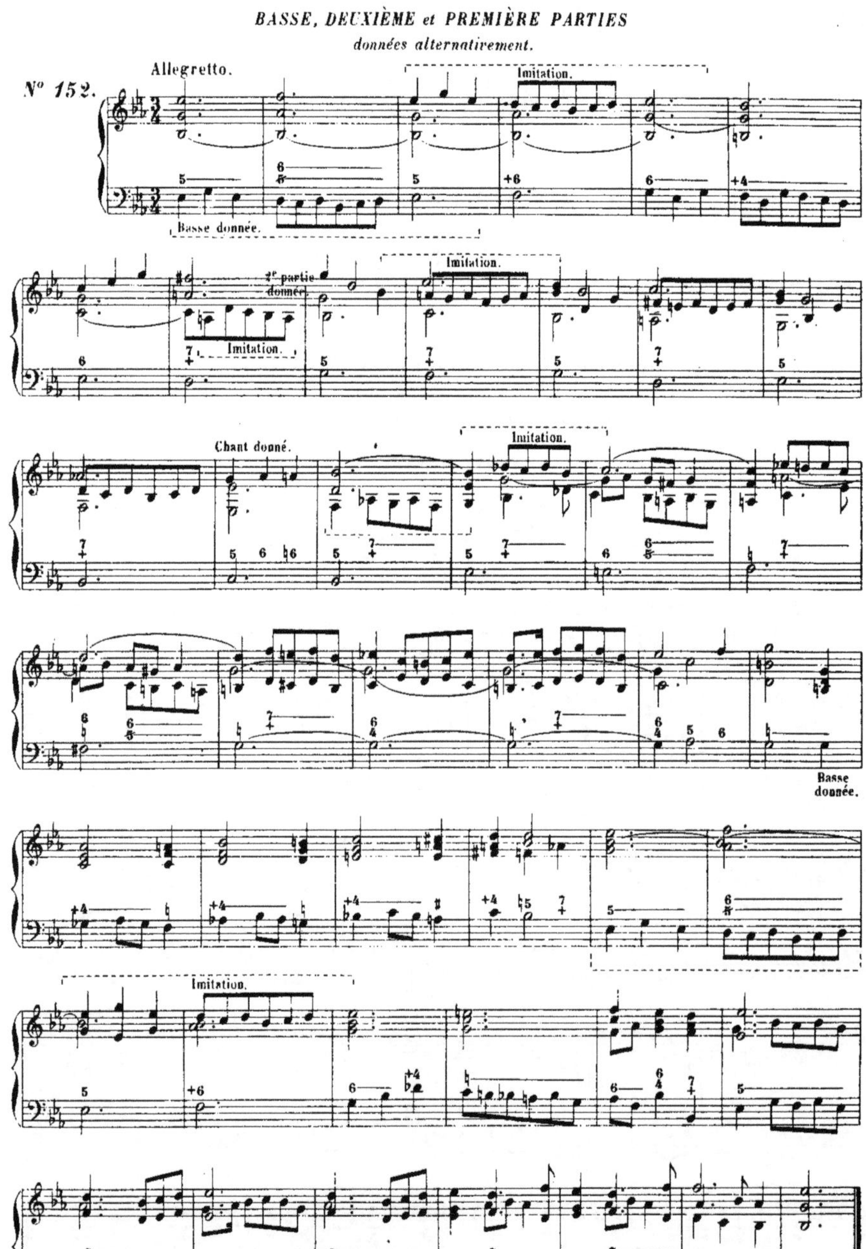

BASSE DONNÉE

Nº 153.

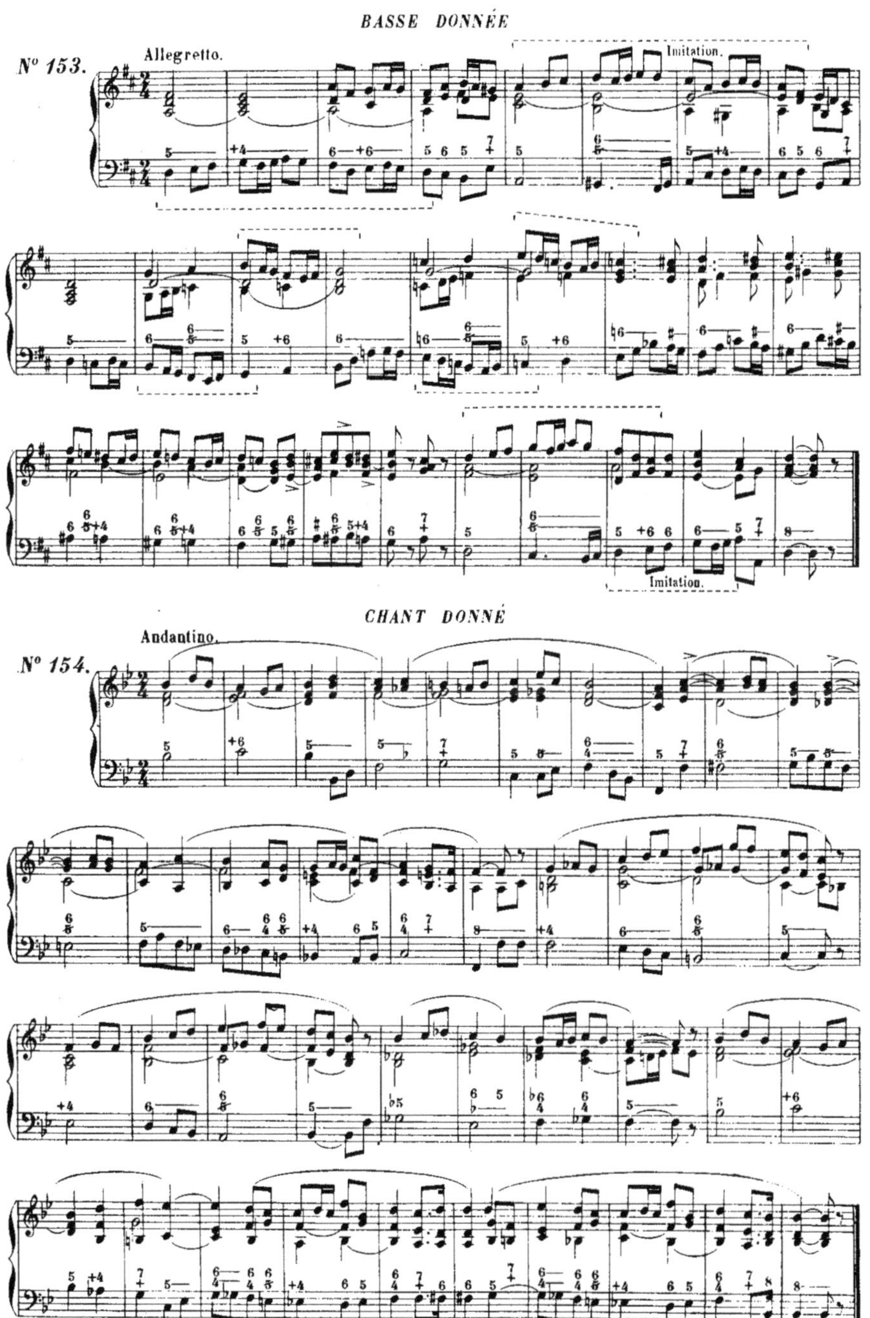

CHANT DONNÉ

Nº 154.

ACCORDS de SEPTIÈME de SENSIBLE
des deux modes et leurs renversements

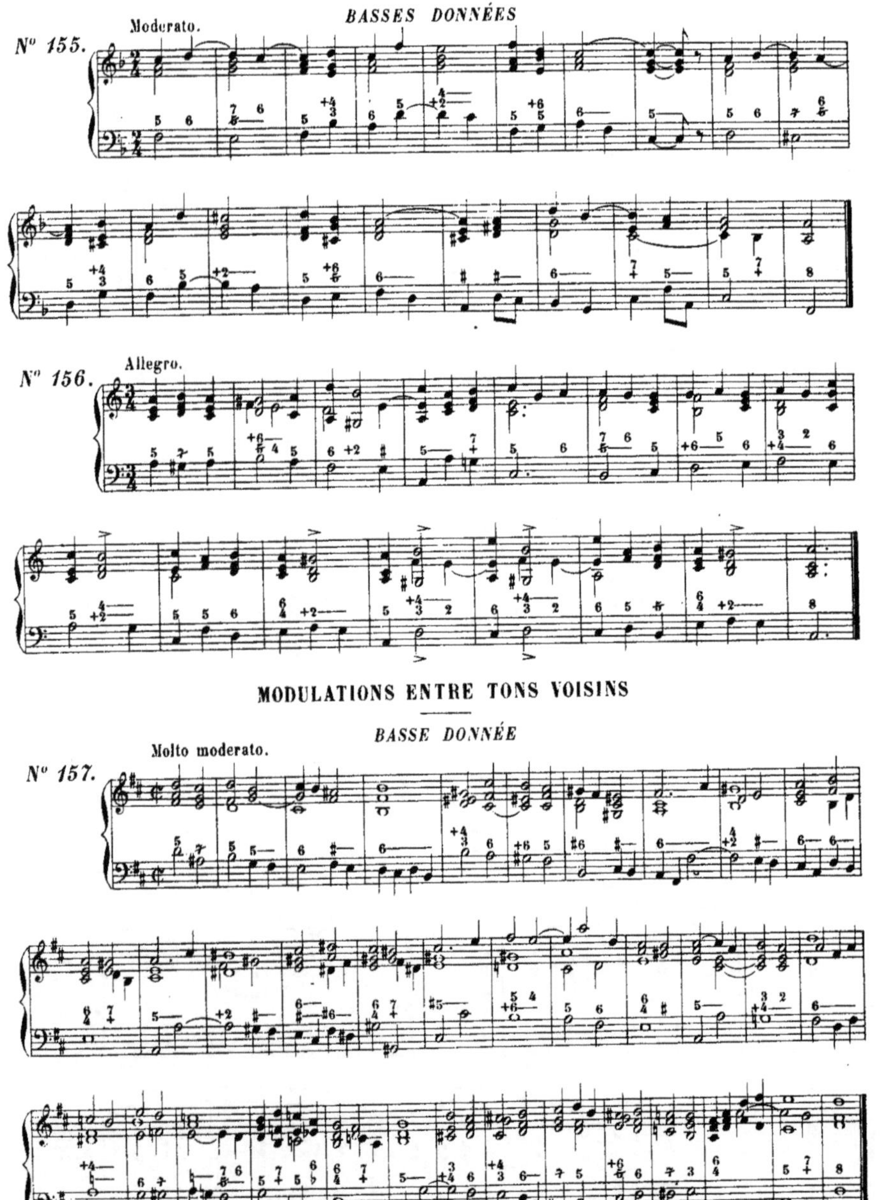

MARCHES D'HARMONIE

SEPTIÈME de SENSIBLE (mode majeur)

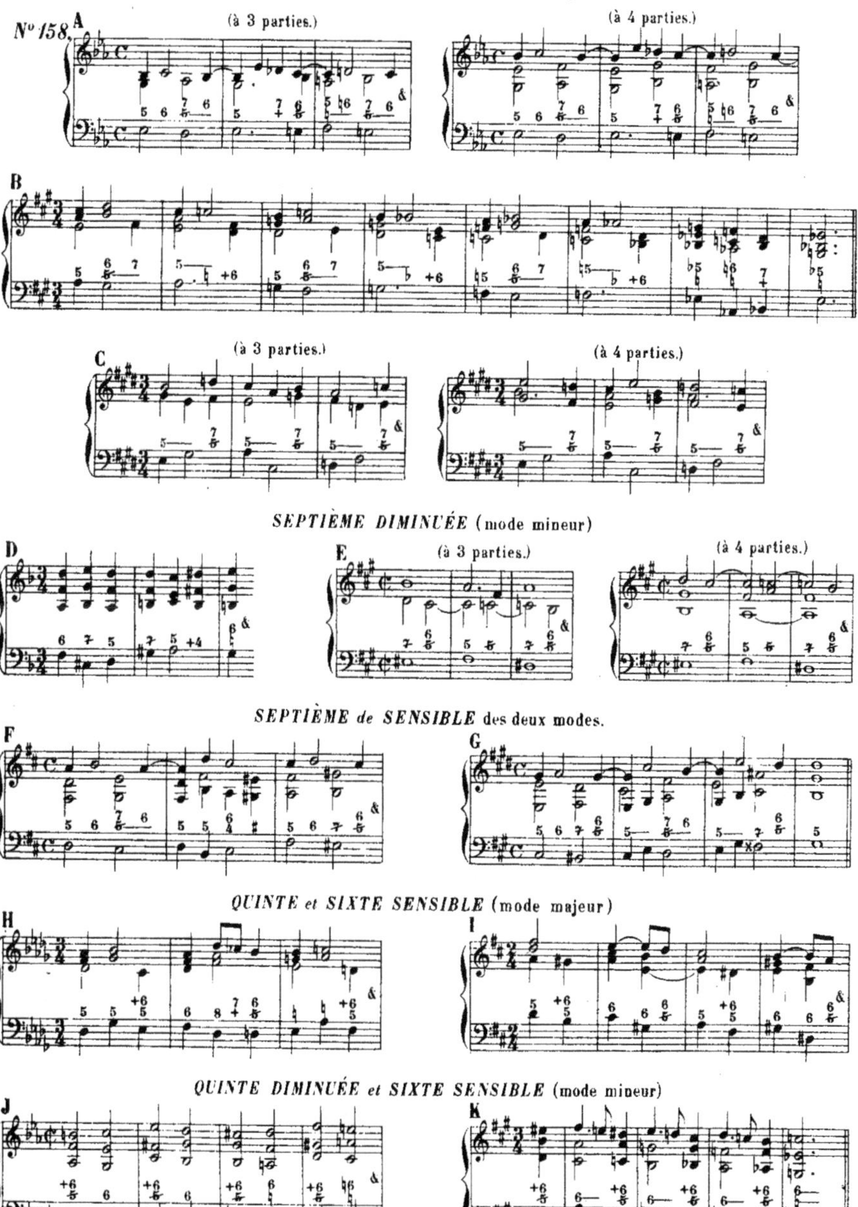

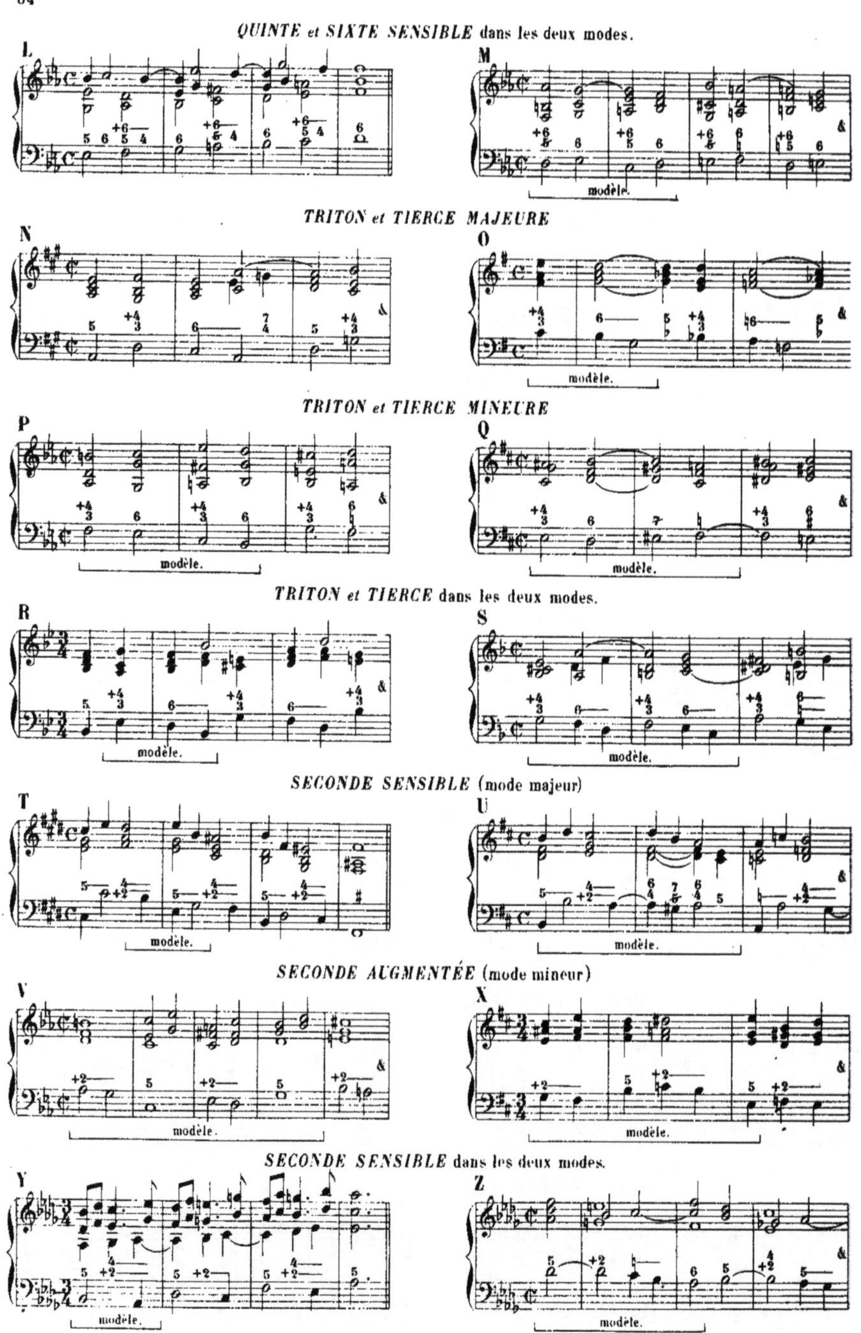
QUINTE et SIXTE SENSIBLE dans les deux modes.
L
M
modèle.
TRITON et TIERCE MAJEURE
N
O
modèle.
TRITON et TIERCE MINEURE
P
Q
modèle.
modèle.
TRITON et TIERCE dans les deux modes.
R
S
modèle.
modèle.
SECONDE SENSIBLE (mode majeur)
T
U
modèle.
modèle.
SECONDE AUGMENTÉE (mode mineur)
V
X
modèle.
modèle.
SECONDE SENSIBLE dans les deux modes.
Y
Z
modèle.
modèle.

MODULATIONS SUCCESSIVES ENTRE TONS VOISINS qui font parvenir à des tons fort éloignés

BASSE DONNÉE

Nº 159. Moderato.

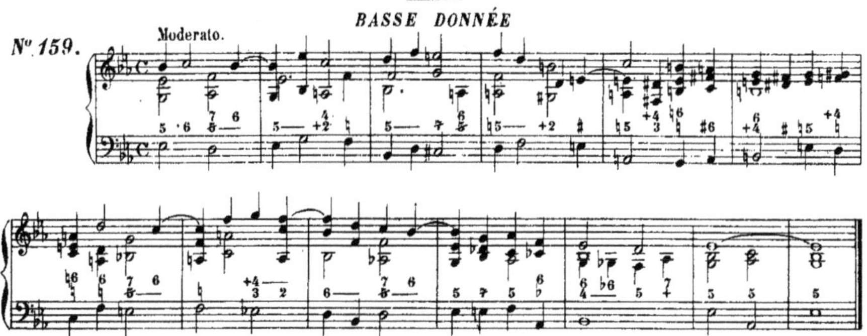

MODULATIONS ENTRE TONS VOISINS ou TONS ÉLOIGNÉS les unes convergentes, les autres divergentes.

BASSE DONNÉE

Nº 160. Tempo giusto.

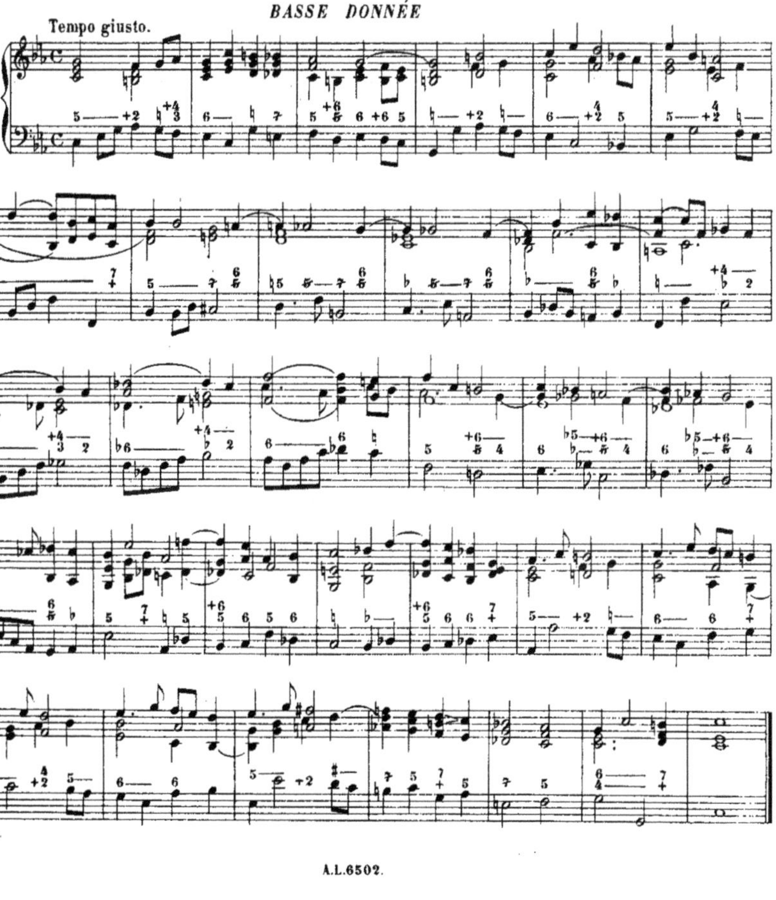

CHANT DONNÉ

Moderato quasi andantino.

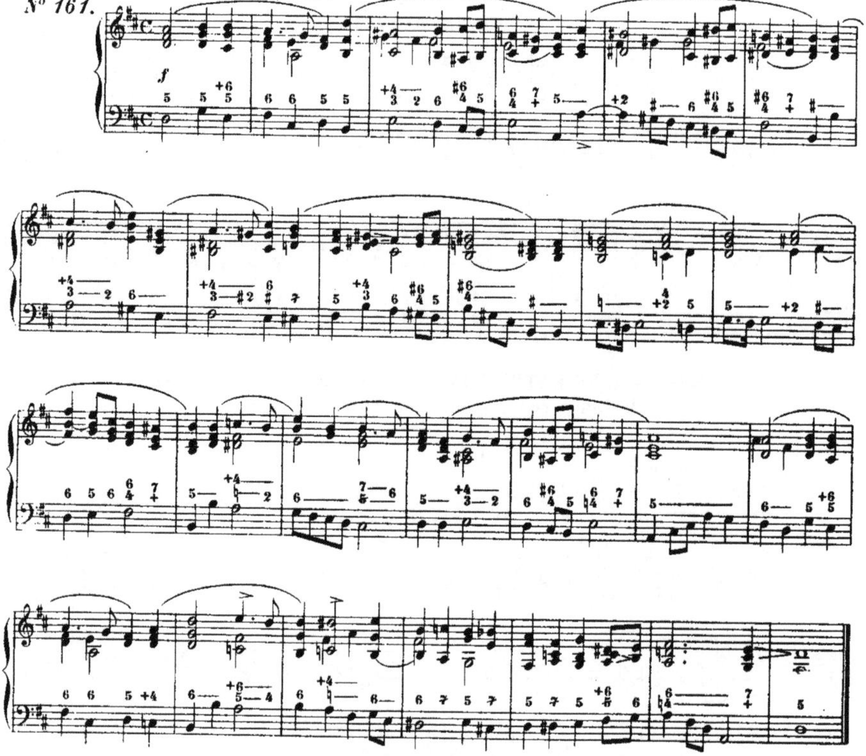

N° 161.

ACCORDS de 7me de SENSIBLE, de 7me DIMINUÉE et RENVERSEMENTS obtenus par l'altération

BASSE DONNÉE

Allegro moderato.

N° 162.

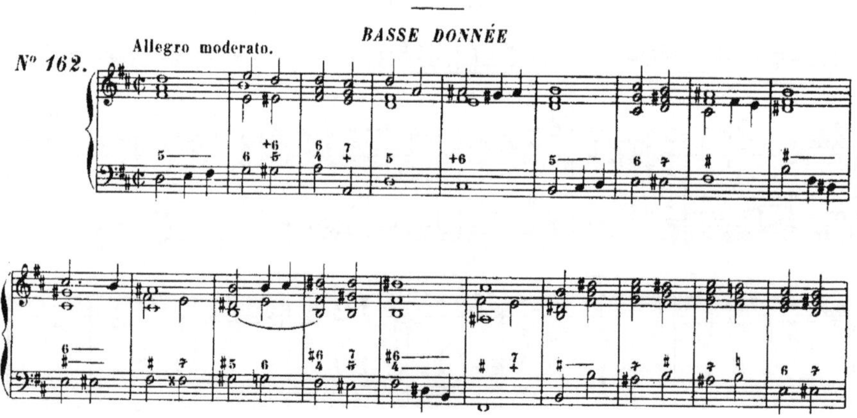

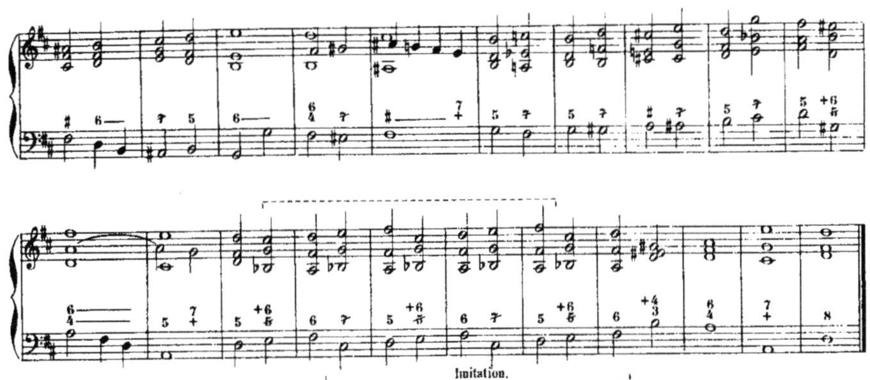

ALTÉRATION ASCENDANTE
de la septième diminuée produisant un accord de septième de sensible du mode majeur

BASSE DONNÉE

Nº 163. Andantino.

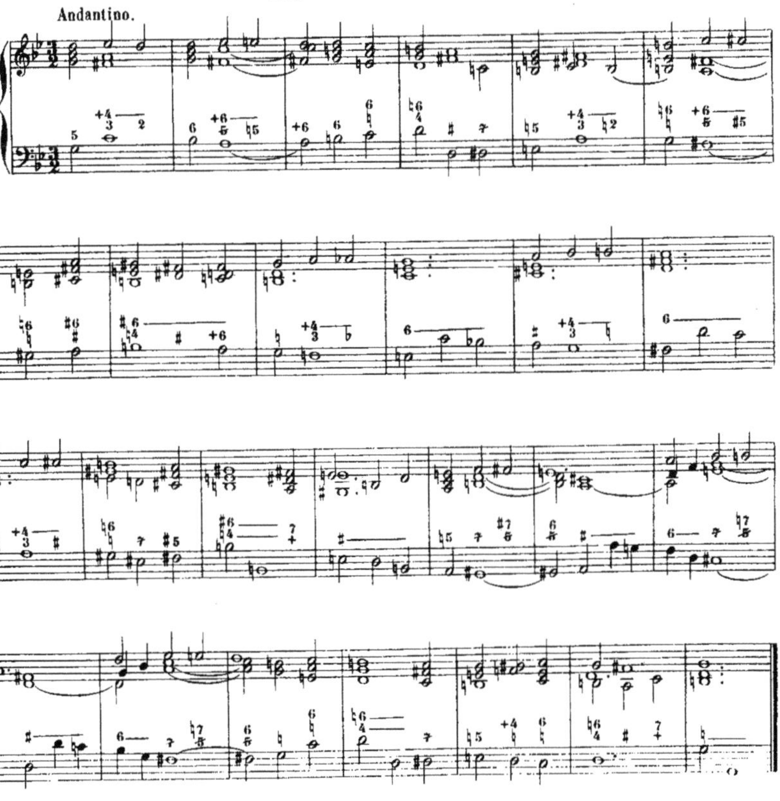

LEÇONS SPÉCIALES
sur chacun des états des accords de septième de sensible des deux modes en résolution naturelle

BASSES DONNÉES

ÉTAT FONDAMENTAL

N° 164. Moderato.

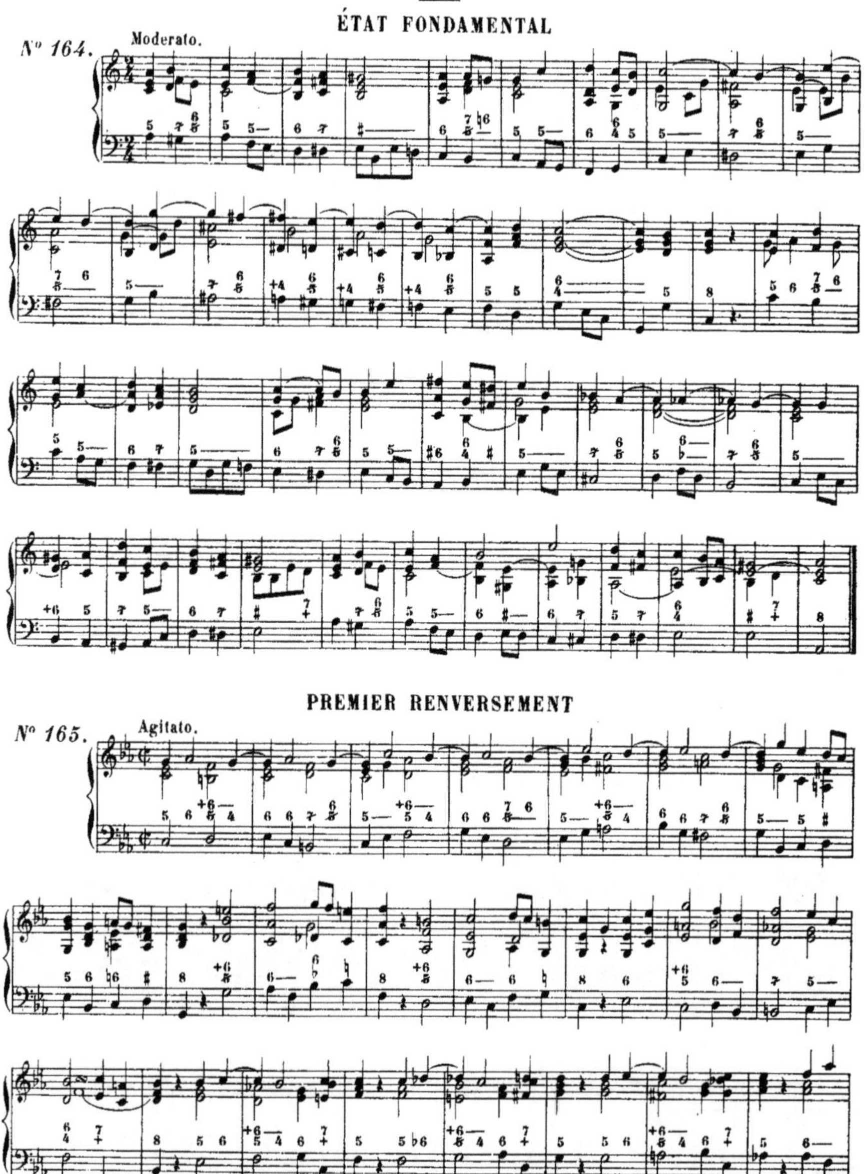

PREMIER RENVERSEMENT

N° 165. Agitato.

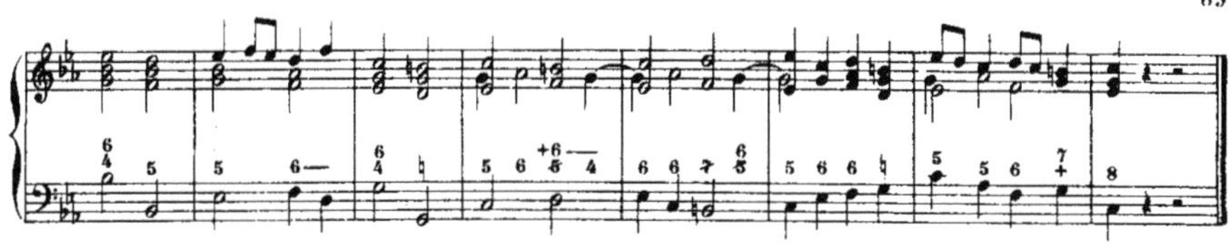

DEUXIÈME RENVERSEMENT

Nº 166. Allegro moderato.

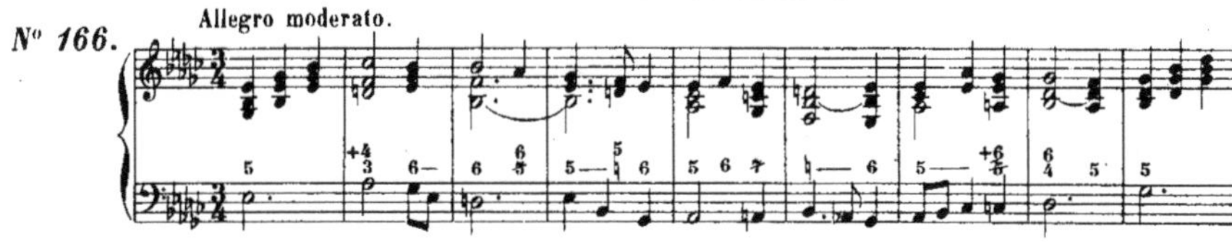

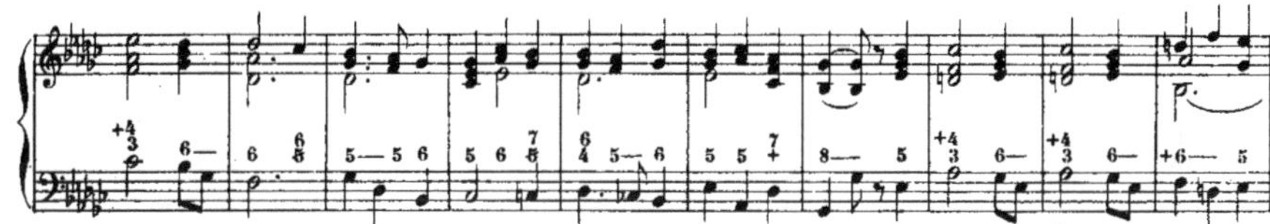

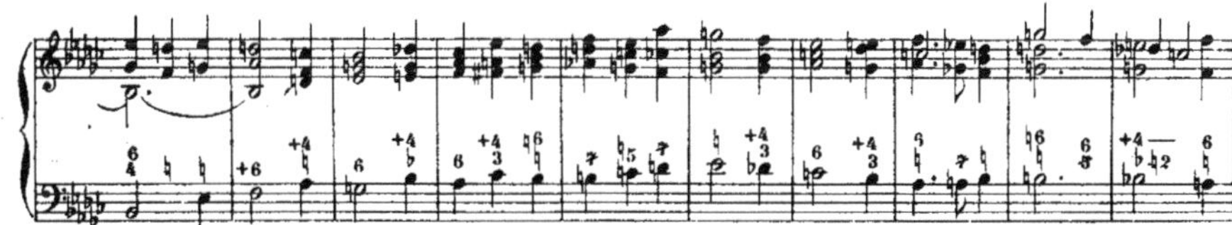

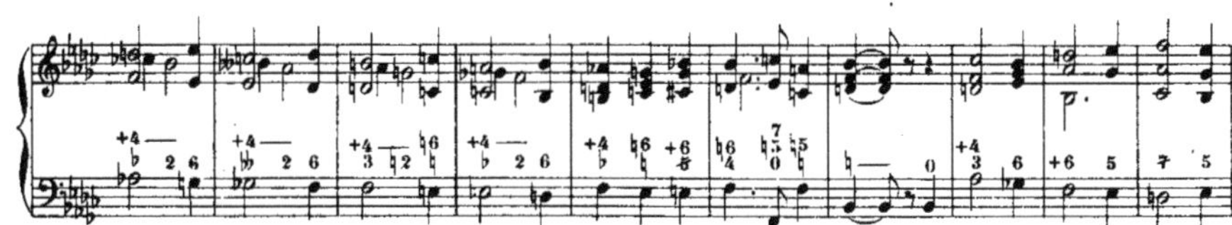

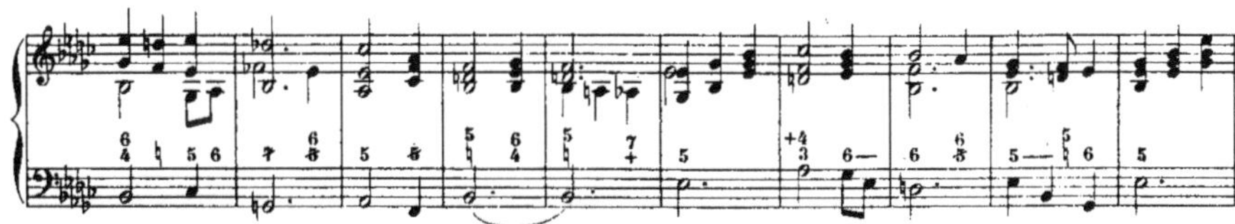

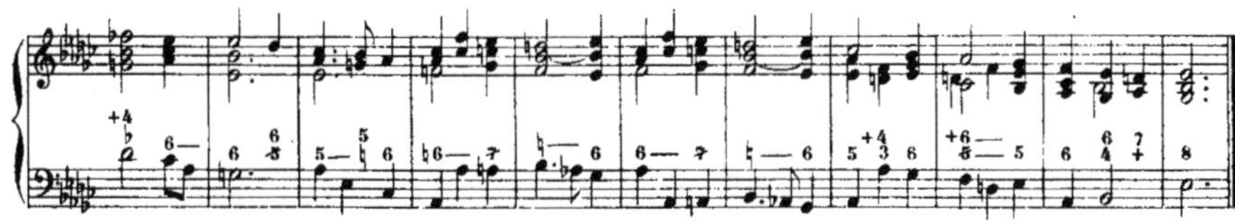

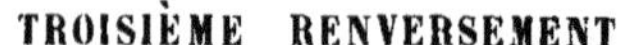

TROISIÈME RENVERSEMENT

N° 167.

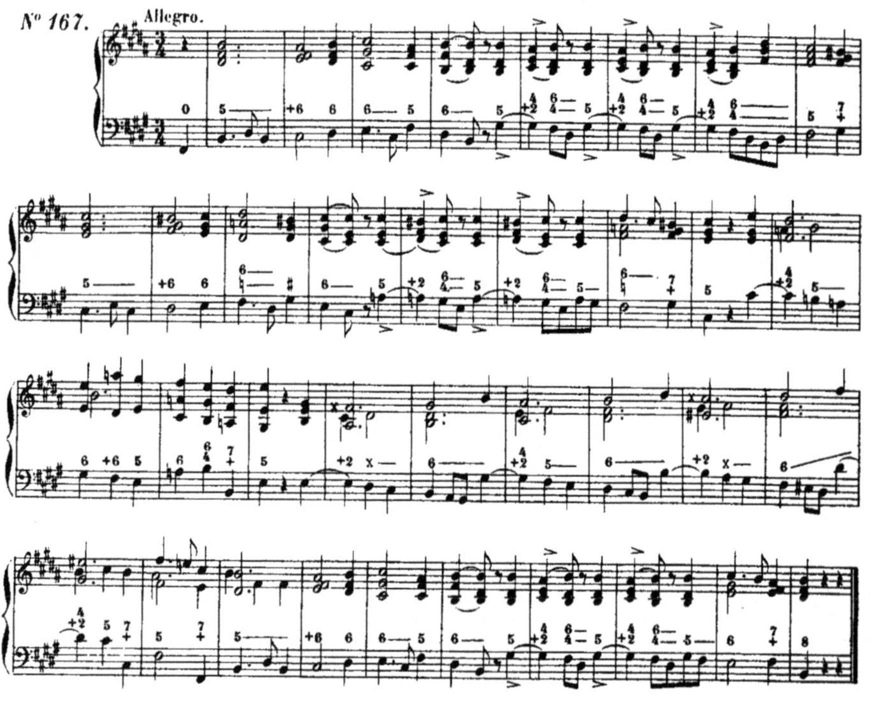

CHANGEMENTS de POSITION et ÉCHANGES de NOTES

BASSE DONNÉE

N° 168.

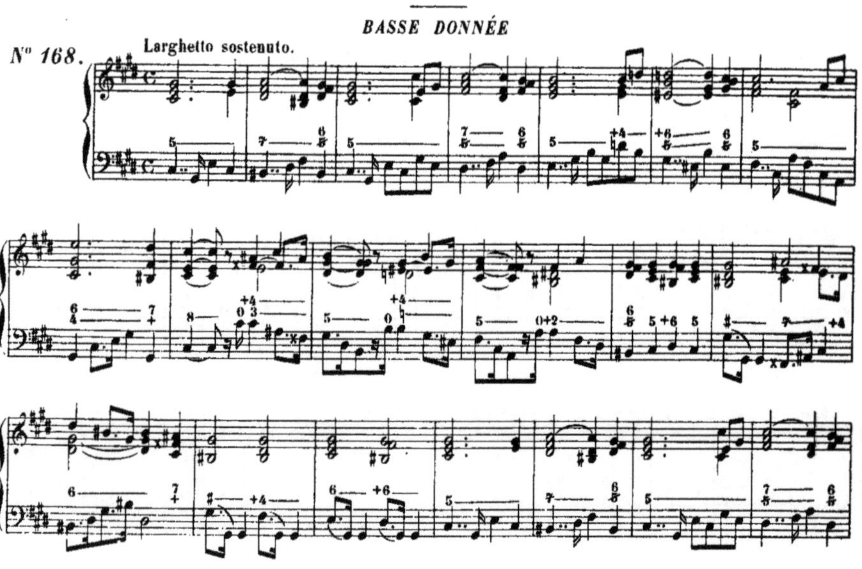

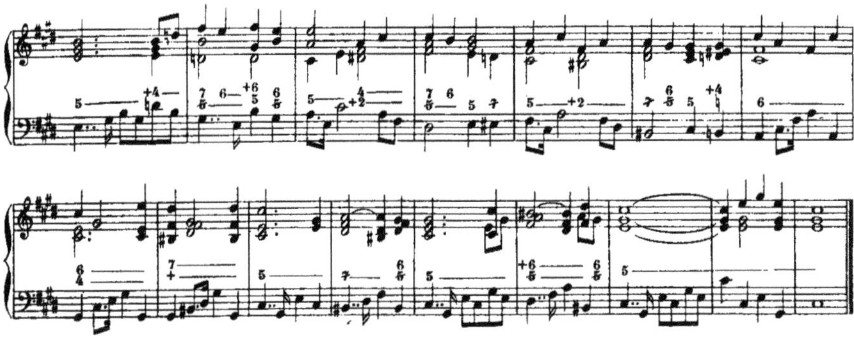

ÉCHANGES de NOTES avec NOTES de PASSAGE

BASSE DONNÉE

Nº 169. Moderato.

Rit.

Rit.

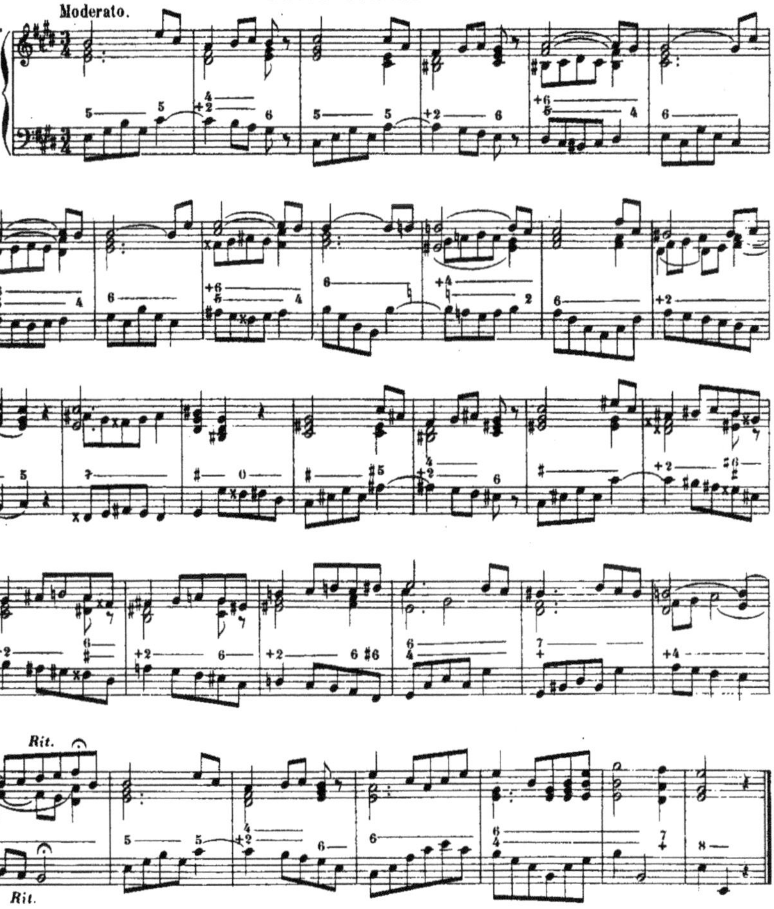

CHANT DONNÉ

sur les *changements de position* et les *échanges de notes.*

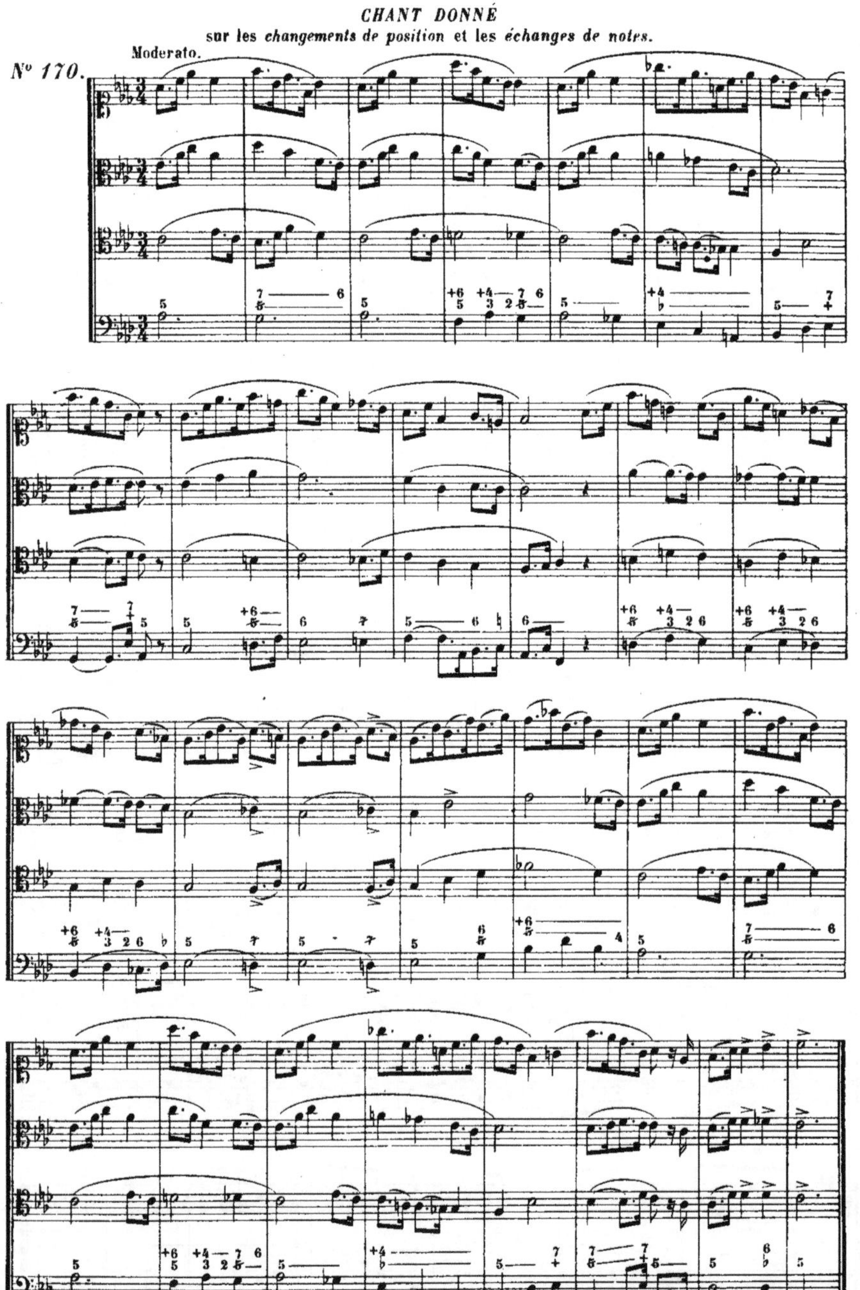

MODULATIONS ENHARMONIQUES

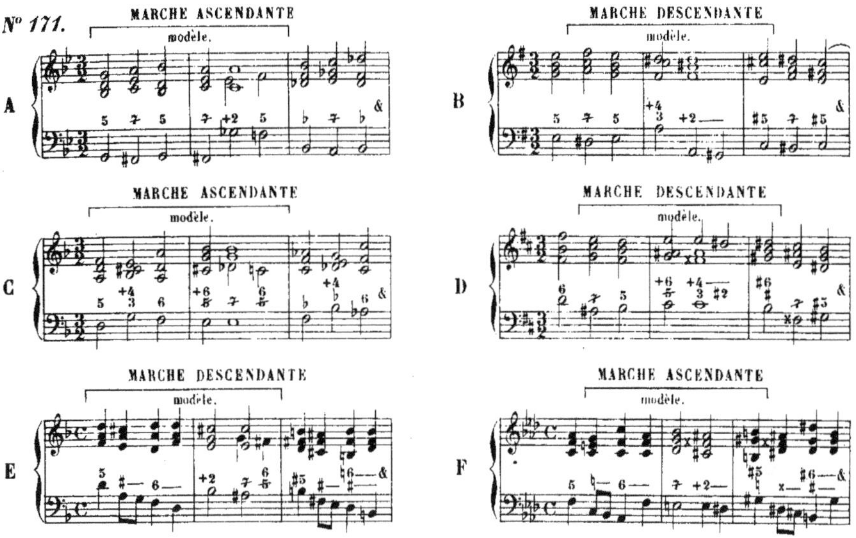

SEPTIÈME DIMINUÉE ET SES RENVERSEMENTS
placés successivement sur la même note

BASSE DONNÉE CHIFFRÉE

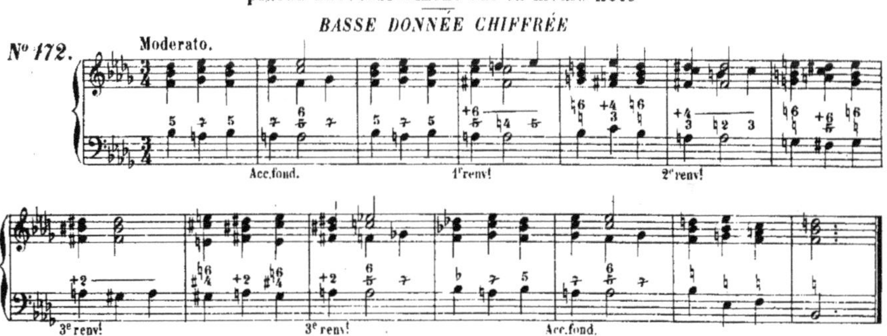

MODULATIONS ENHARMONIQUES

BASSE DONNÉE SANS CHIFFRES

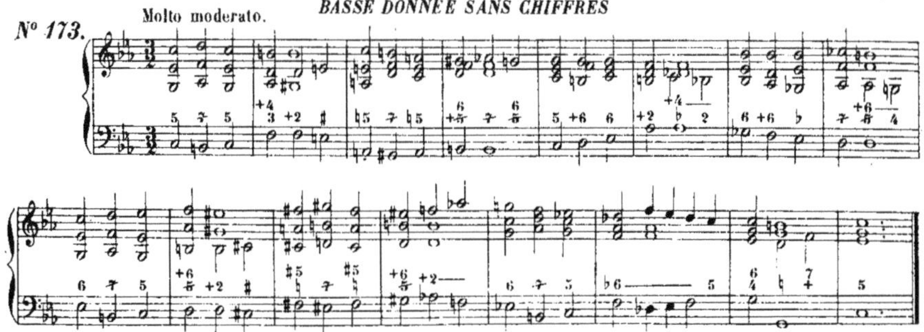

RÉSOLUTIONS EXCEPTIONNELLES
des accords de septième de sensible et de septième diminuée

MARCHES D'HARMONIE

N° 174.

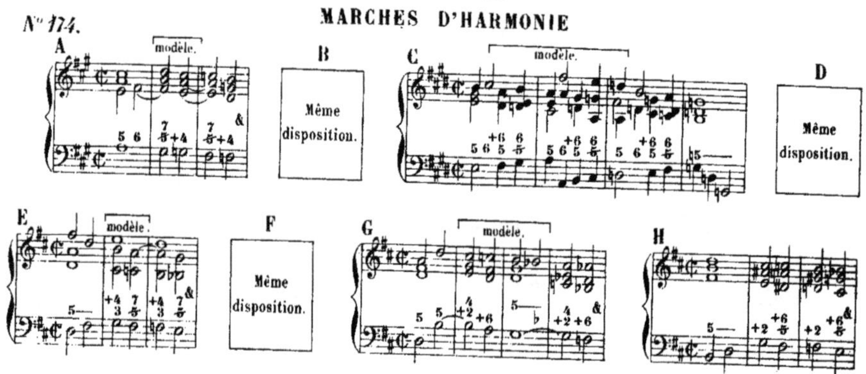

PARTIES SUPÉRIEURES NON-SYMÉTRIQUES

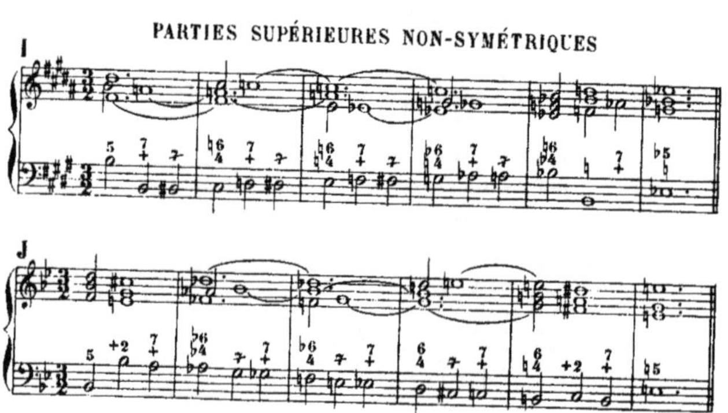

GAMME CHROMATIQUE avec TONALITÉ PRÉDOMINANTE

MODULATIONS CONVERGENTES

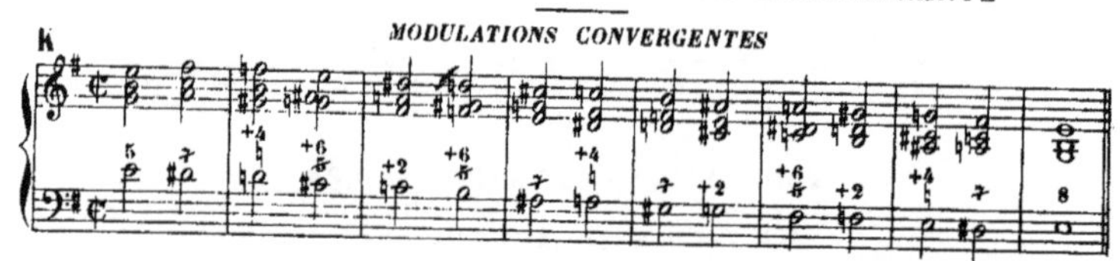

SEPTIÈME DE SENSIBLE ET SES RENVERSEMENTS
servant de résolution exceptionnelle à la septième de dominante

BASSES DONNÉES CHIFFRÉES

MODULATION A LA QUARTE SUPÉRIEURE OU QUINTE INFÉRIEURE (mode majeur)

N° 175. Moderato

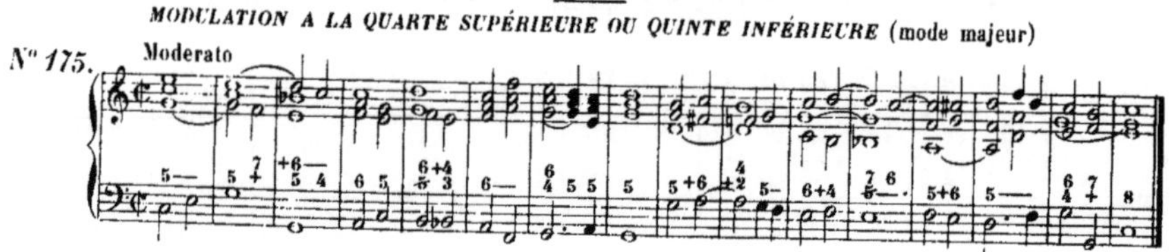

MODULATION A LA TIERCE MAJEURE INFÉRIEURE

(d'un ton *mineur* à un ton *majeur*)

Nº 176. Moderato.

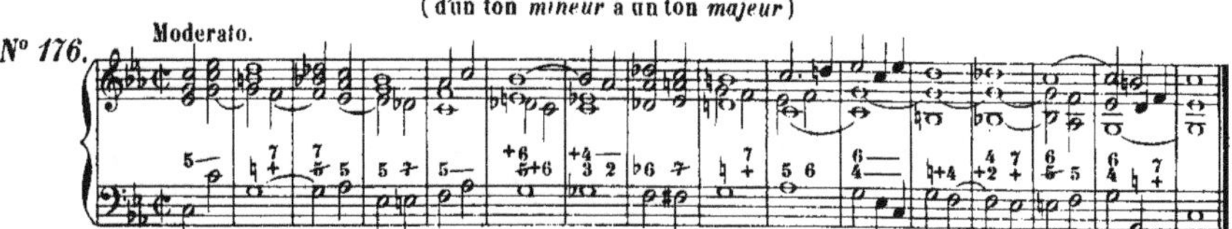

MODULATION A LA TIERCE MINEURE SUPÉRIEURE

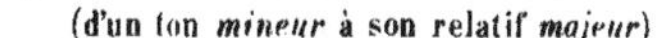

(d'un ton *mineur* à son relatif *majeur*)

Nº 177. Allegretto.

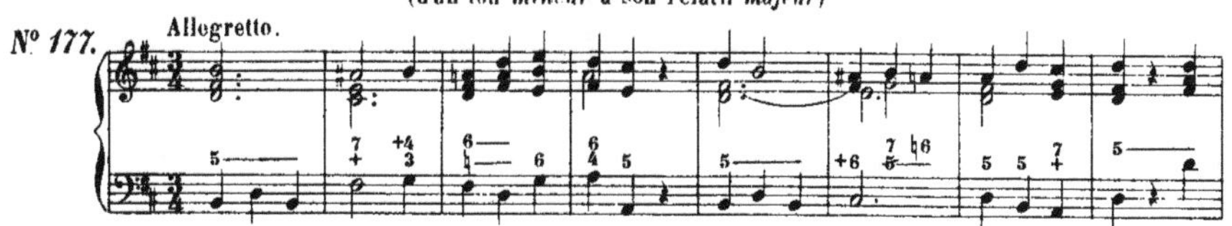

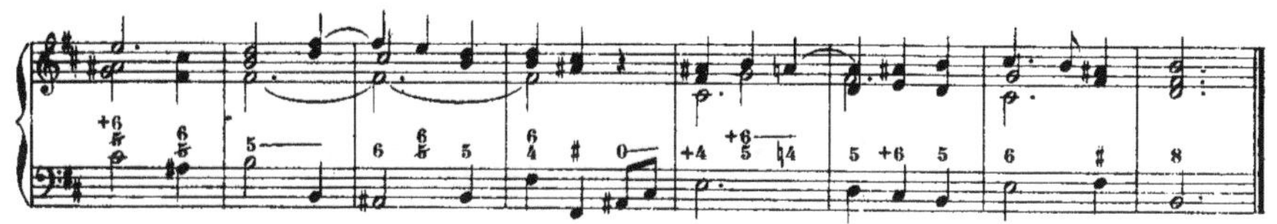

SEPTIÈME DIMINUÉE et ses RENVERSEMENTS
servant de résolution exceptionnelle à la septième de dominante

BASSES DONNÉES CHIFFRÉES

MODULATION A LA TIERCE MINEURE INFÉRIEURE

(d'un ton *majeur* à son relatif *mineur*)

Nº 178. Molto moderato.

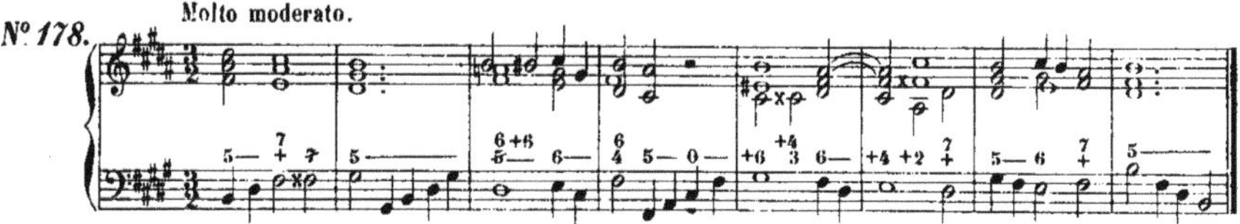

MODULATION A LA SECONDE MAJEURE SUPÉRIEURE

Nº 179. Moderato.

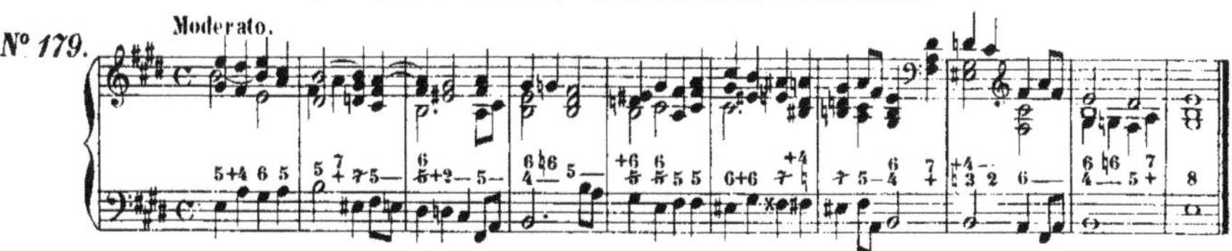

MODULATION A LA SECONDE MAJEURE SUPÉRIEURE (mode mineur)

Nº 180. Moderato.

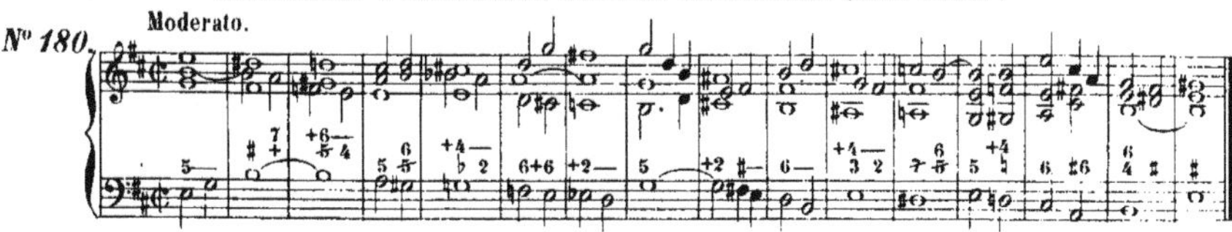

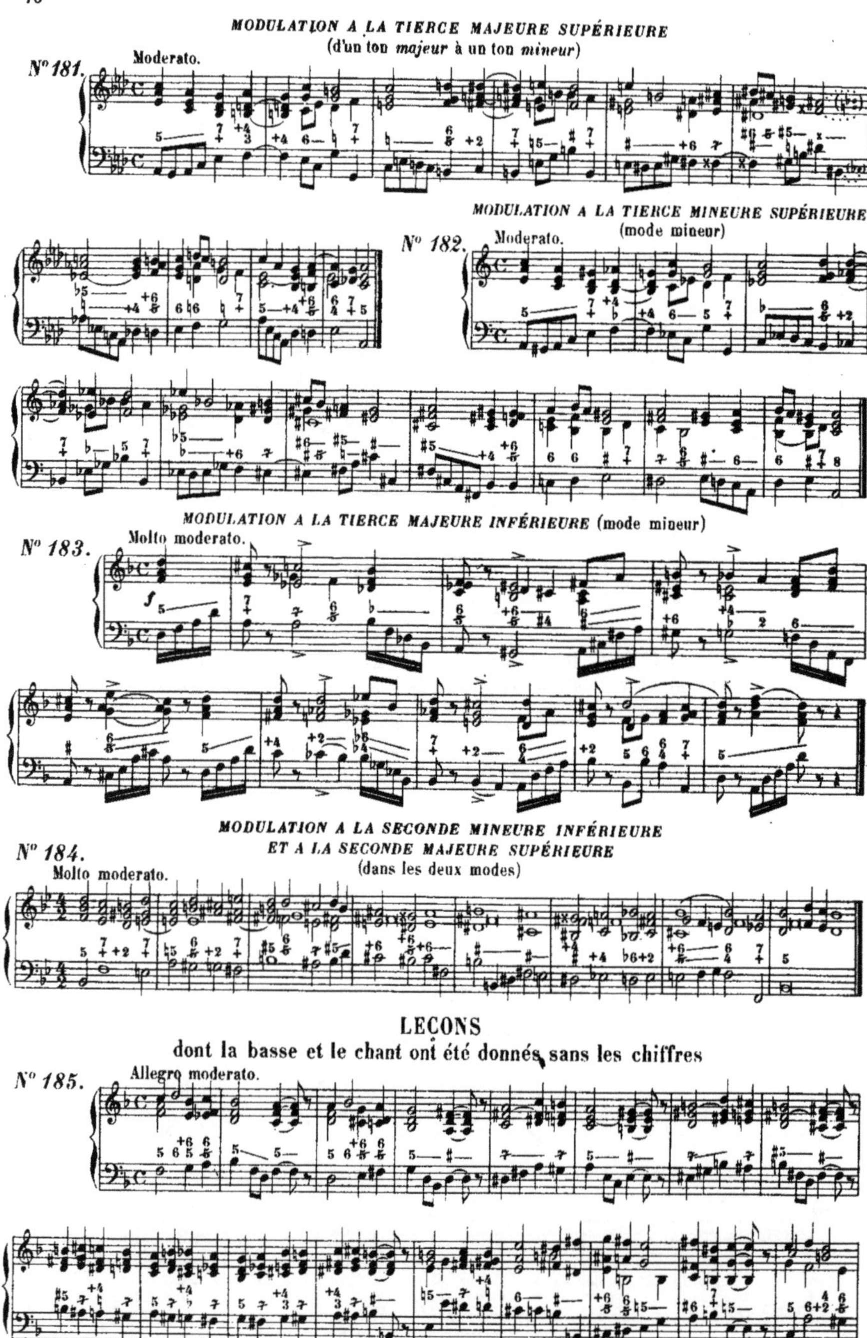
MODULATION A LA TIERCE MAJEURE SUPÉRIEURE
(d'un ton majeur à un ton mineur)
Nº 181.
Moderato.
MODULATION A LA TIERCE MINEURE SUPÉRIEURE
(mode mineur)
Nº 182.
Moderato.
MODULATION A LA TIERCE MAJEURE INFÉRIEURE (mode mineur)
Nº 183.
Molto moderato.
MODULATION A LA SECONDE MINEURE INFÉRIEURE
ET A LA SECONDE MAJEURE SUPÉRIEURE
(dans les deux modes)
Nº 184.
Molto moderato.
LEÇONS
dont la basse et le chant ont été donnés sans les chiffres
Nº 185.
Allegro moderato.

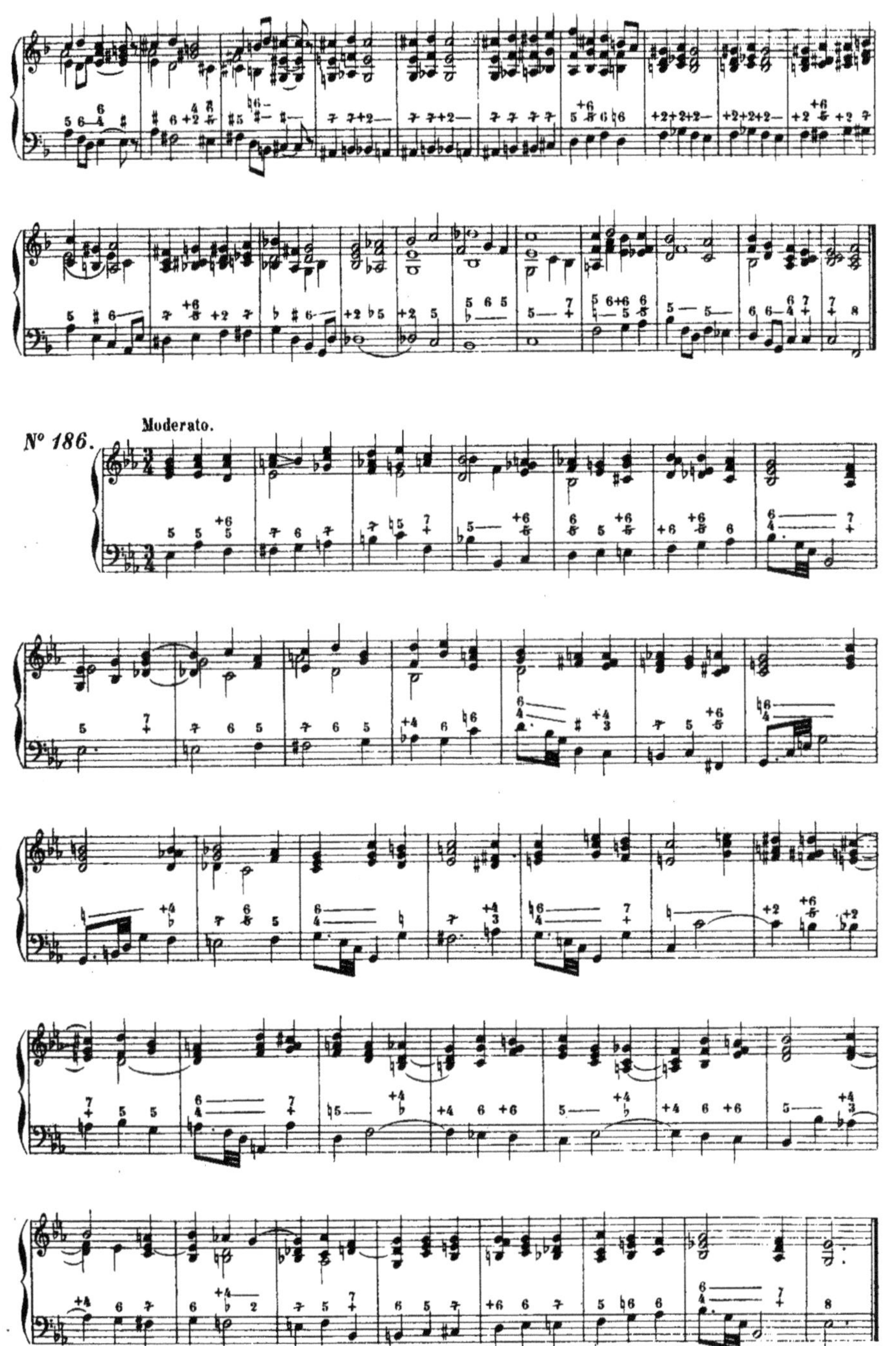
Nº 186.
Moderato.

BRODERIES
dans les accords de septième de sensible des deux modes et leurs renversements

MARCHES D'HARMONIE

BRODERIE INFÉRIEURE DE LA FONDAMENTALE

N° 187.

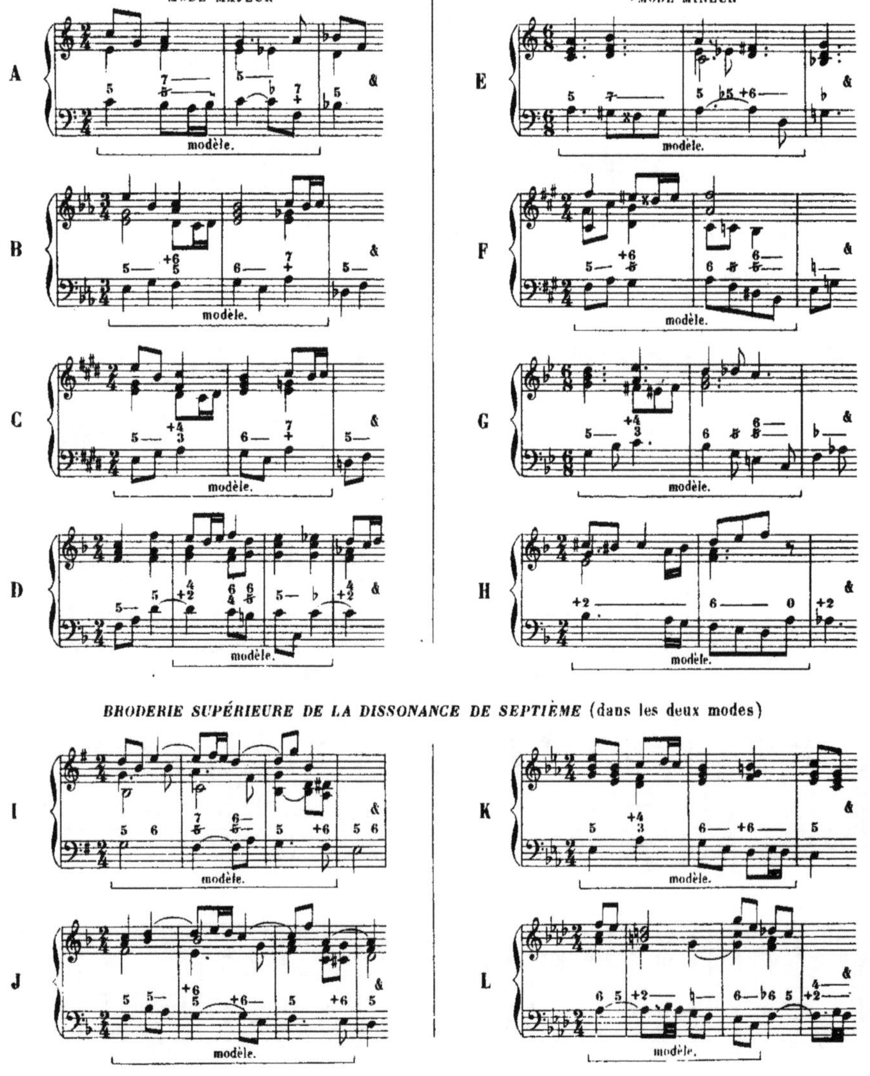

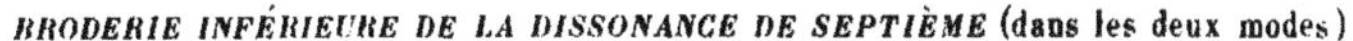

BRODERIE INFÉRIEURE DE LA DISSONANCE DE SEPTIÈME (dans les deux modes)

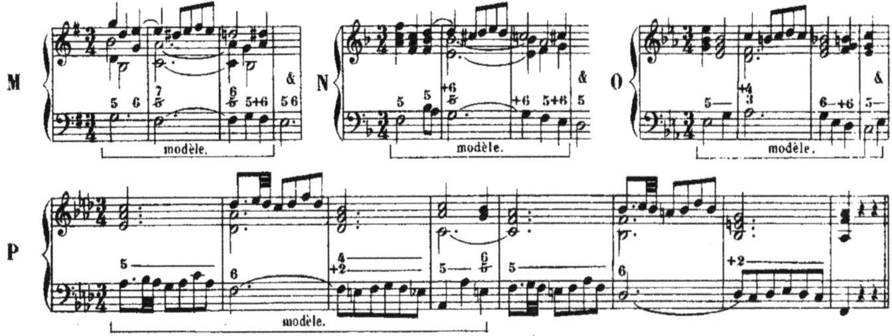

BRODERIE SUPÉRIEURE DE LA QUINTE

dans l'accord de septième diminuée.

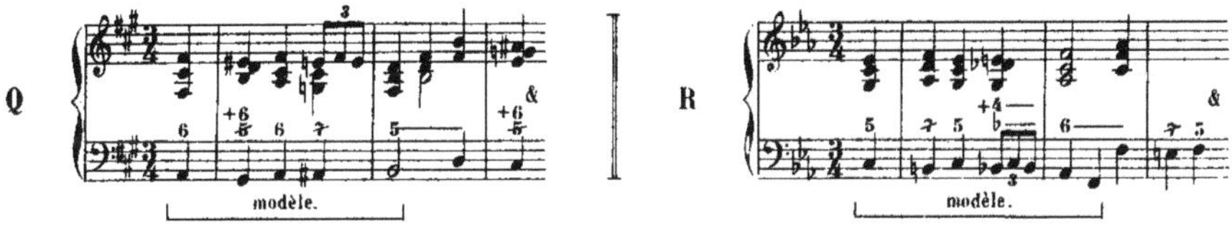

Q

modèle.

R

modèle.

CHANT DONNÉ

(B.C.S.)

Nº 188. Andante

Sostenuto il basso.

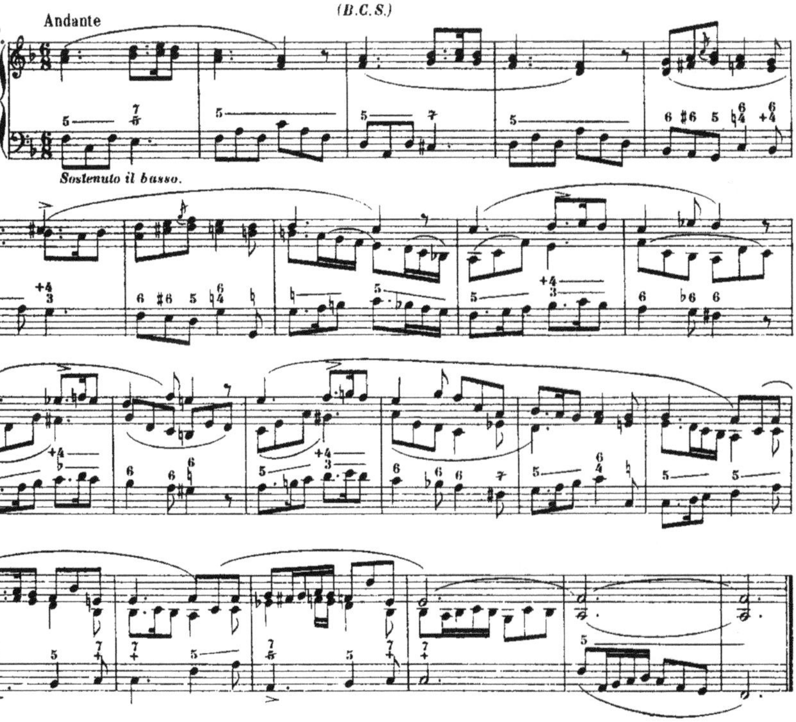

ACCORDS de NEUVIÈME de DOMINANTE à l'état fondamental et en résolution naturelle

MARCHES D'HARMONIE

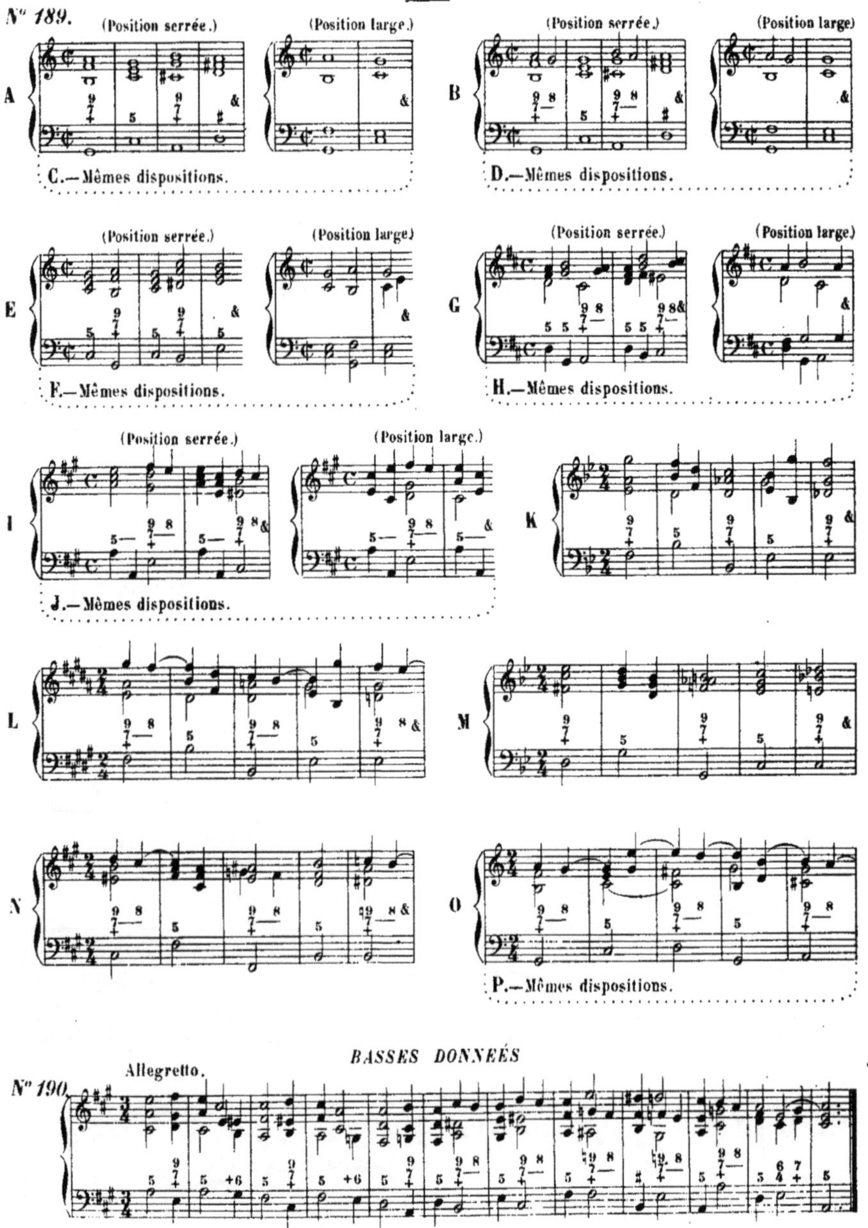

BASSES DONNÉES

N° 190. Allegretto.

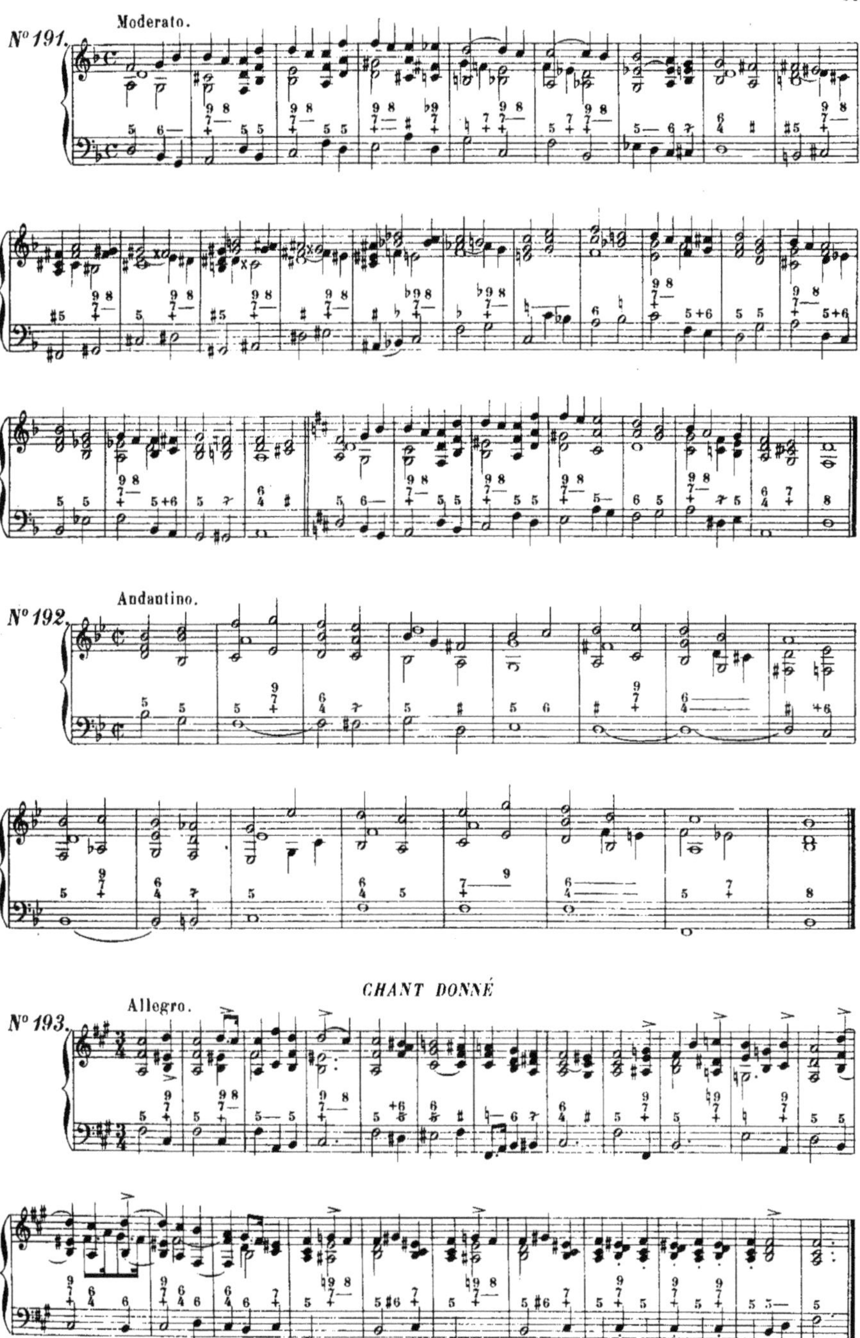
N° 191.
Moderato.
N° 192.
Andantino.
CHANT DONNÉ
N° 193.
Allegro.

RÉSOLUTIONS EXCEPTIONNELLES des ACCORDS de 9me de DOMINANTE

MODULATIONS PASSAGÈRES — *MODULATIONS DÉFINITIVES*

N° 194.

à la *quarte supérieure* ou *quinte inférieure*

I *Sol* maj. — *do* maj. — retour à *sol* maj.

II *Sol* maj. — *do* maj.

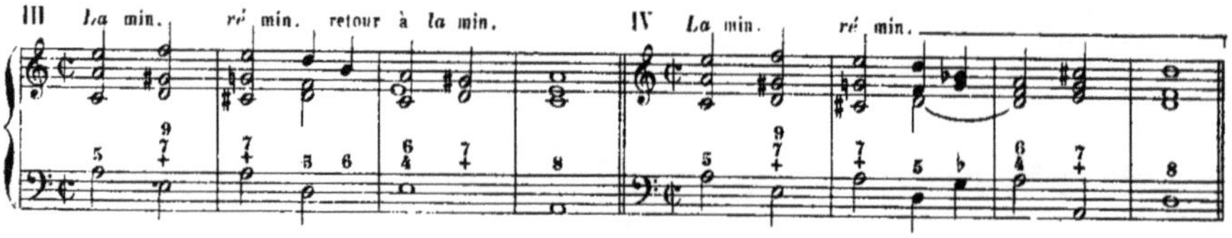

III *La* min. — *ré* min. — retour à *la* min.

IV *La* min. — *ré* min.

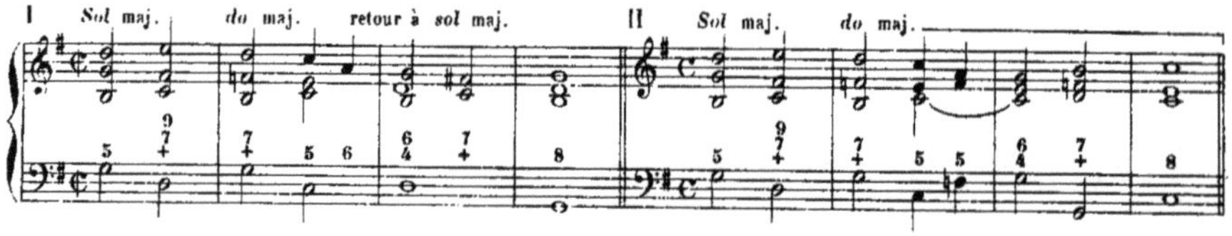

à la *seconde supérieure*

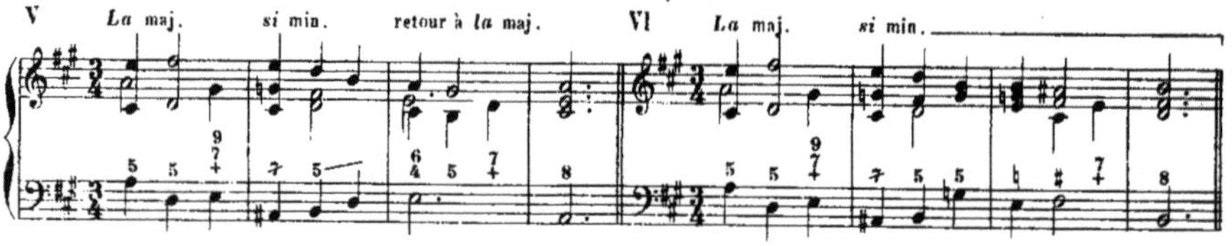

V *La* maj. — *si* min. — retour à *la* maj.

VI *La* maj. — *si* min.

PHRASES UNITONIQUES

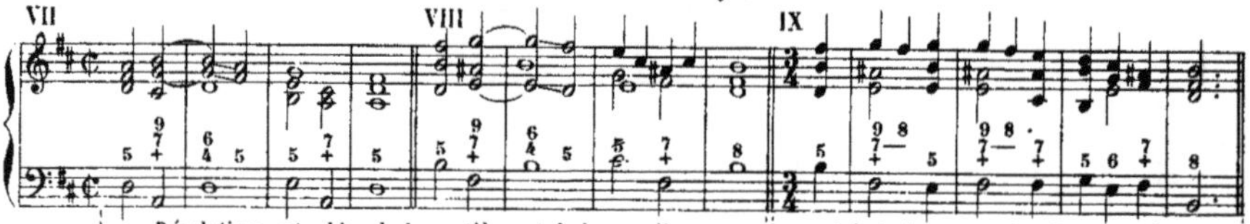

VII — VIII — IX

Résolutions retardées de la septième et de la neuvième — Résolution suspendue de la septième

MARCHES D'HARMONIE

MODULATIONS à la *quarte supérieure* ou *quinte inférieure*

N° 195.

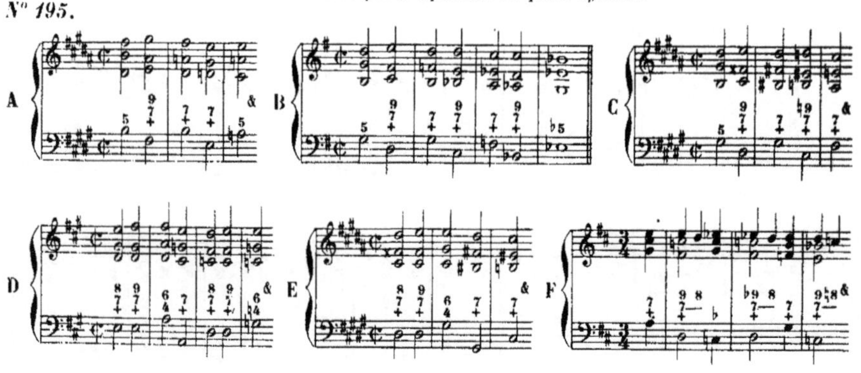

BASSE ET CHANT DONNÉS

Nº 196. Moderato.

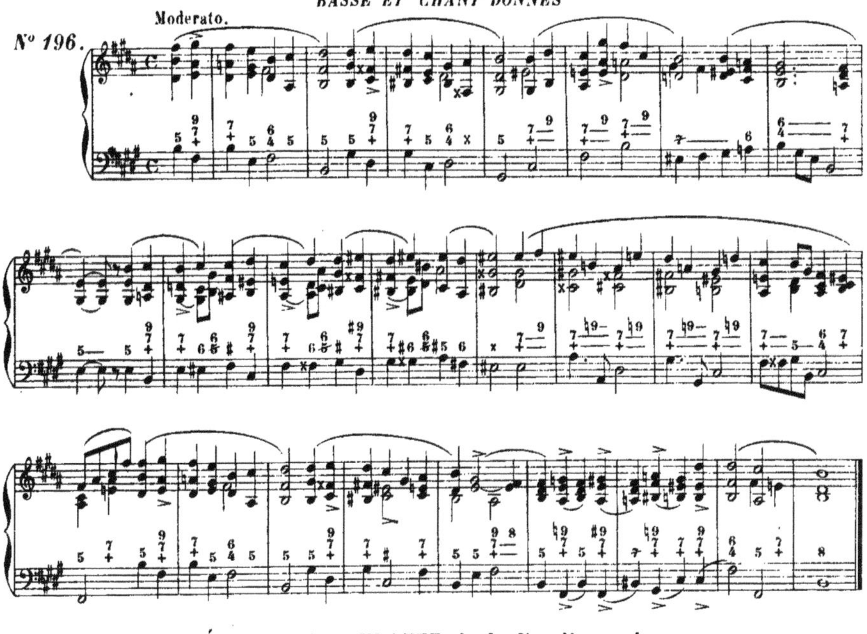

ALTÉRATION ASCENDANTE de la Neuvième mineure
ALTÉRATION DESCENDANTE de la Neuvième majeure

BASSE DONNÉE

Nº 197. Andantino.

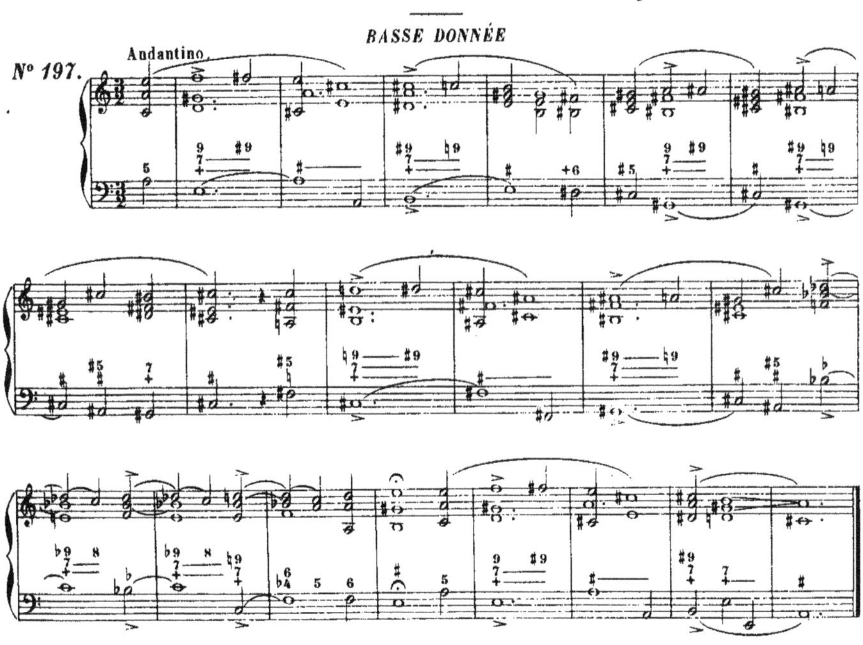

RENVERSEMENTS des accords de neuvième de dominante en résolution naturelle

MARCHES D'HARMONIE

PREMIER RENVERSEMENT

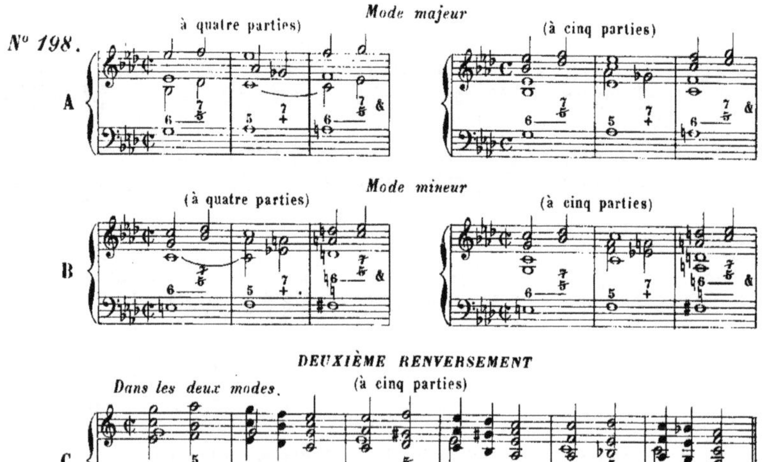

DEUXIÈME RENVERSEMENT

Dans les deux modes. (à cinq parties)

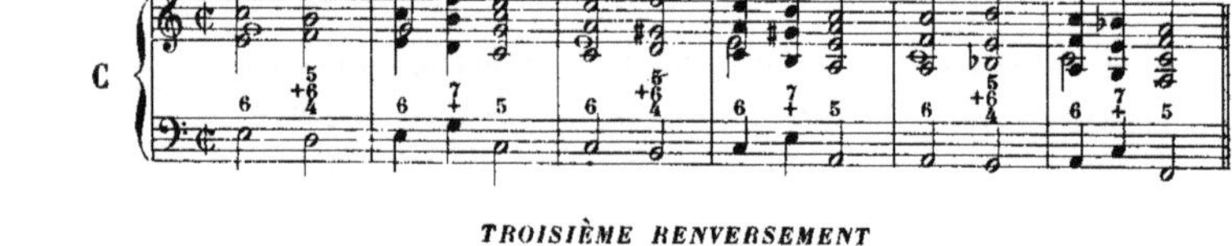

TROISIÈME RENVERSEMENT

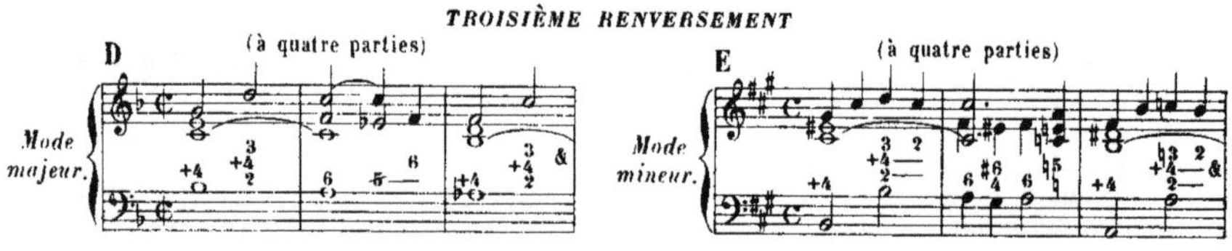

BASSE DONNÉE

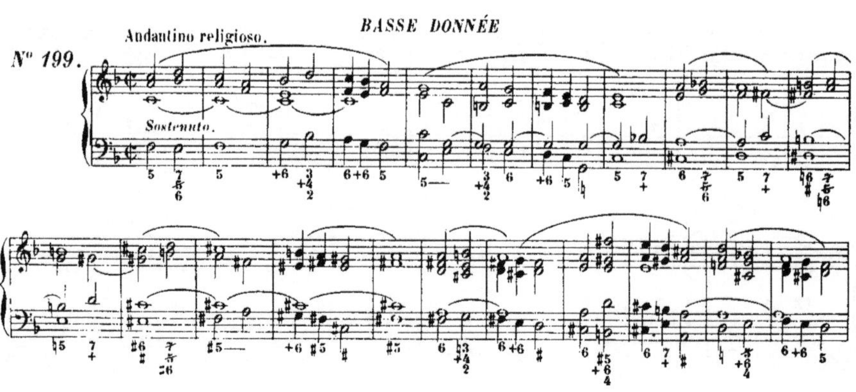

CHANGEMENTS DE POSITION

BASSE ET CHANT DONNÉS

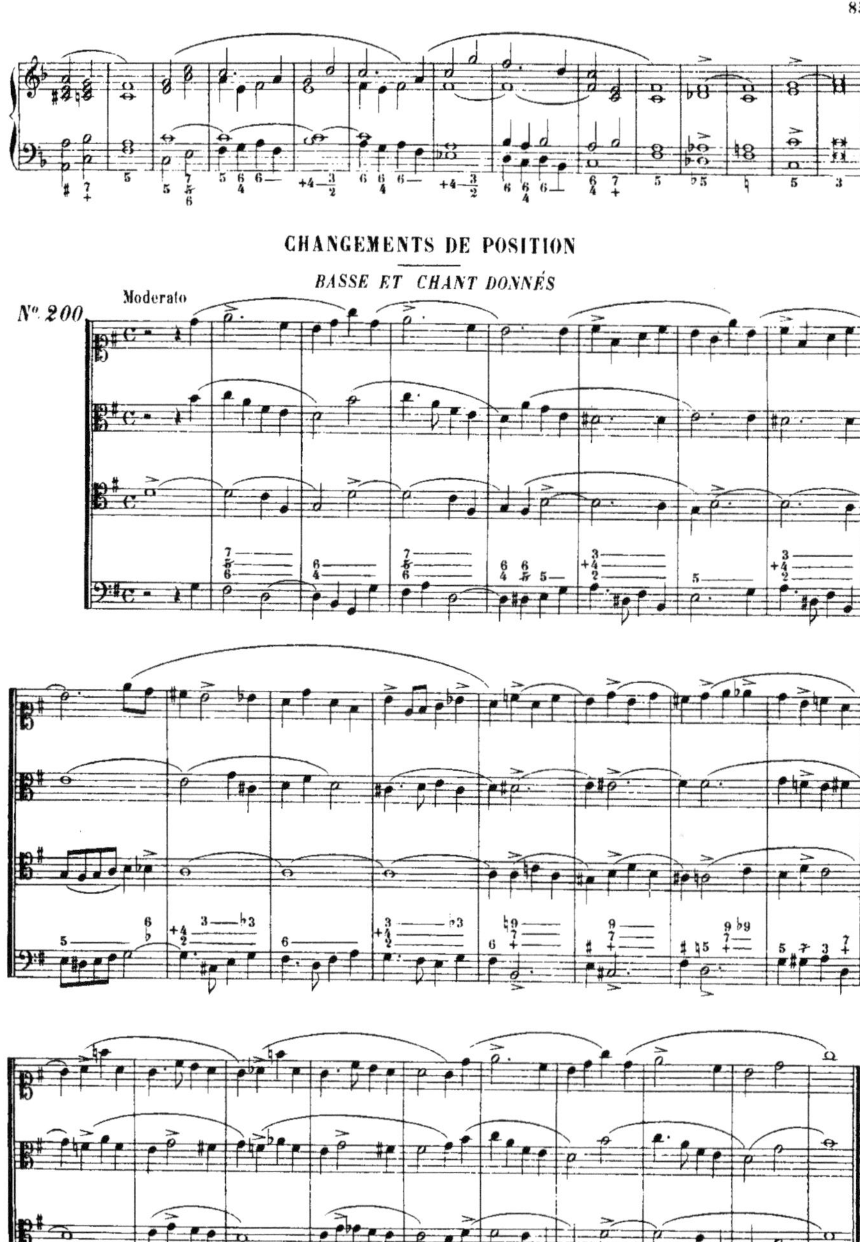

ÉCHANGES de NOTE avec NOTES de PASSAGE

N° 201. Grave.

Soprano.

Contralto.

Ténor.

Baryton.

Basse.

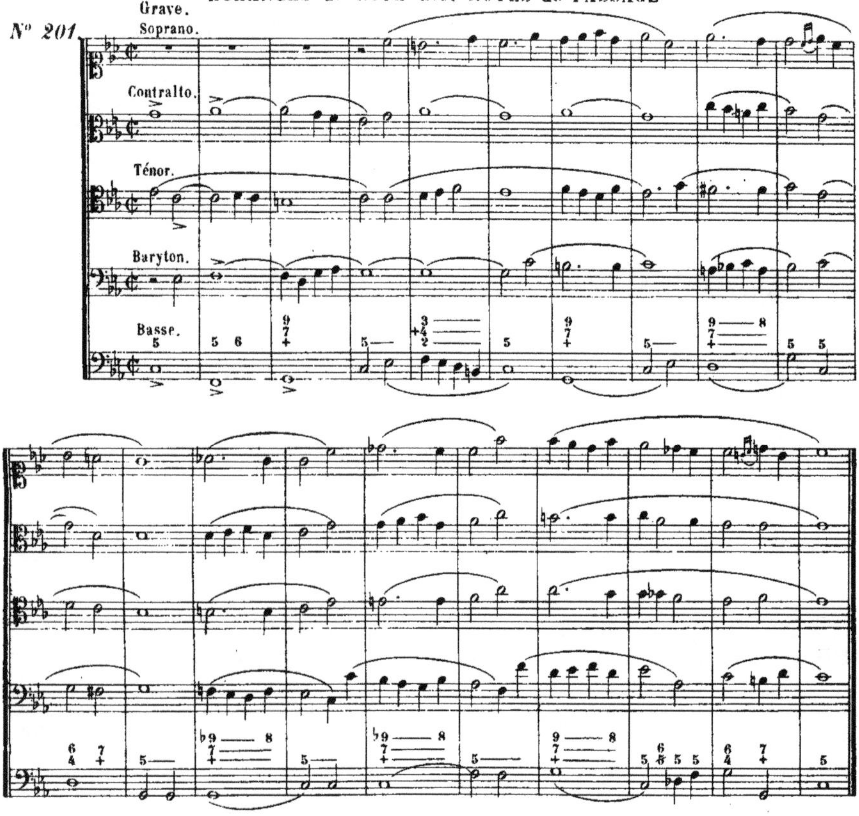

ACCORDS
de septième et de neuvième sur-tonique

MARCHES D'HARMONIE

RÉSOLUTION NATURELLE

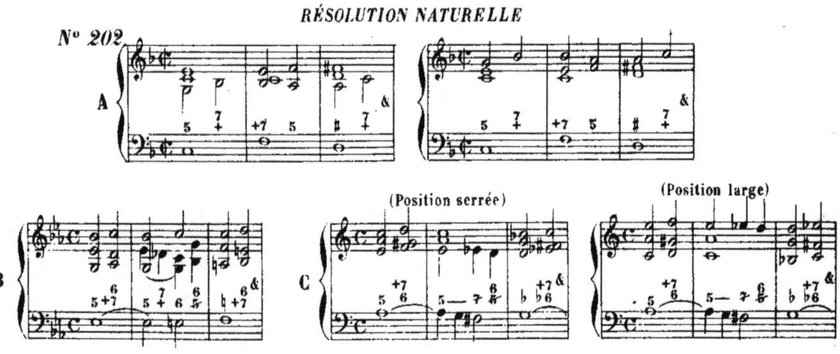

A CINQ PARTIES

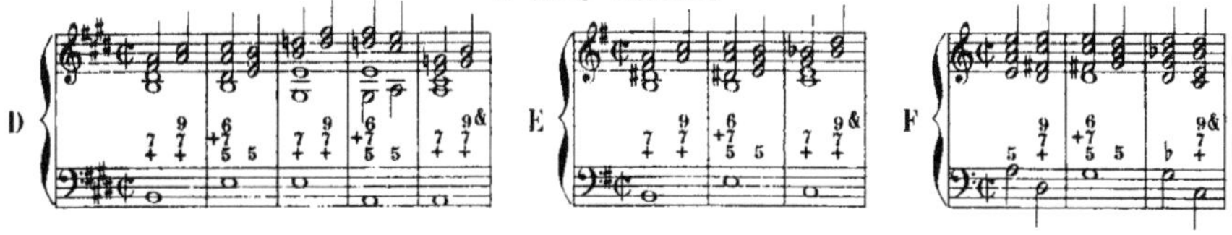

D

E

F

RÉSOLUTIONS EXCEPTIONNELLES

N° 203.

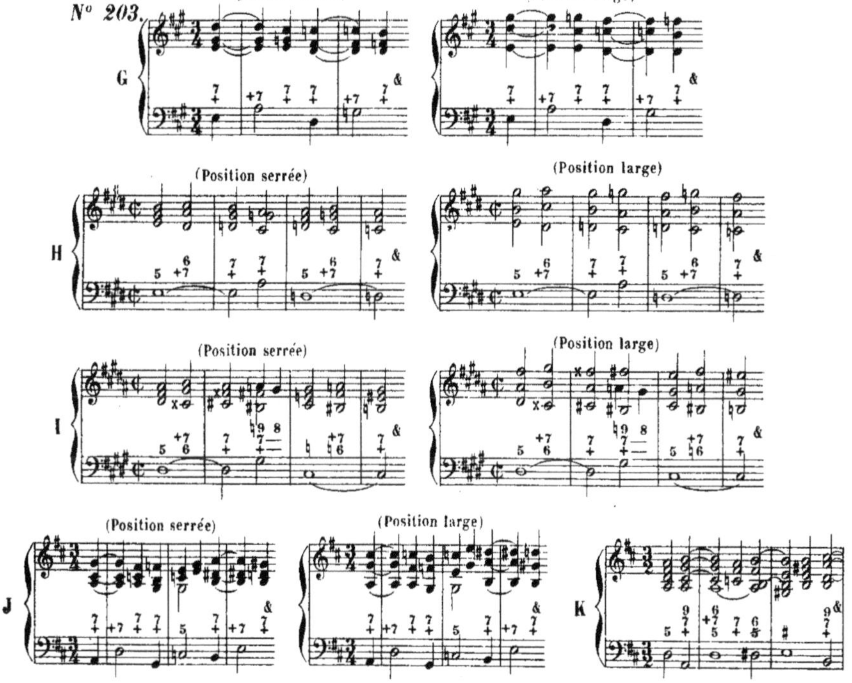

G

(Position serrée)

(Position large)

H

(Position serrée)

(Position large)

I

(Position serrée)

(Position large)

J

(Position serrée)

(Position large)

K

BASSES DONNÉES

ACCORDS de SEPTIÈME SUR-TONIQUE

N° 204. Larghetto.

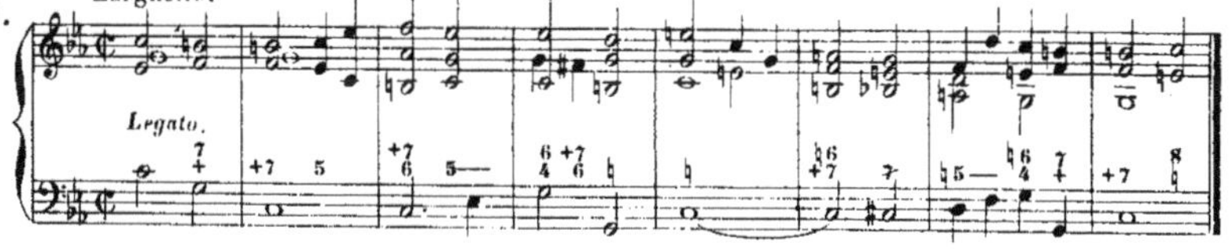

Legato.

N° 205. Andantino.

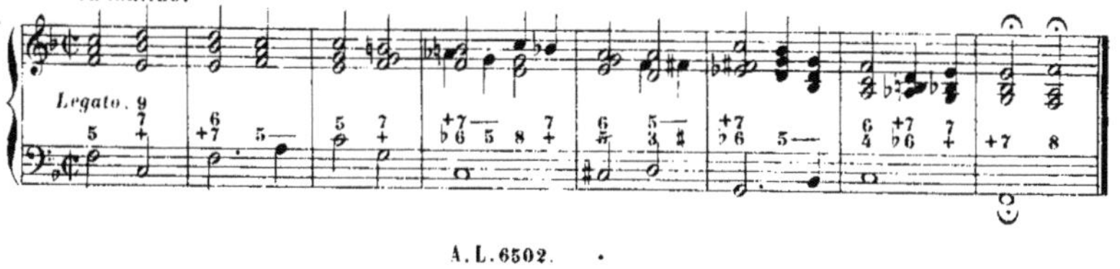

Legato.

N° 206. Tempo giusto

Sostenuto

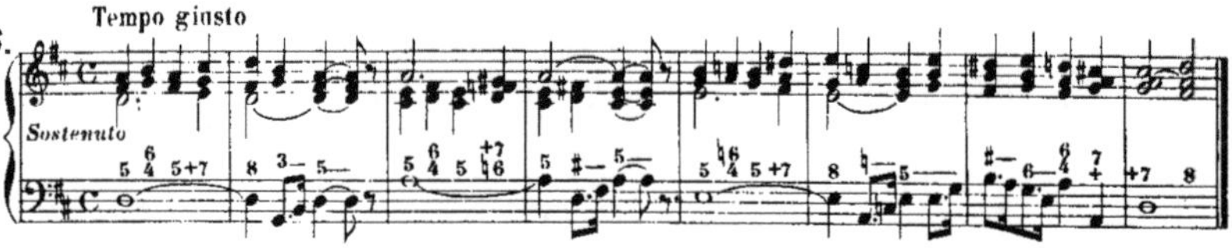

ACCORDS de SEPTIÈME et de NEUVIÈME SUR-TONIQUE

N° 207. Allegro moderato.

Sostenuto

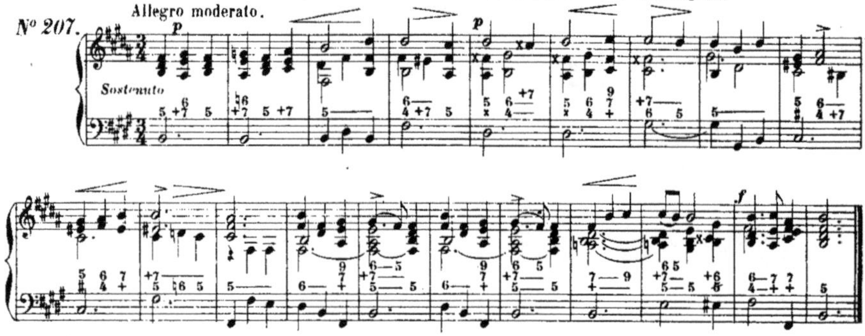

ACCORDS de SEPTIÈME SUR-TONIQUE

N° 208. Molto moderato. *Cre scen do.*

Sostenuto.

De - cre - scen - do.

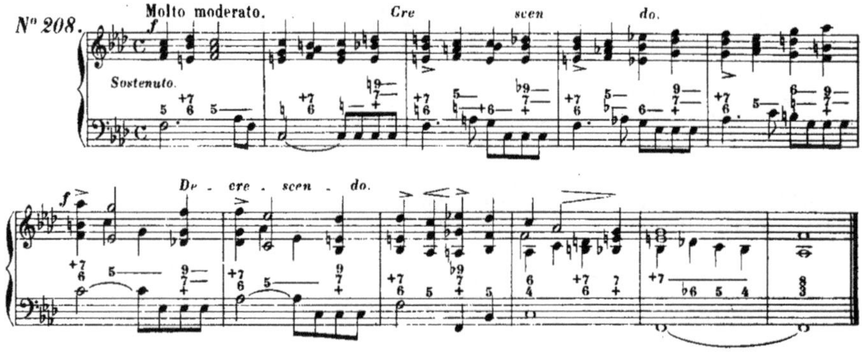

ACCORDS de NEUVIÈME SUR-TONIQUE

N° 208bis Molto moderato. *Cre - scen - do.*

Sostenuto

De - cre - scen - do.

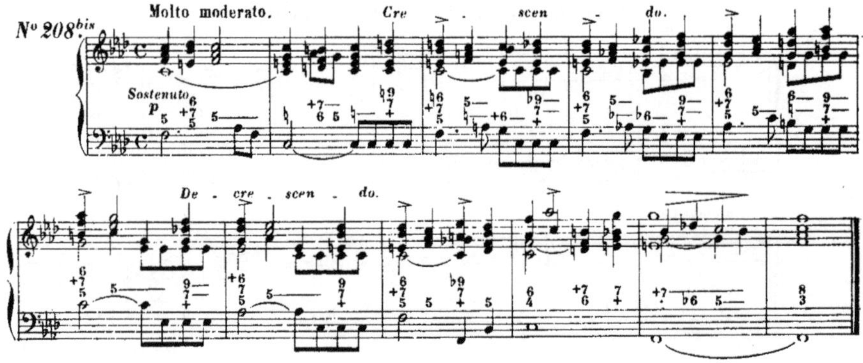

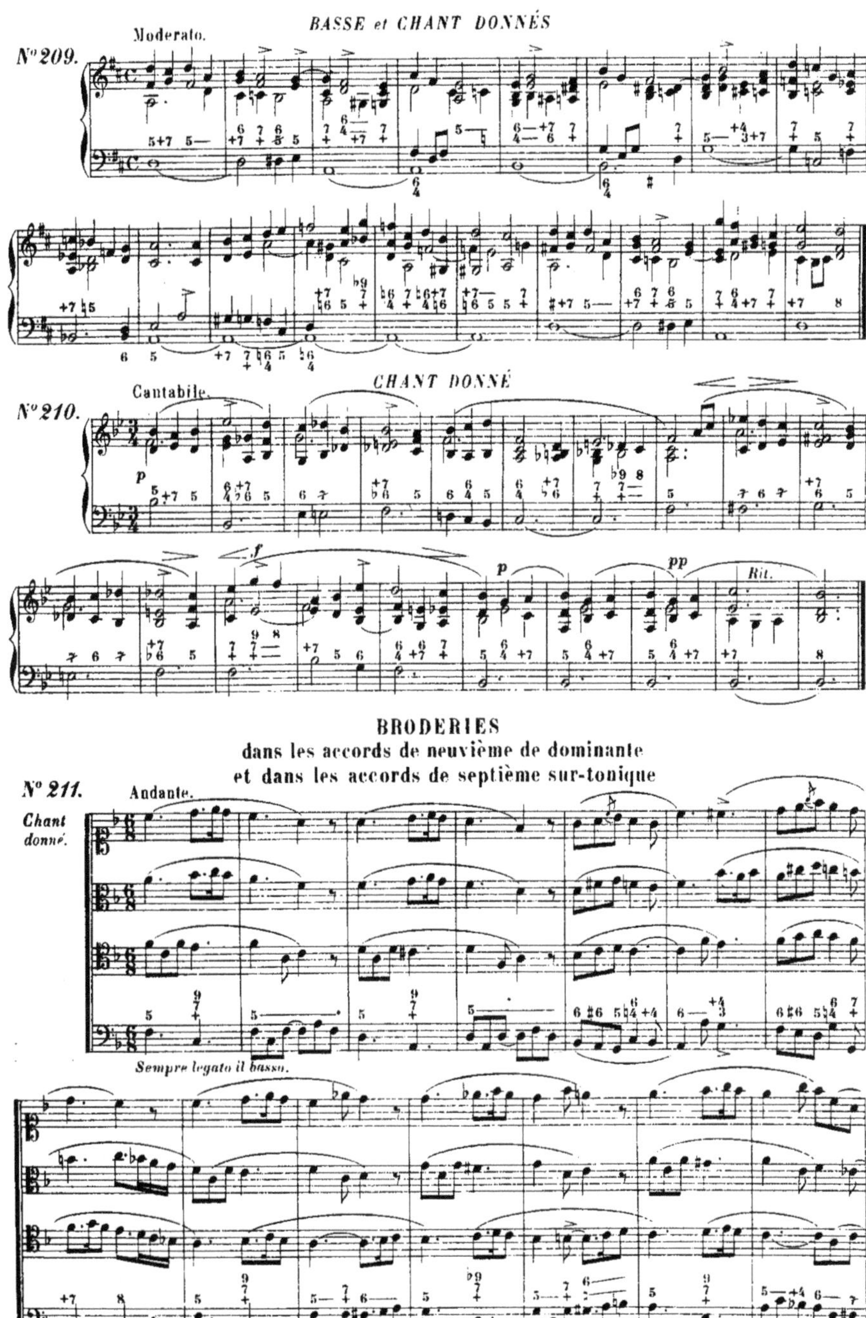
BASSE et CHANT DONNÉS
Moderato.
N° 209.
CHANT DONNÉ
Cantabile.
N° 210.
Rit.
BRODERIES
dans les accords de neuvième de dominante
et dans les accords de septième sur-tonique
N° 211.
Andante.
Chant donné.
Sempre legato il basso.

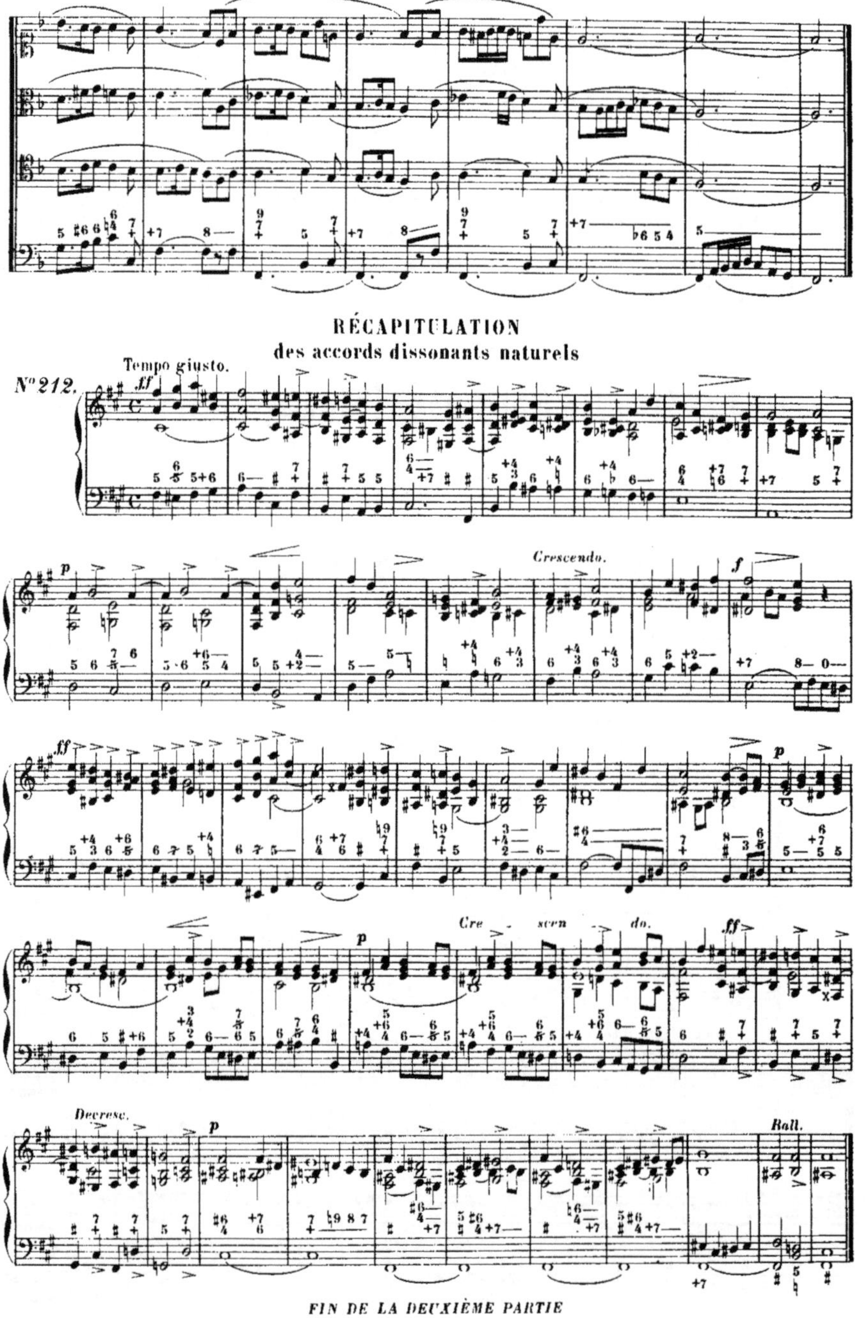

FIN DE LA DEUXIÈME PARTIE

TROISIÈME PARTIE

ACCORDS de SEPTIÈME par PROLONGATION

TROISIÈME RENVERSEMENT (*)

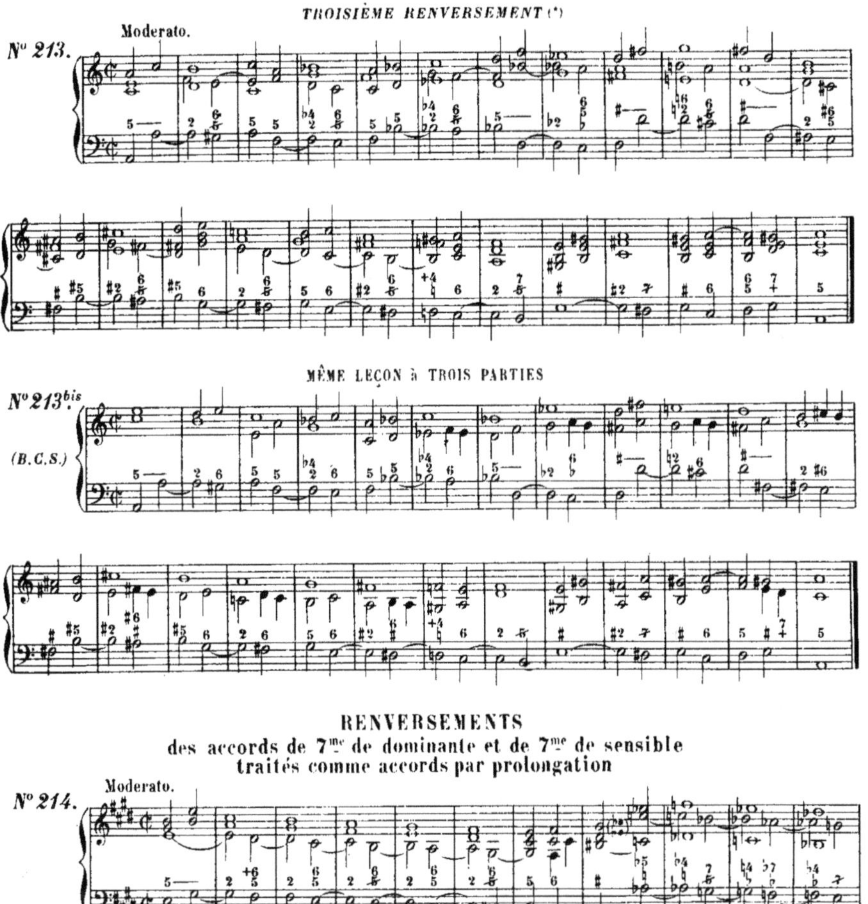

RENVERSEMENTS
des accords de 7me de dominante et de 7me de sensible traités comme accords par prolongation

Moderato.

Nº 214.

(*) Les exercices sur les accords *fondamentaux* et les *deux premiers renversements* n'ayant pas la forme de leçons, nous n'en donnons pas la *réalisation* parce qu'elle est *facile* et ne présente aucun intérêt.

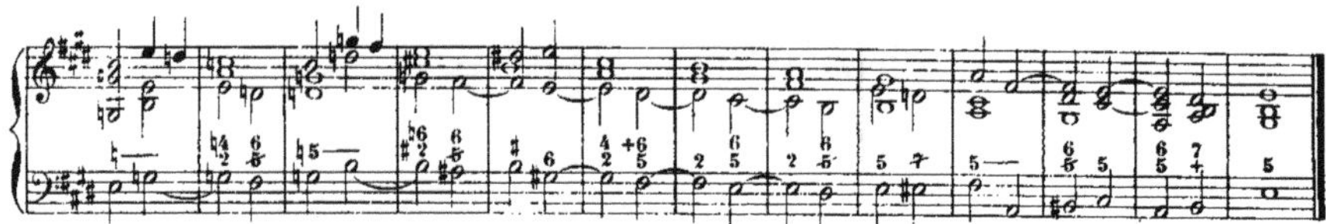

MARCHES de SEPTIÈMES et RENVERSEMENTS

Nº 215.

SEPTIÈMES SUR LE TEMPS FORT SEULEMENT

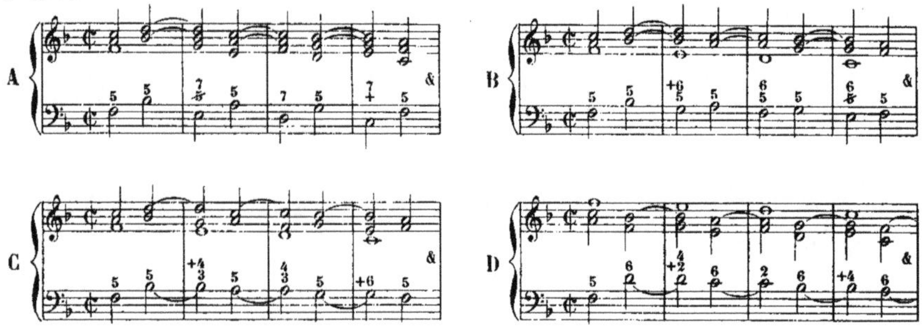

A

B

C

D

SEPTIÈMES A TOUS LES TEMPS

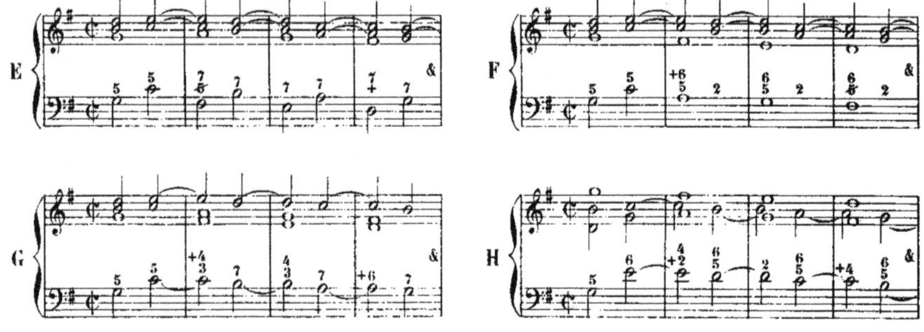

E

F

G

H

MARCHE à IMITATIONS

A TROIS PARTIES

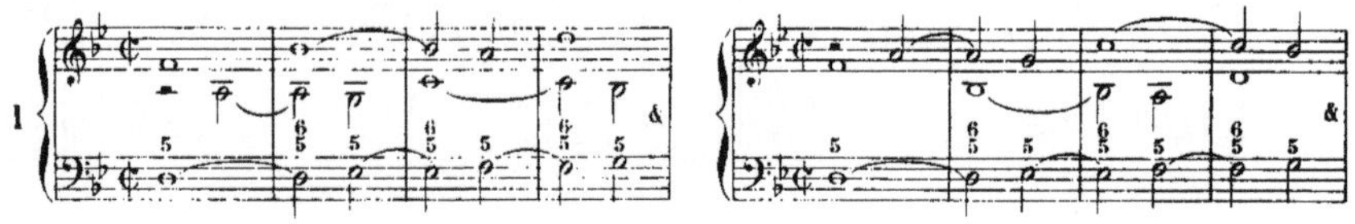

I

A QUATRE PARTIES

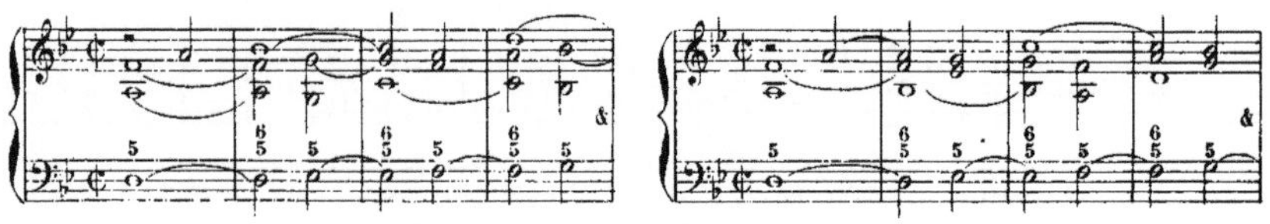

ACCORDS par PROLONGATION

BASSES DONNÉES

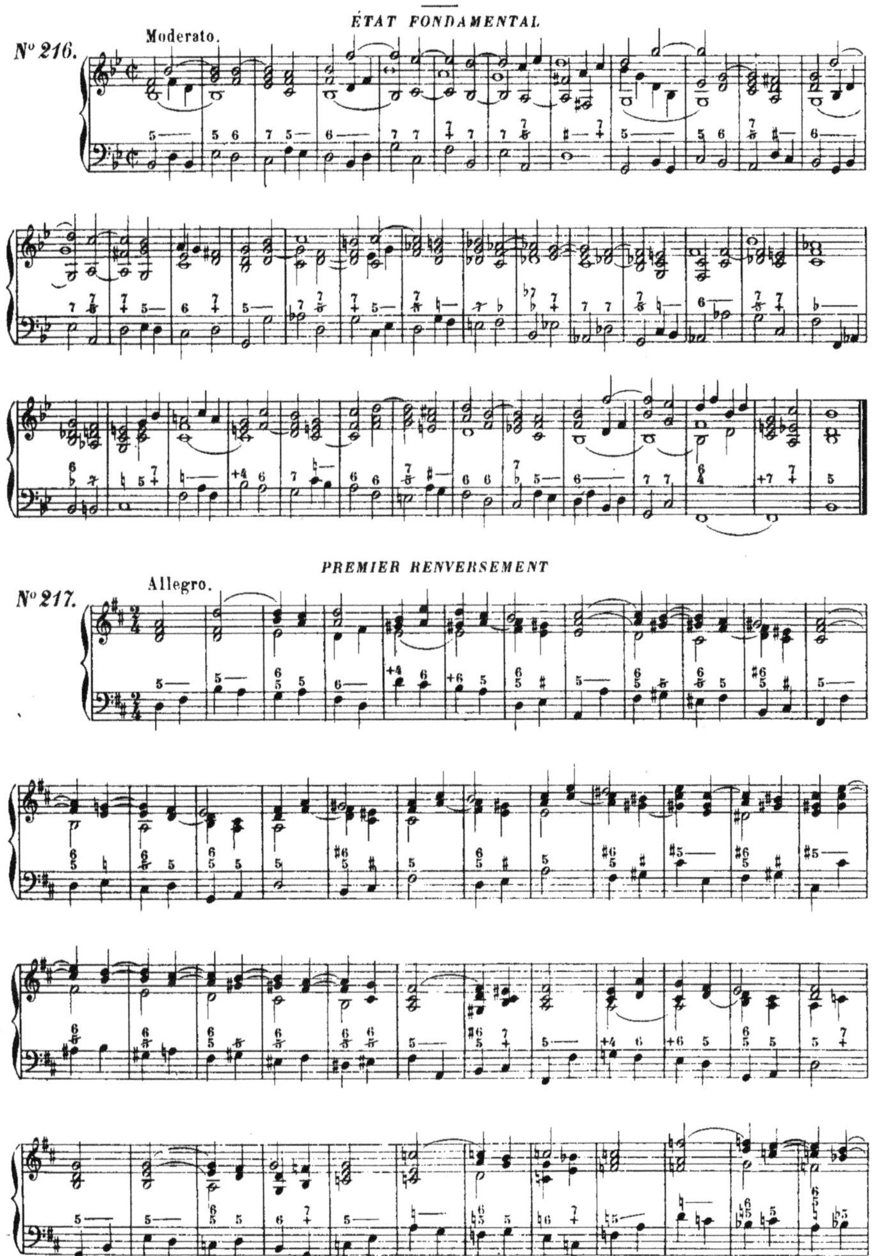

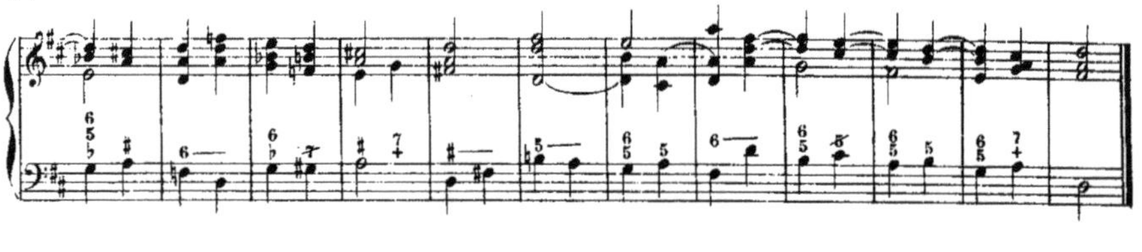

DEUXIÈME RENVERSEMENT

Nº 218. Maestoso.

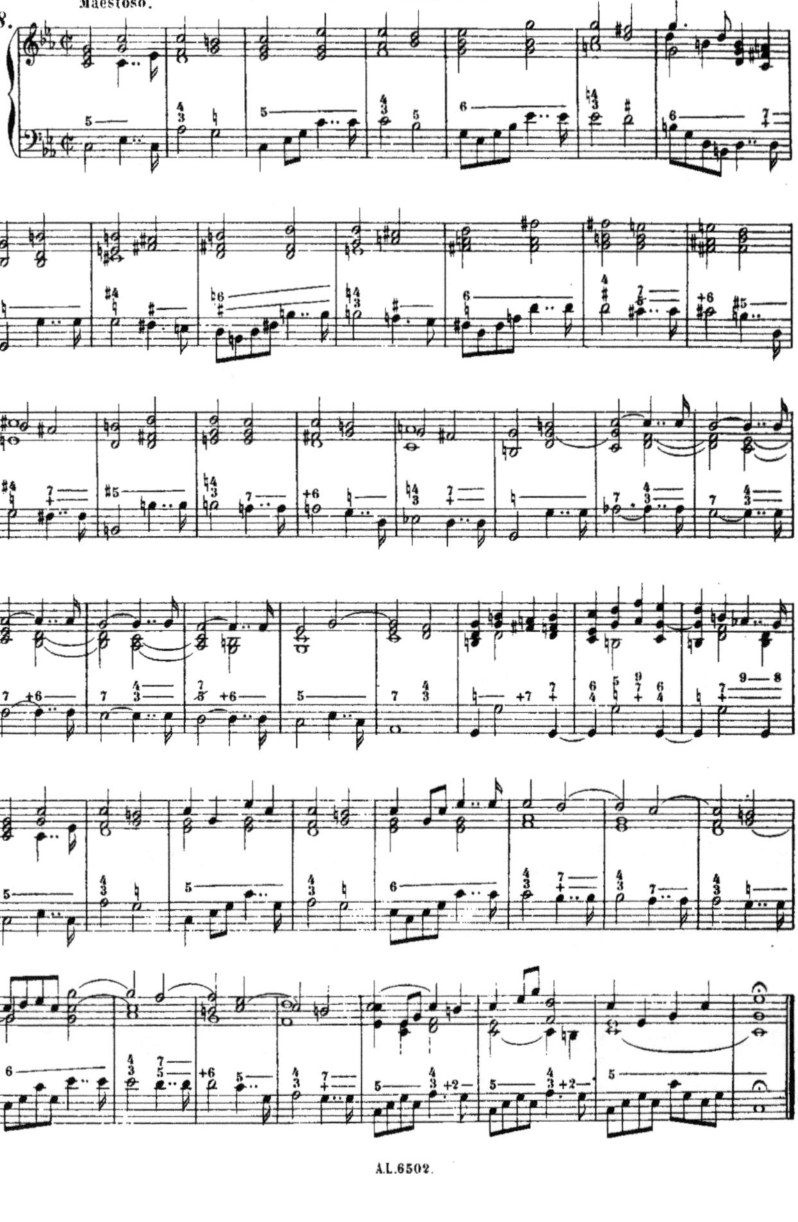

TROISIÈME RENVERSEMENT

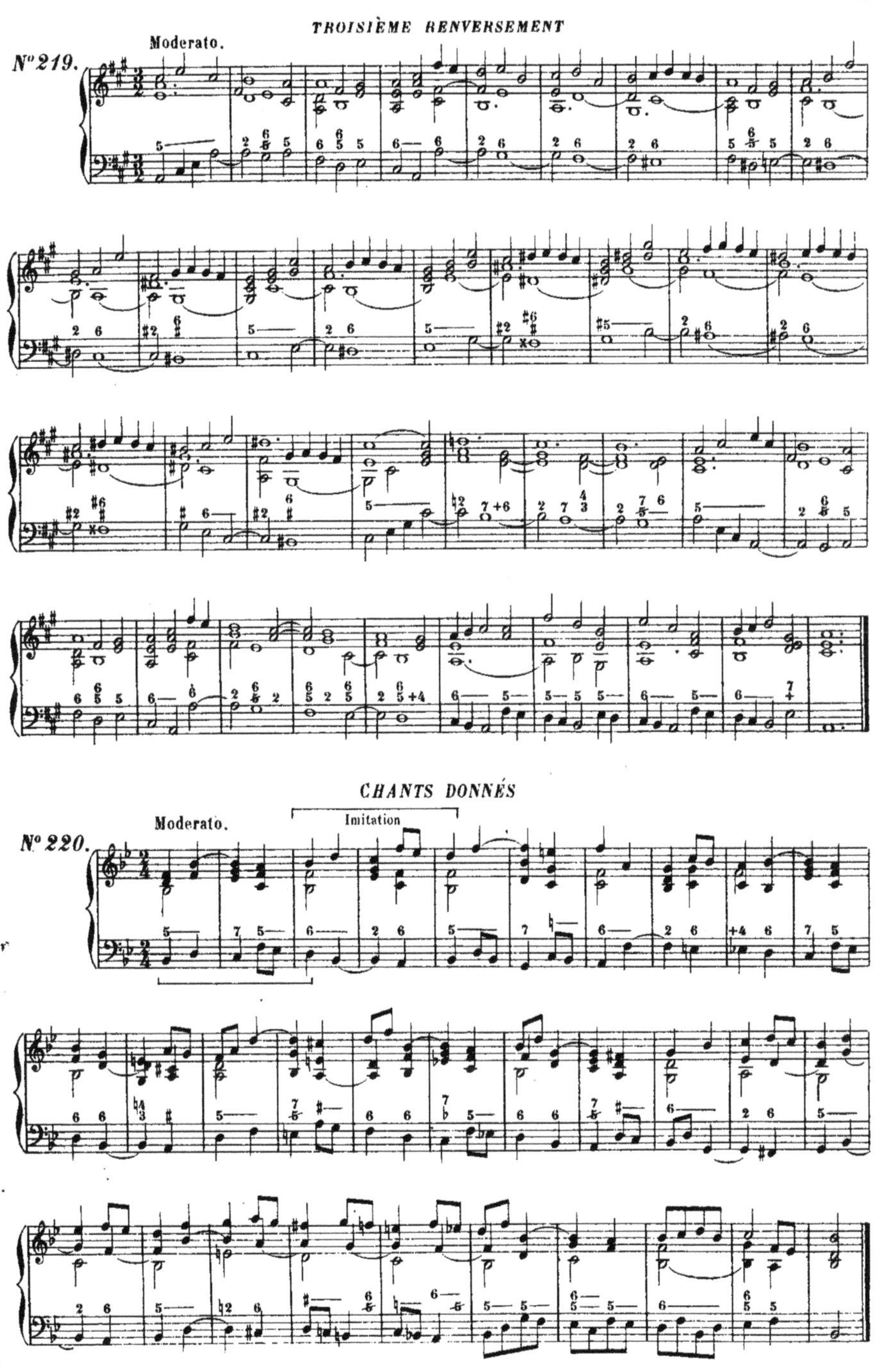

N° 221.

Allegro.

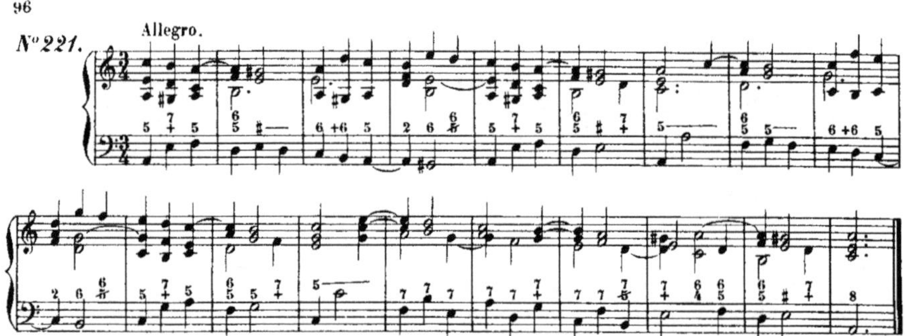

ALTÉRATIONS
dans les accords de septième par prolongation

BASSE DONNÉE CHIFFRÉE

N° 222.

Moderato.

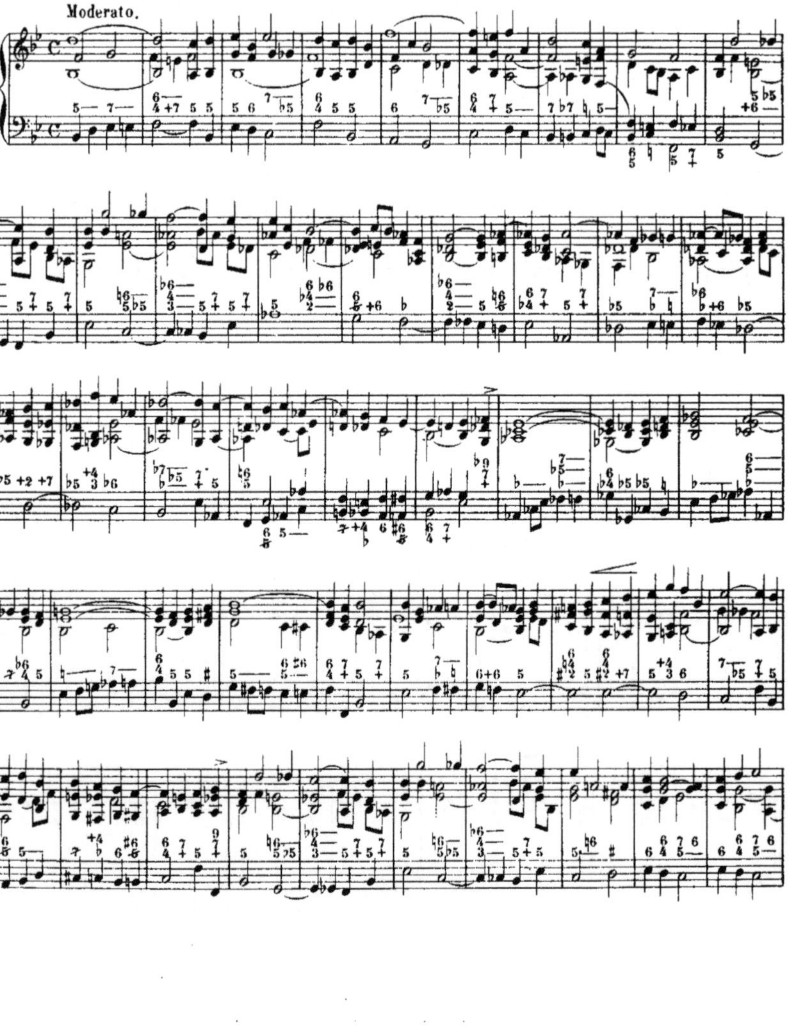

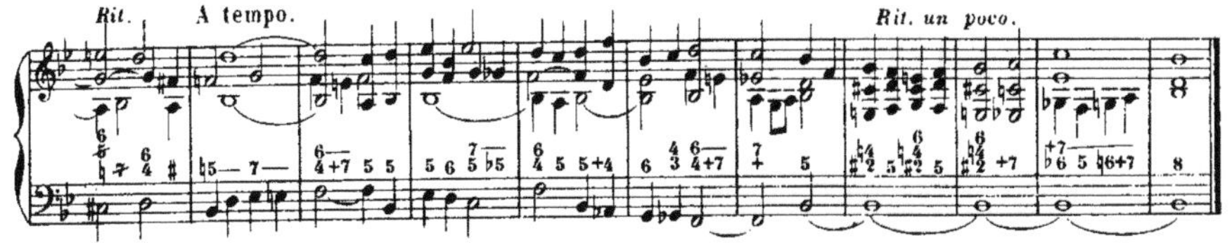

RÉSOLUTIONS EXCEPTIONNELLES
des accords par prolongation

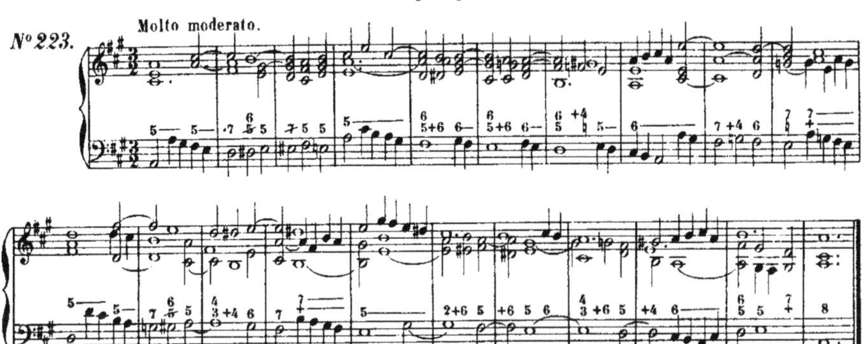

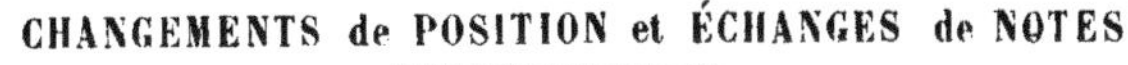

CHANGEMENTS de POSITION et ÉCHANGES de NOTES

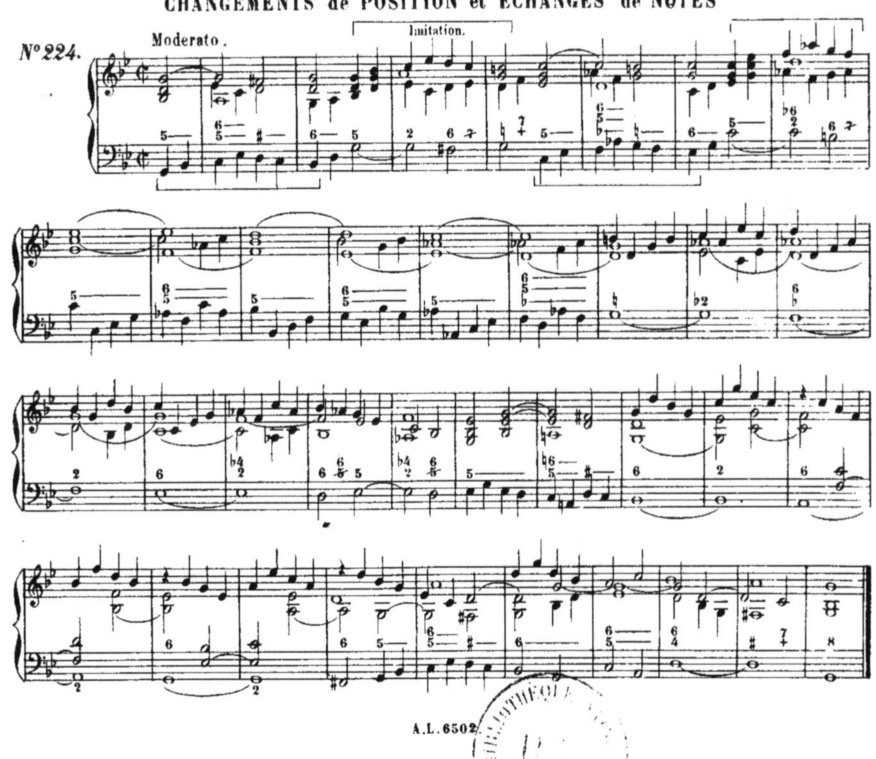

ÉCHANGES de NOTES avec NOTES de PASSAGE

BASSE DONNÉE

N° 225. Allegro.

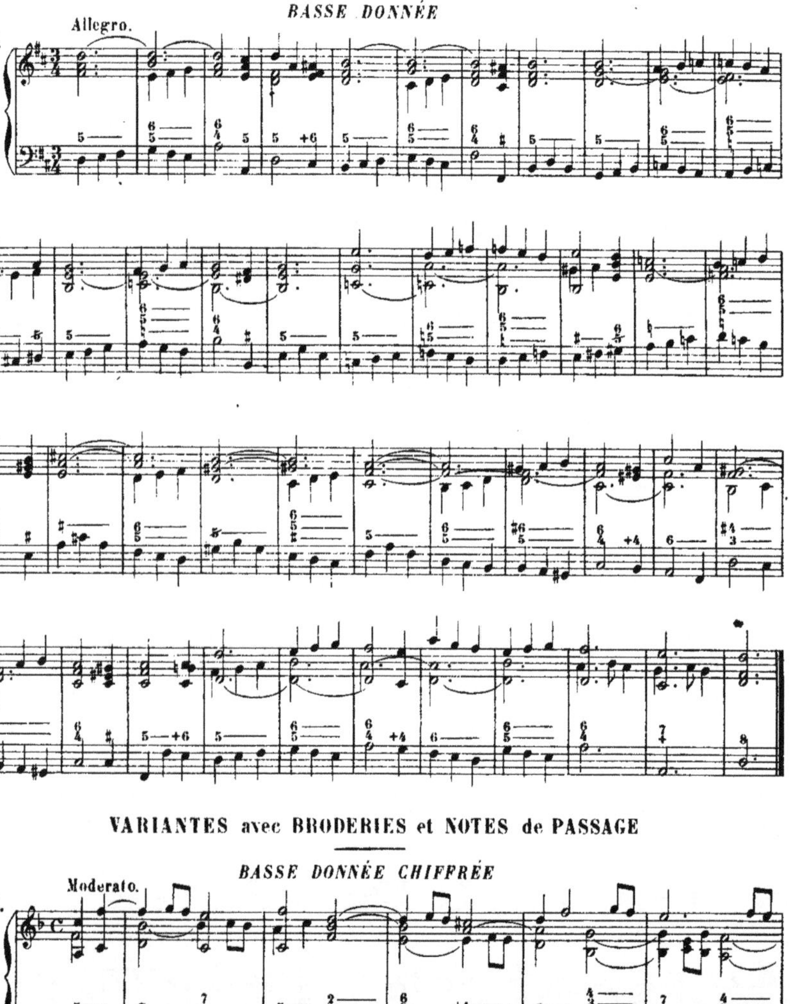

VARIANTES avec BRODERIES et NOTES de PASSAGE

BASSE DONNÉE CHIFFRÉE

N° 226.

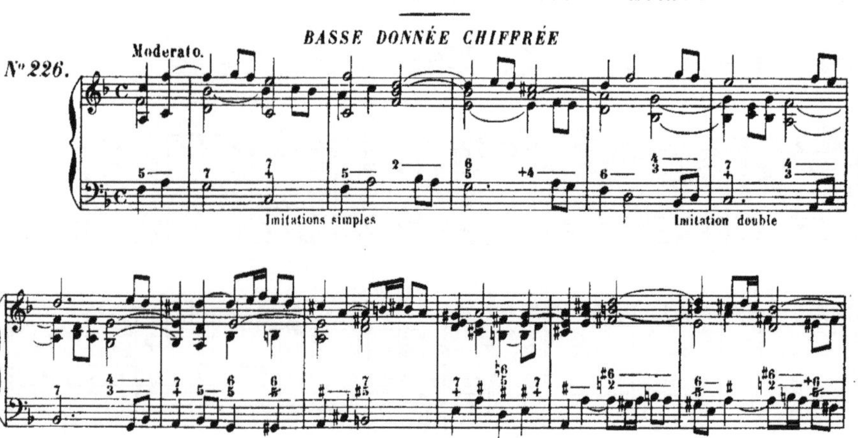

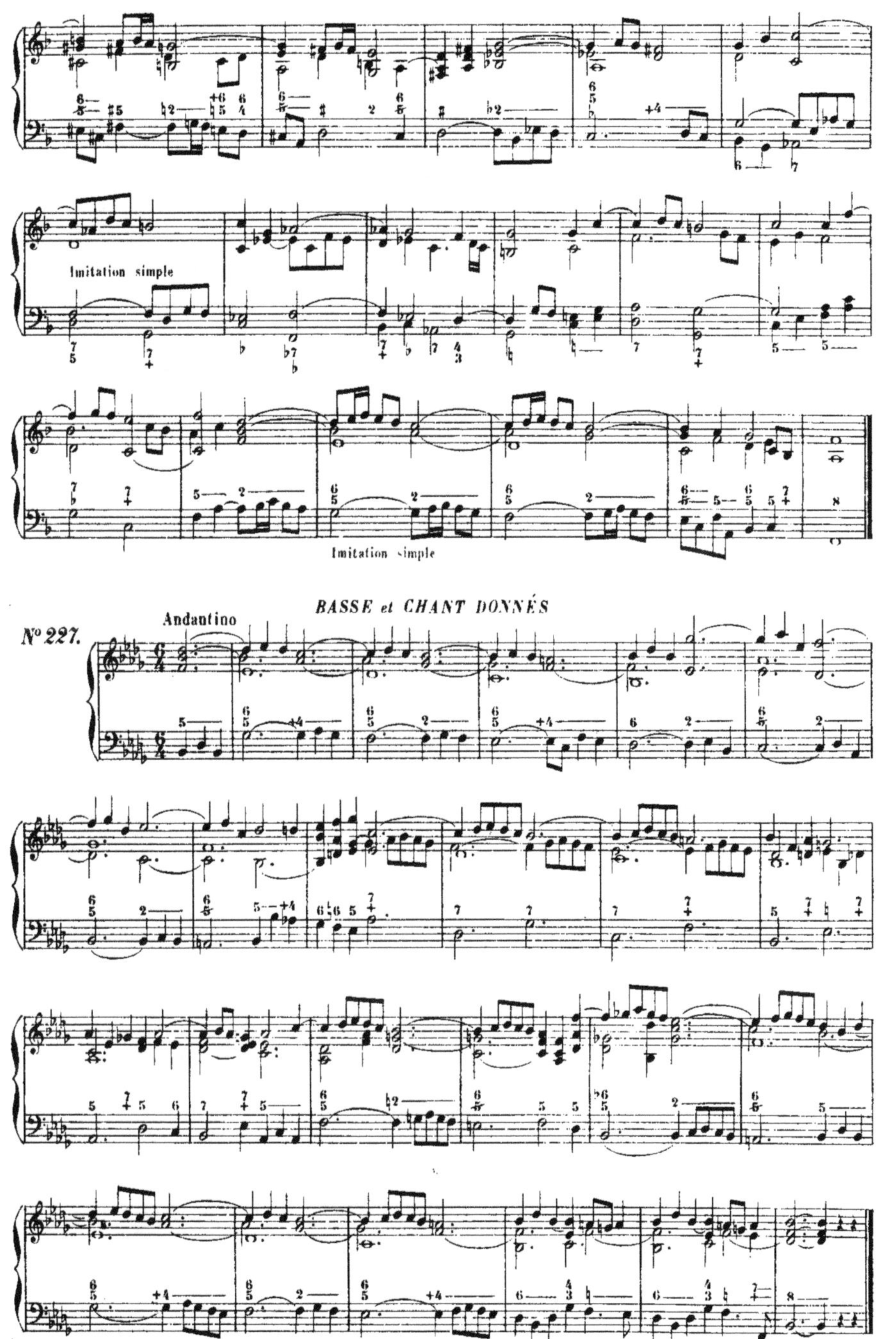
Imitation simple
Imitation simple
BASSE et CHANT DONNÉS
Nº 227.
Andantino

RETARD SUPÉRIEUR de la QUINTE par la SIXTE et retards inférieurs ou ascendants dans les accords de trois sons

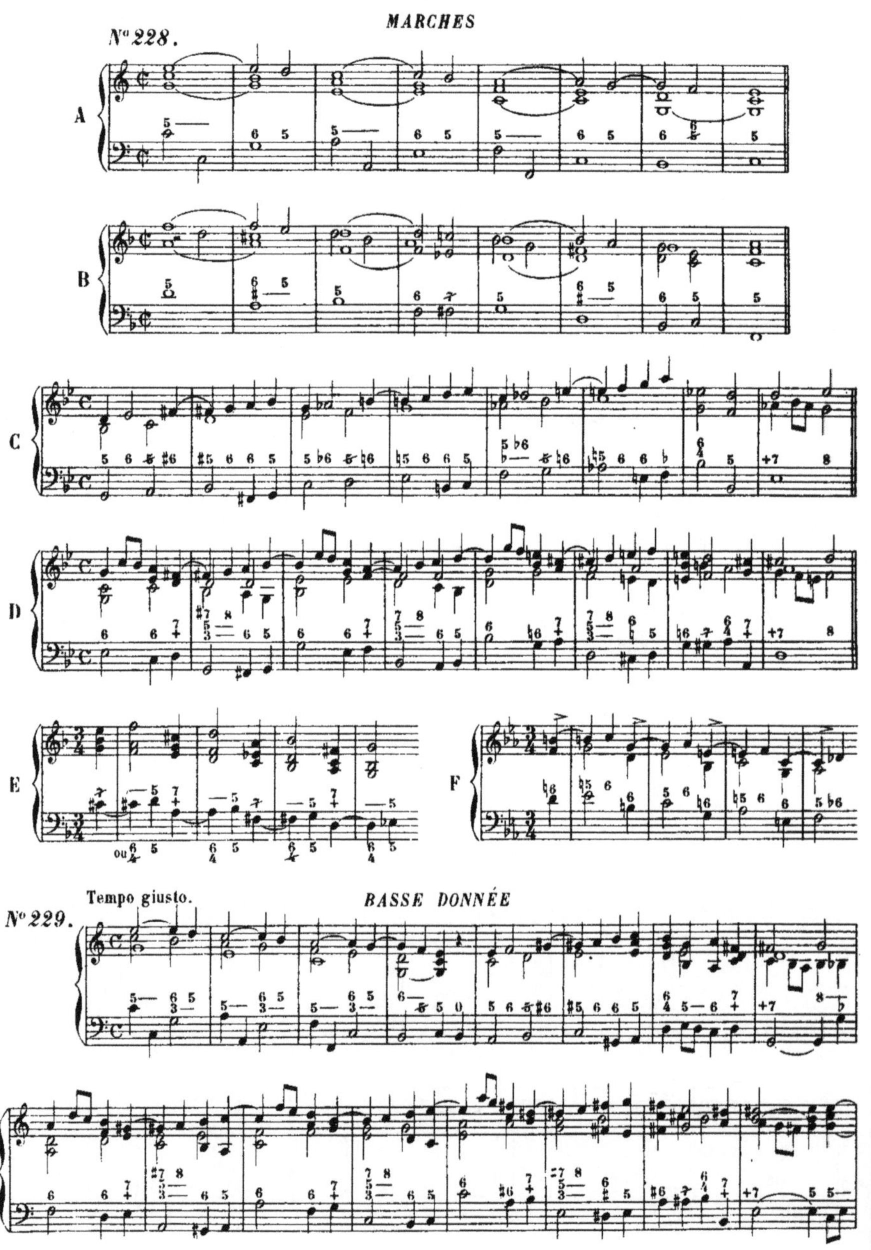

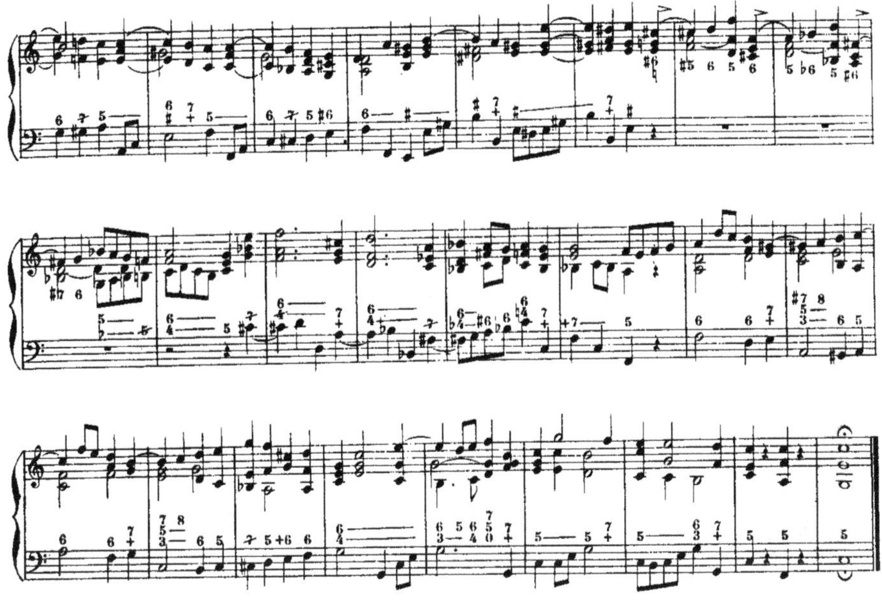

RETARD de la FONDAMENTALE
dans les accords de trois sons

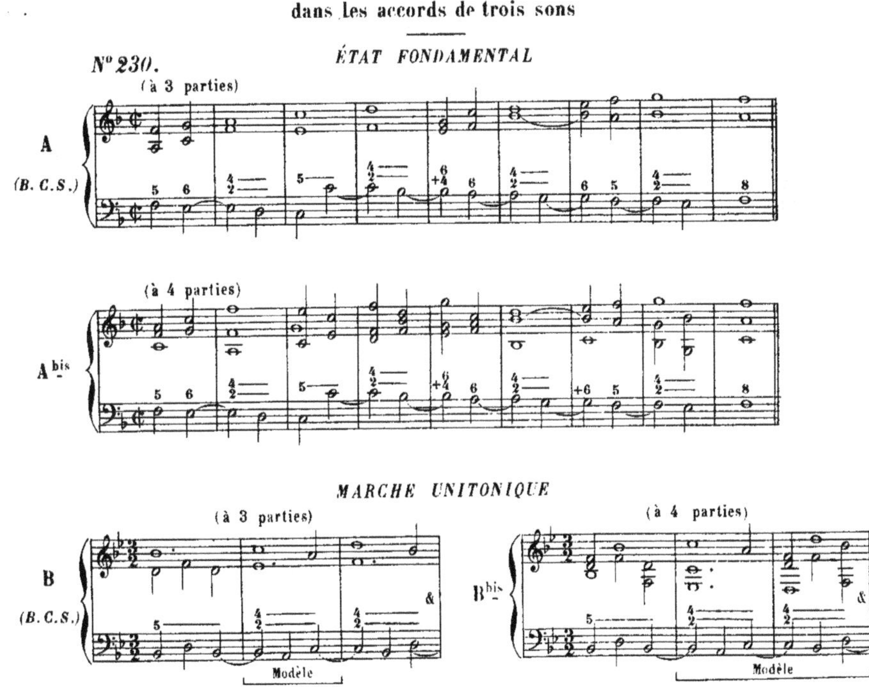

MARCHES MODULANTES

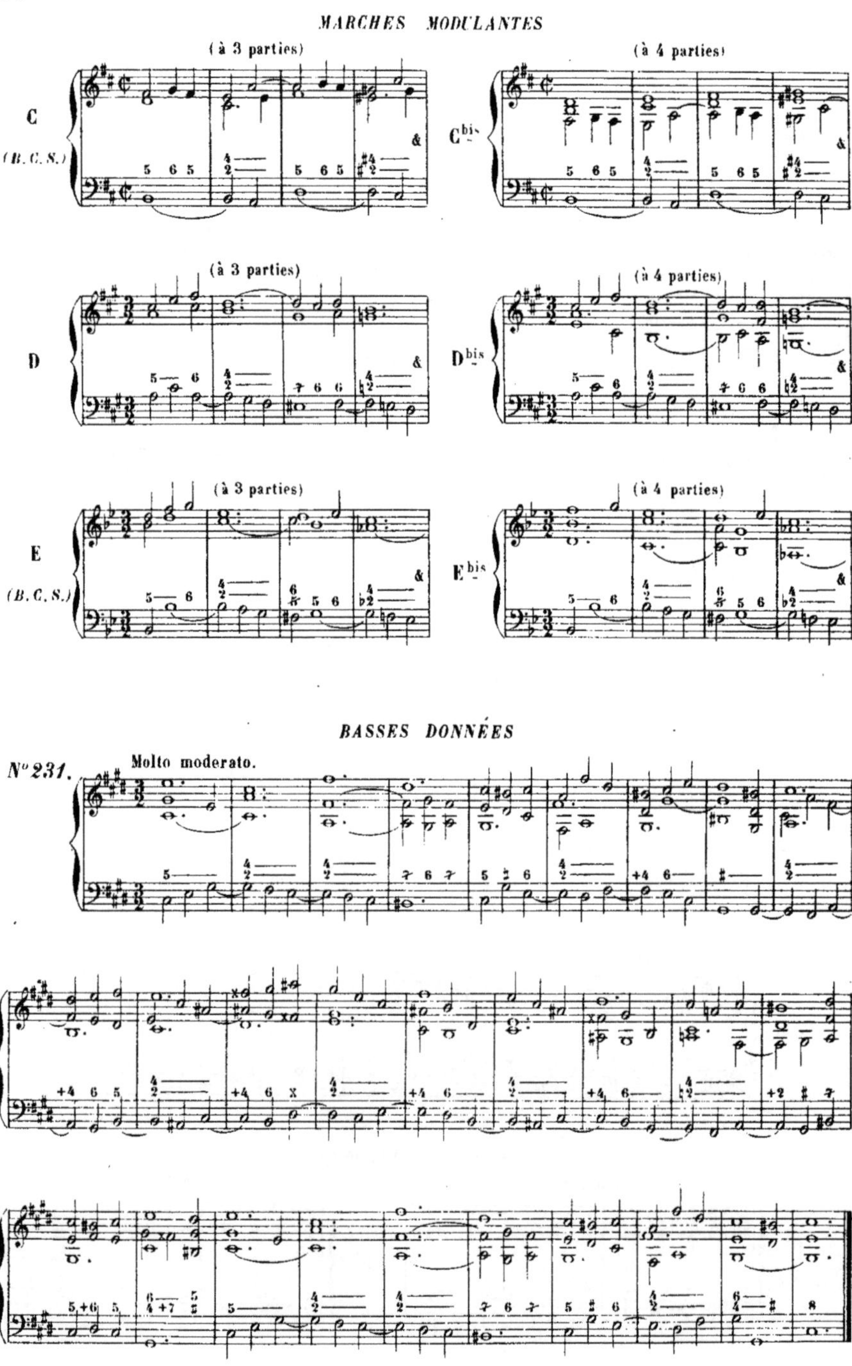

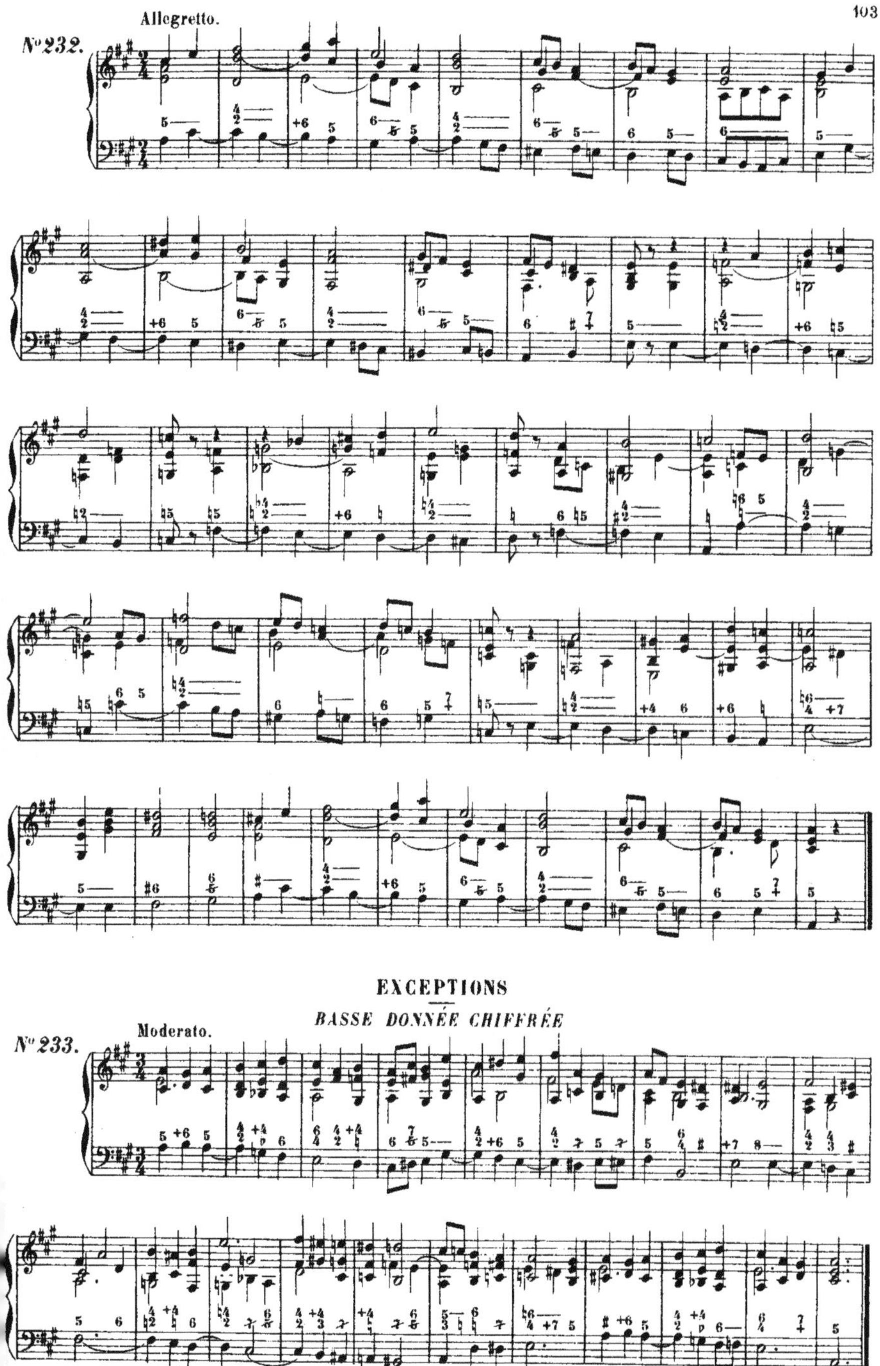
N° 232.
Allegretto.
EXCEPTIONS
BASSE DONNÉE CHIFFRÉE
N° 233.
Moderato.

RETARD de la SIXTE par la SEPTIÈME
dans les accords de sixte

MARCHES UNITONIQUES

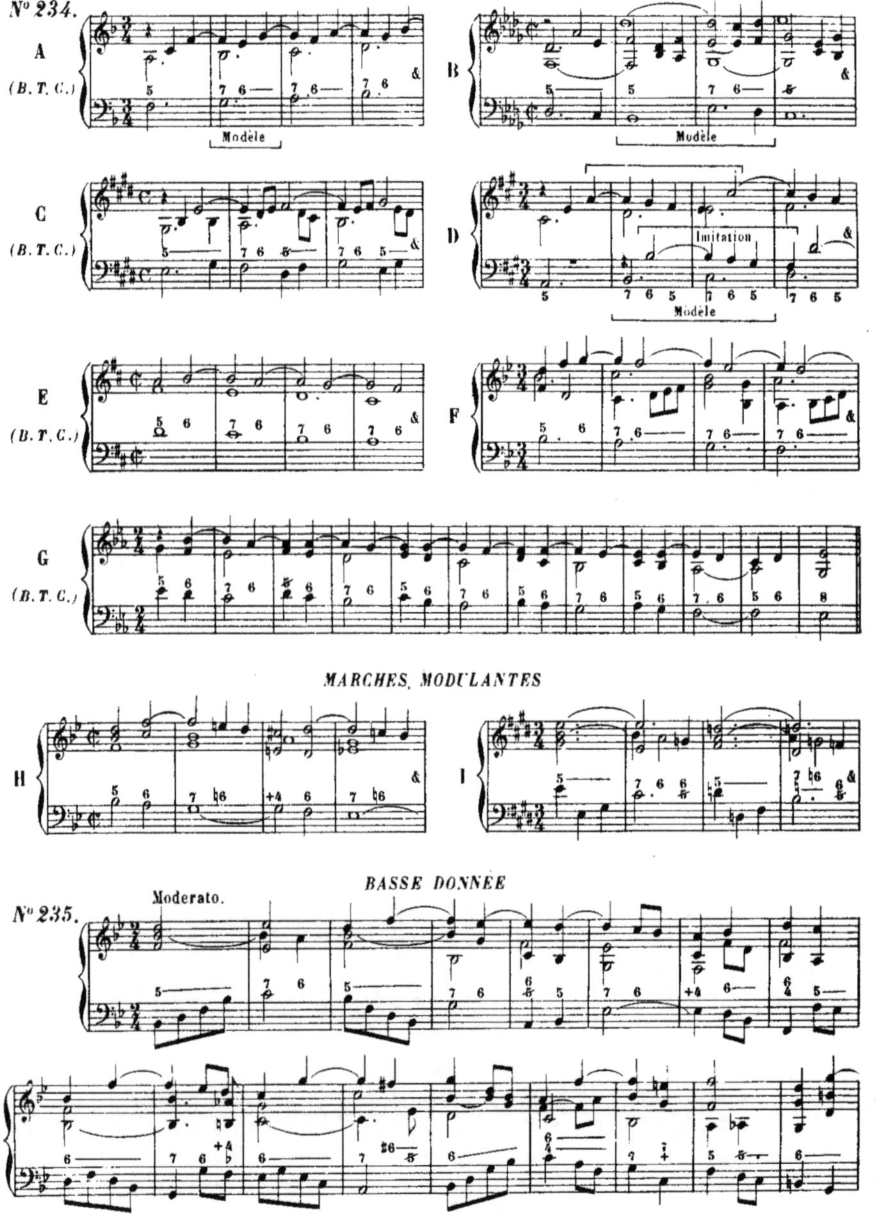

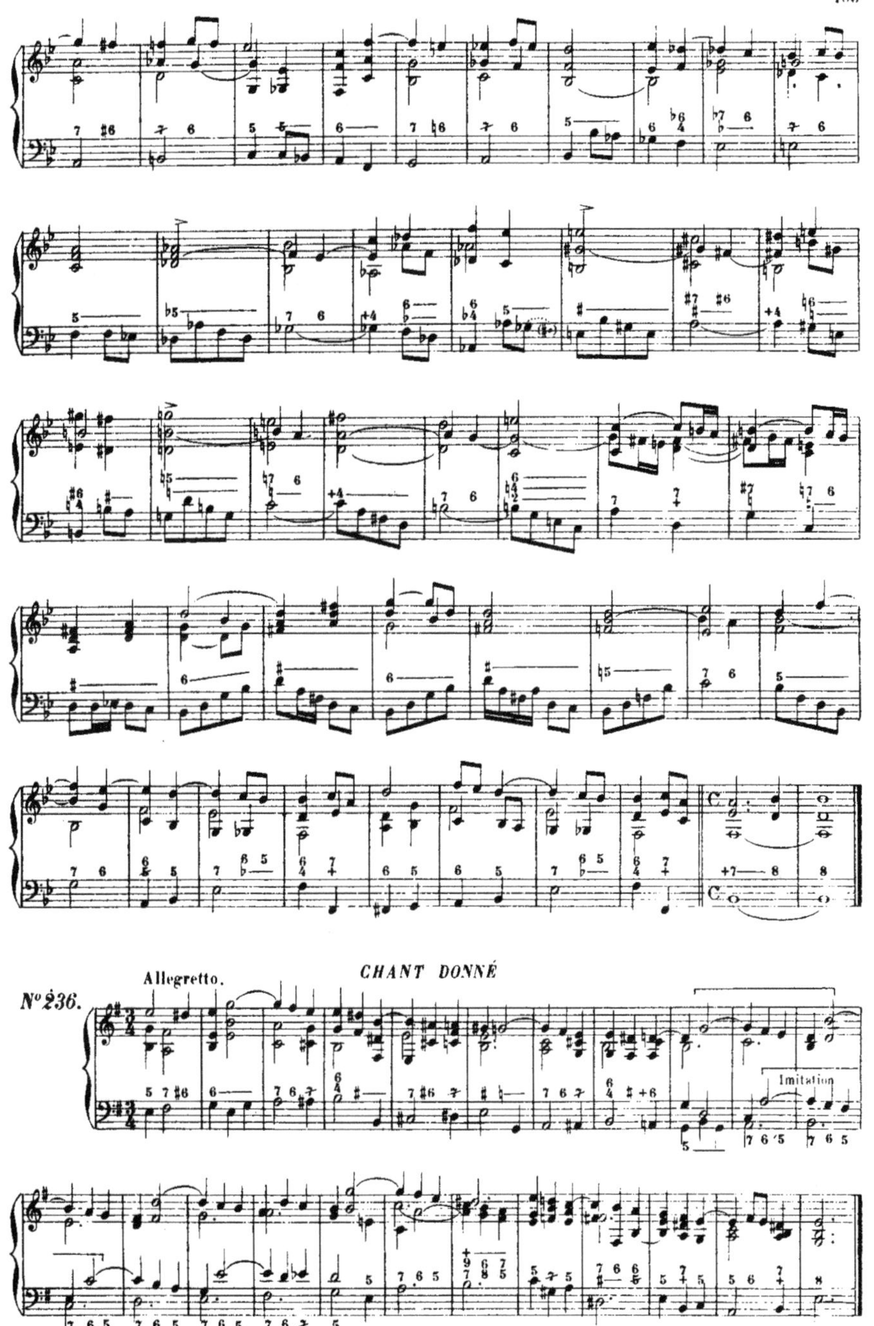
Allegretto.
CHANT DONNÉ
Nº 236.
Imitation

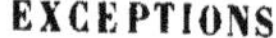

EXCEPTIONS

BASSES DONNÉES

N° 237. Molto moderato.

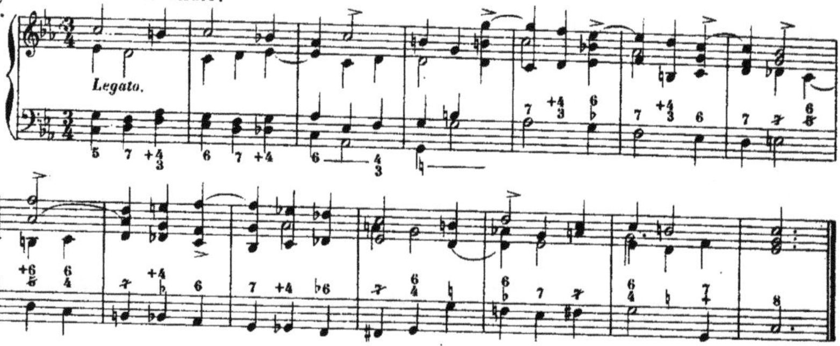

Legato.

N° 238. Tempo giusto.

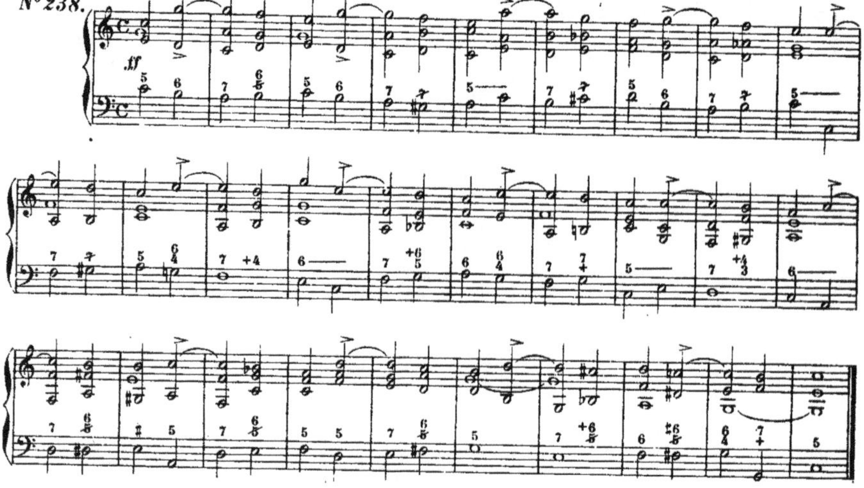

ff

RETARD de la QUARTE par la QUINTE dans les accords de quarte et sixte

BASSE DONNÉE CHIFFRÉE

N° 239. Moderato.

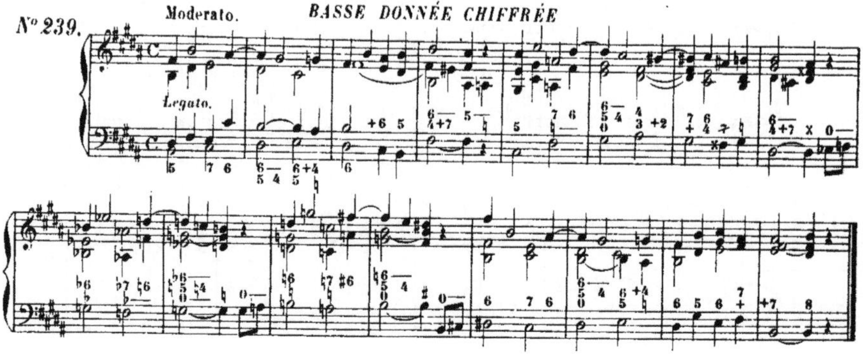

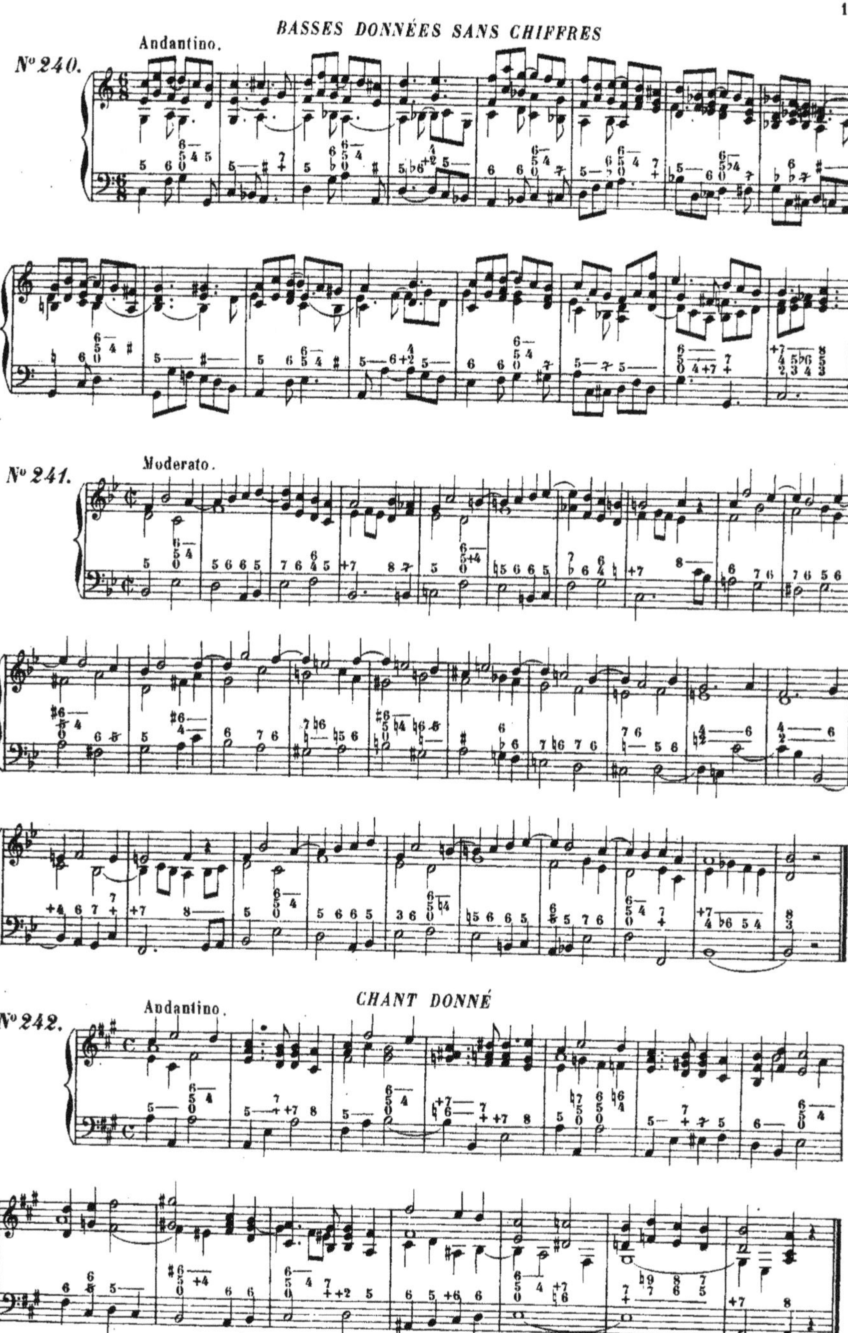
BASSES DONNÉES SANS CHIFFRES
Nº 240.
Andantino.
Nº 241.
Moderato.
CHANT DONNÉ
Nº 242.
Andantino.

EXCEPTIONS

MARCHES D'HARMONIE

N° 243.

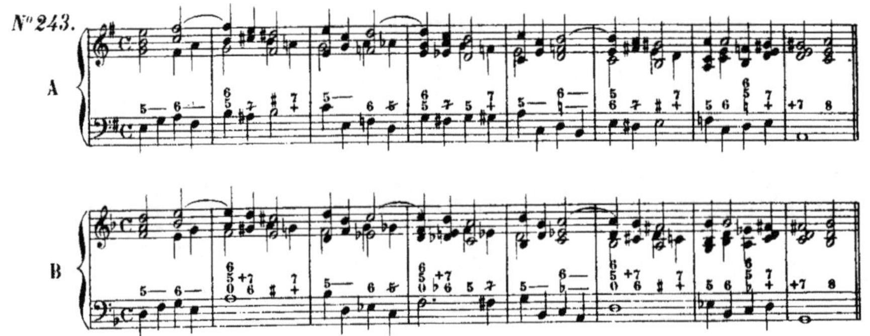

ADJONCTION
d'une sixte à l'accord de seconde et quarte et d'une quinte à la septième retardant la sixte

MARCHES UNITONIQUES

N° 244.

A &

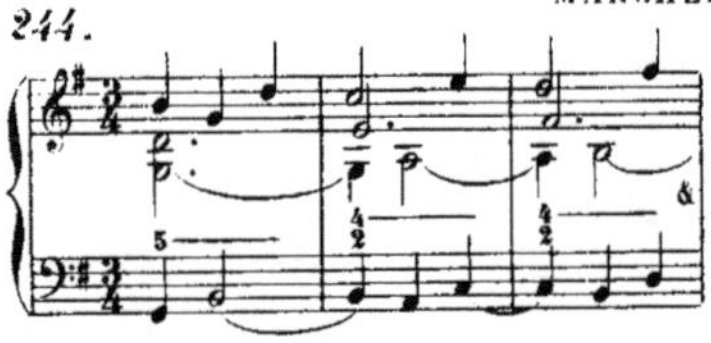

B &

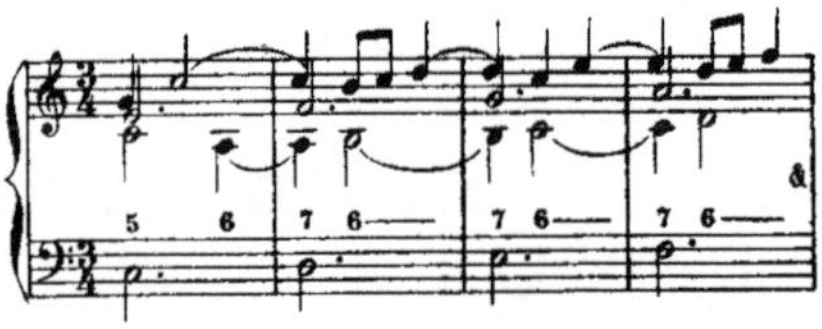

C &

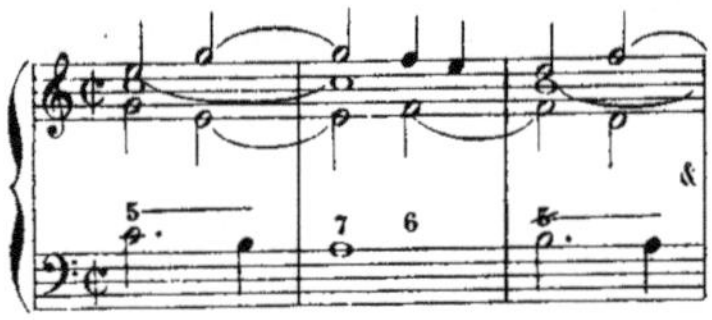

D &

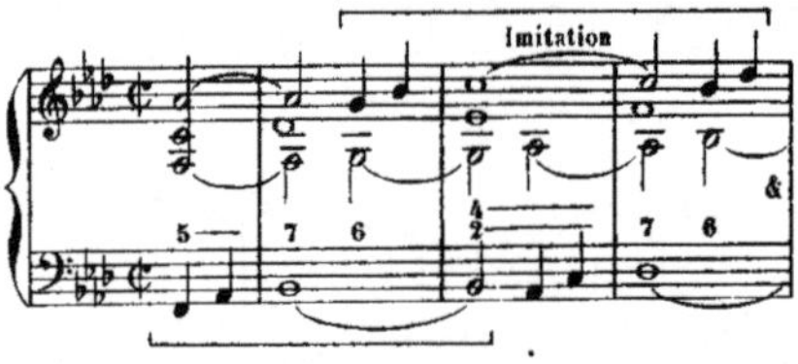

Imitation

MARCHE MODULANTE

E &

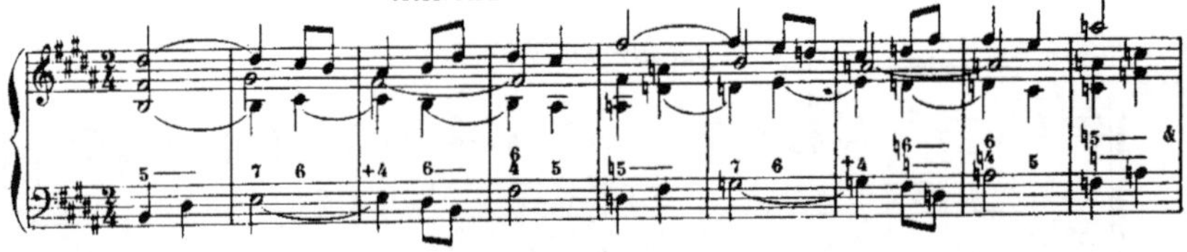

BASSE CHIFFRÉE

N° 245. Allegro.

B

Contrepoint double

A

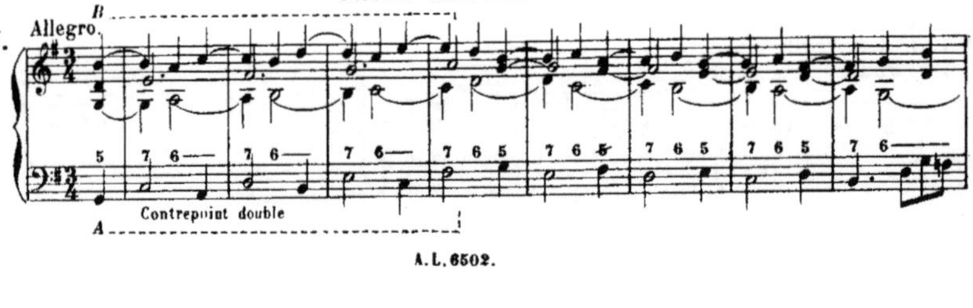

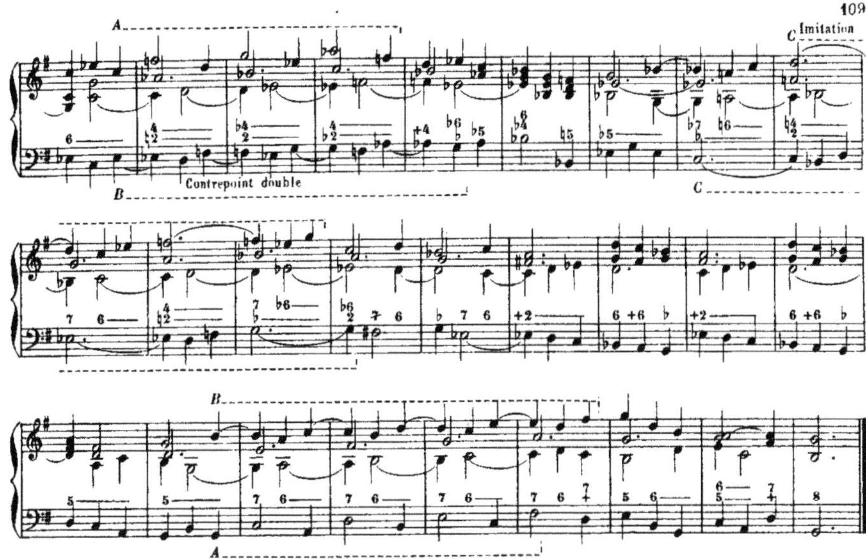

RETARD de la TIERCE par la QUARTE dans les accords de trois sons fondamentaux

Nº 246. *MARCHES UNITONIQUES*

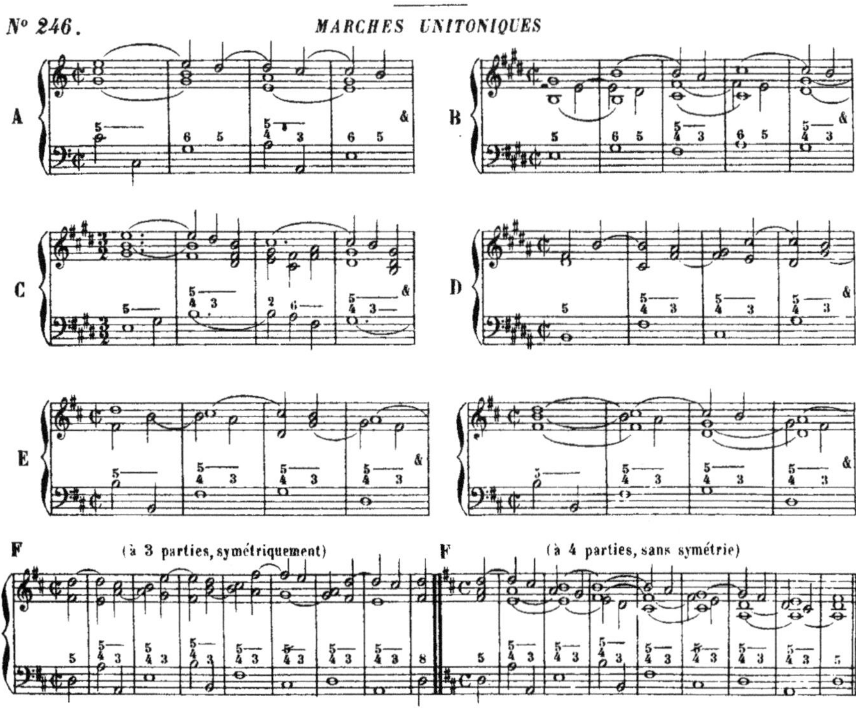

G

A TROIS PARTIES

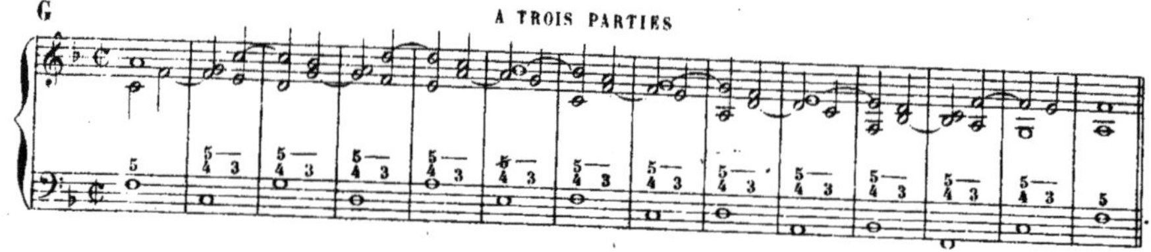

G

A QUATRE PARTIES

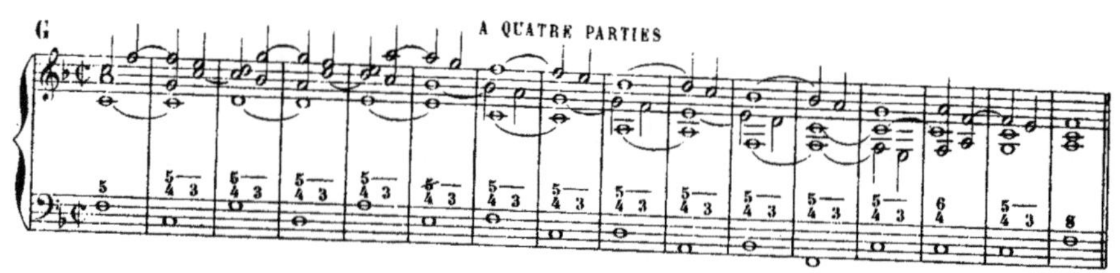

MARCHES MODULANTES

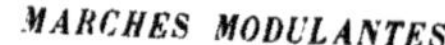

H

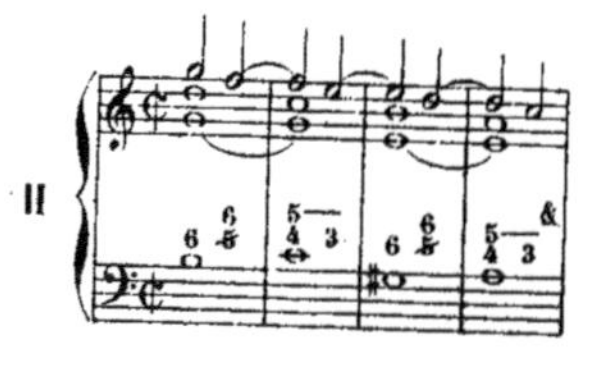

I

(à 3 parties)

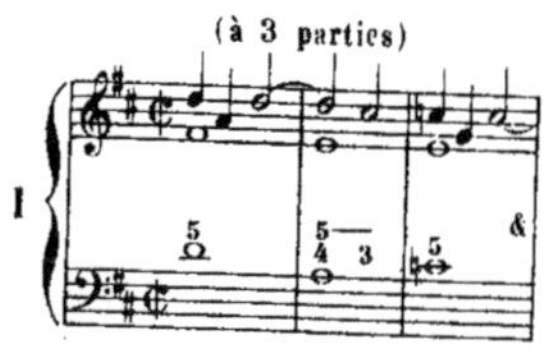

(à 4 parties)

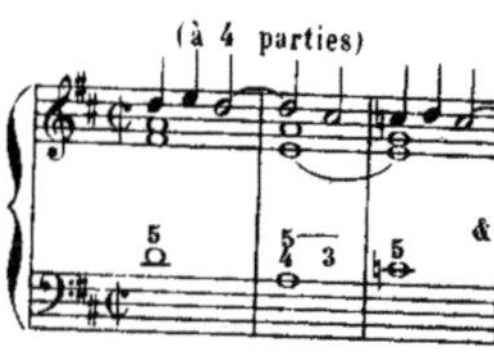

J

(à 3 parties)

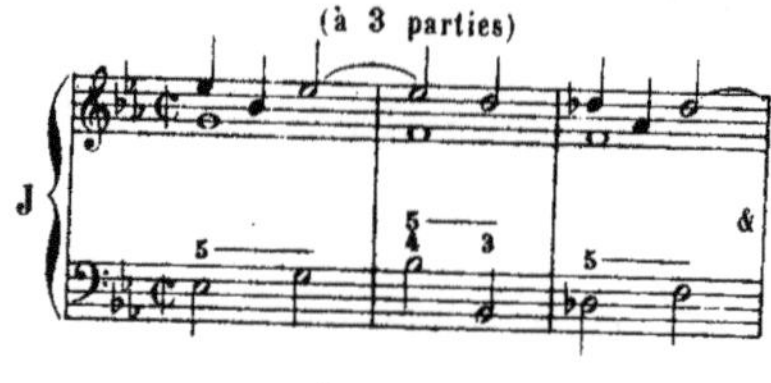

(à 4 parties)

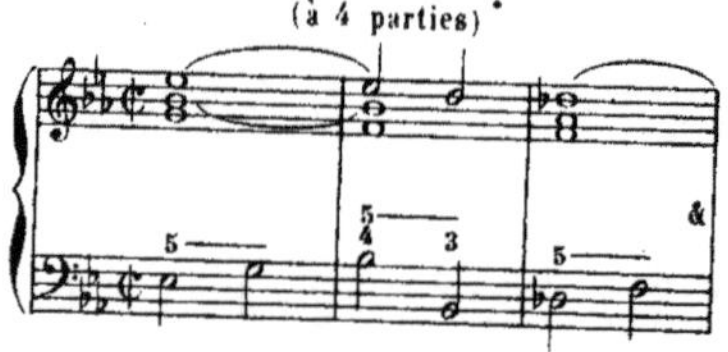

K

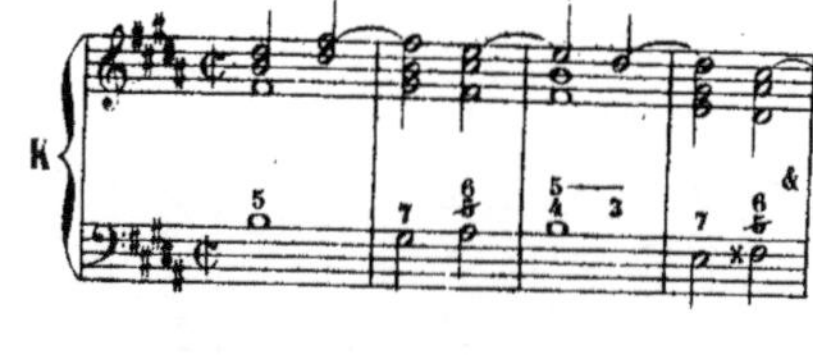

L

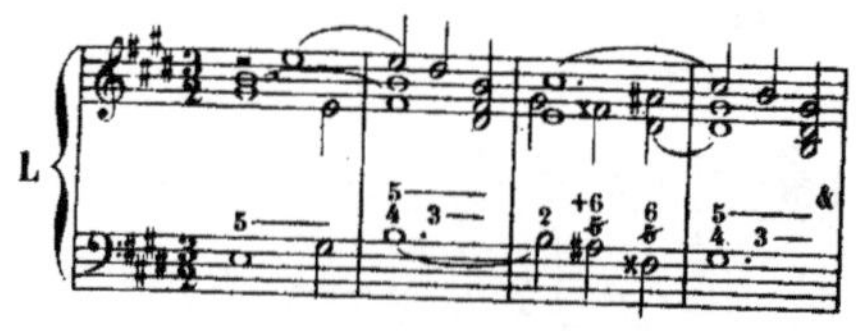

M

(à 3 parties)

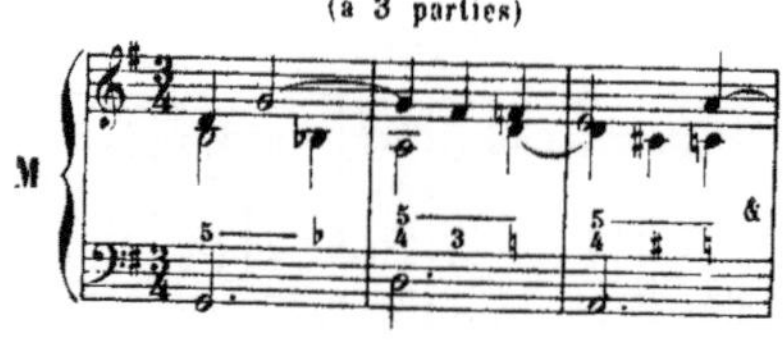

à 4 parties)

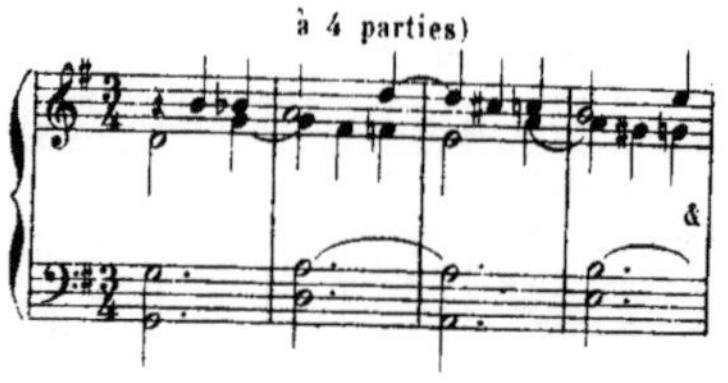

BASSES DONNÉES

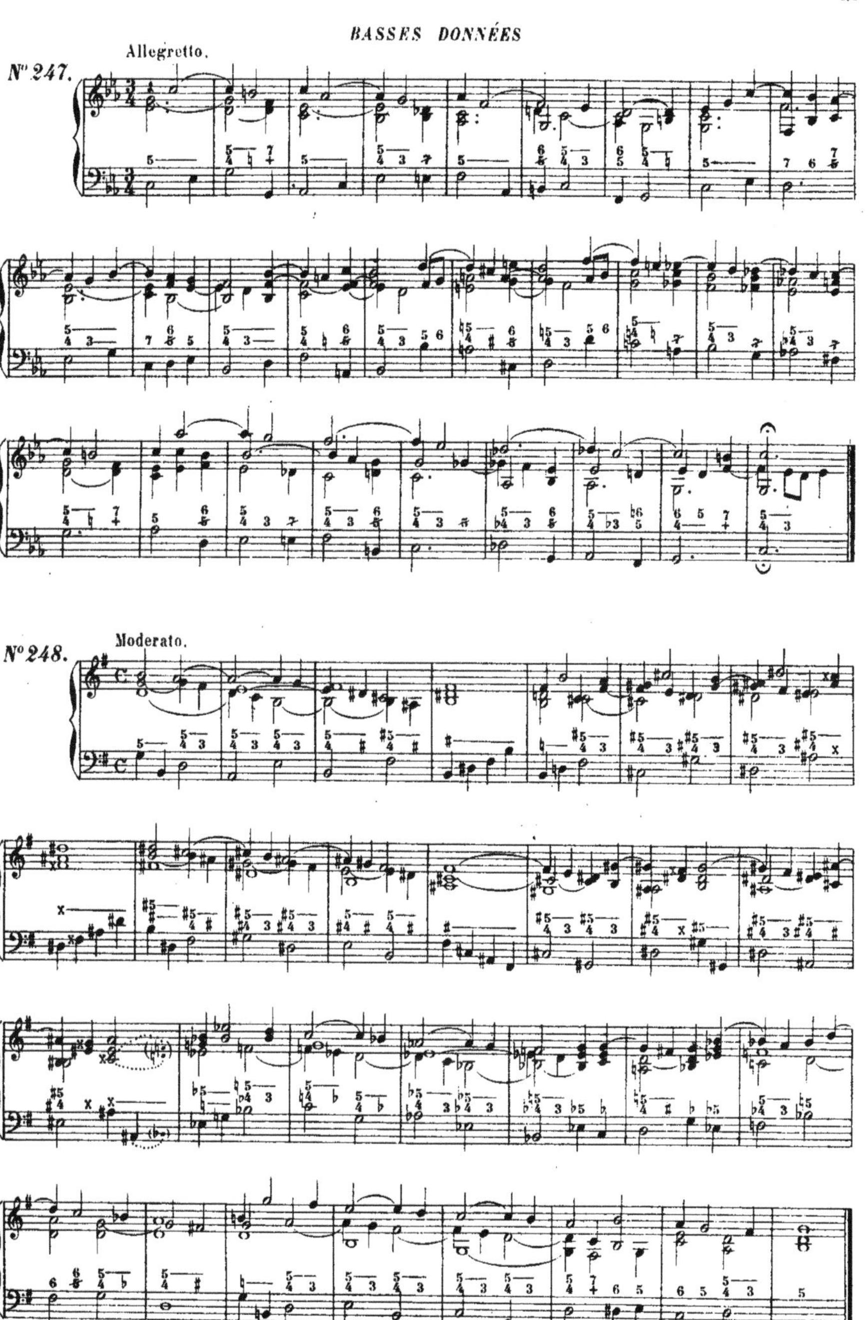

CHANT DONNÉ

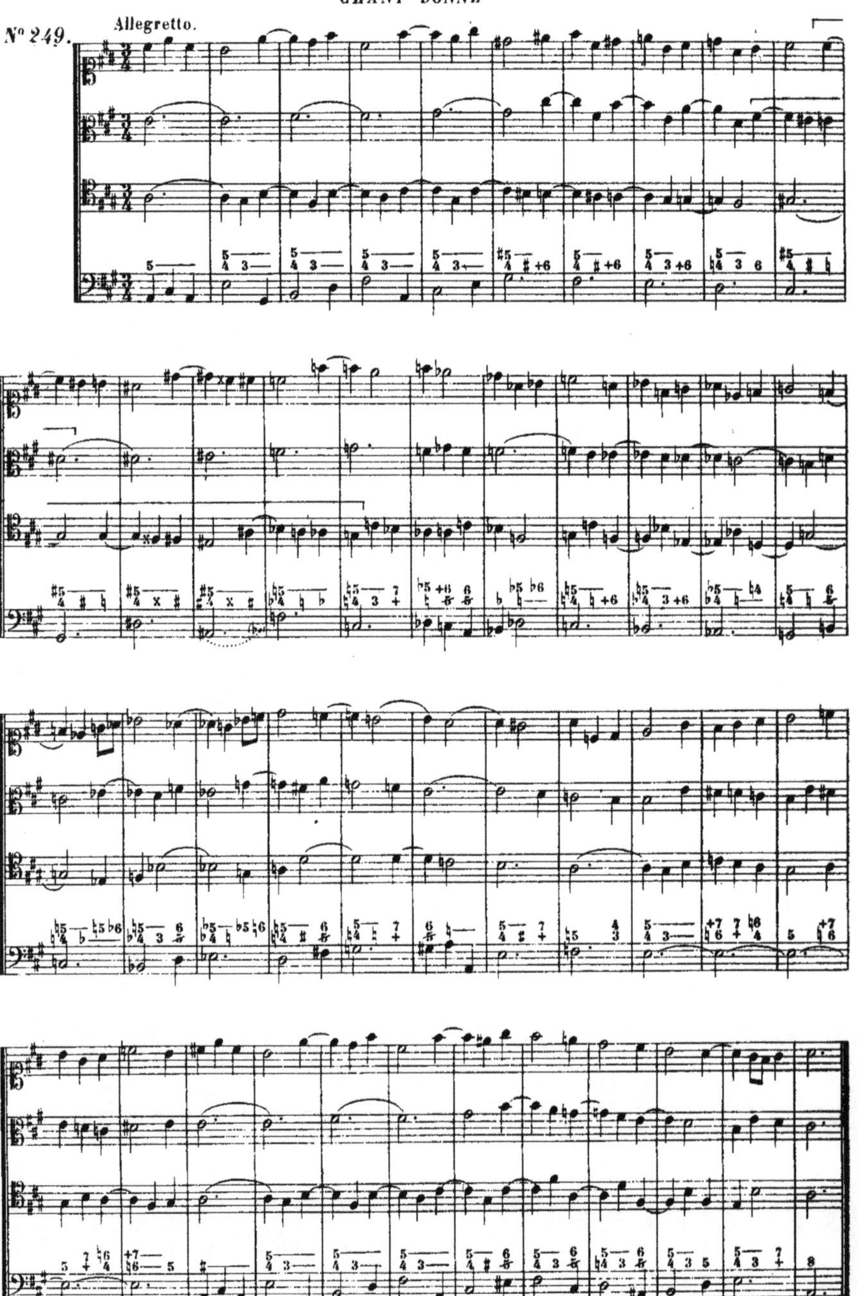

RÉSOLUTIONS EXCEPTIONNELLES

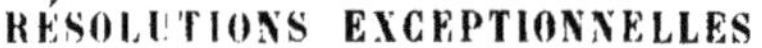

MARCHES D'HARMONIE

Nº 250.

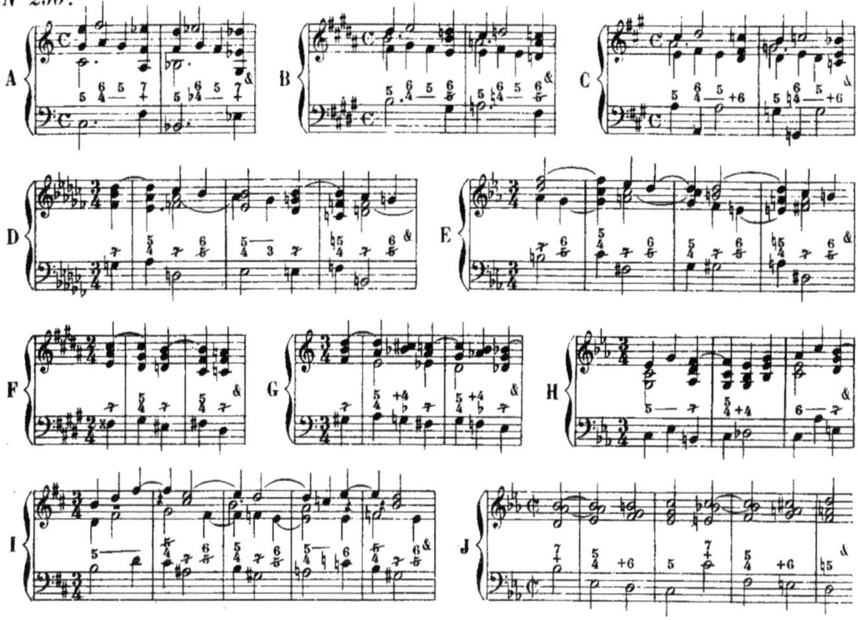

A

B

C

D

E

F

G

H

I

J

BASSE DONNÉE

Nº 251.

Moderato.

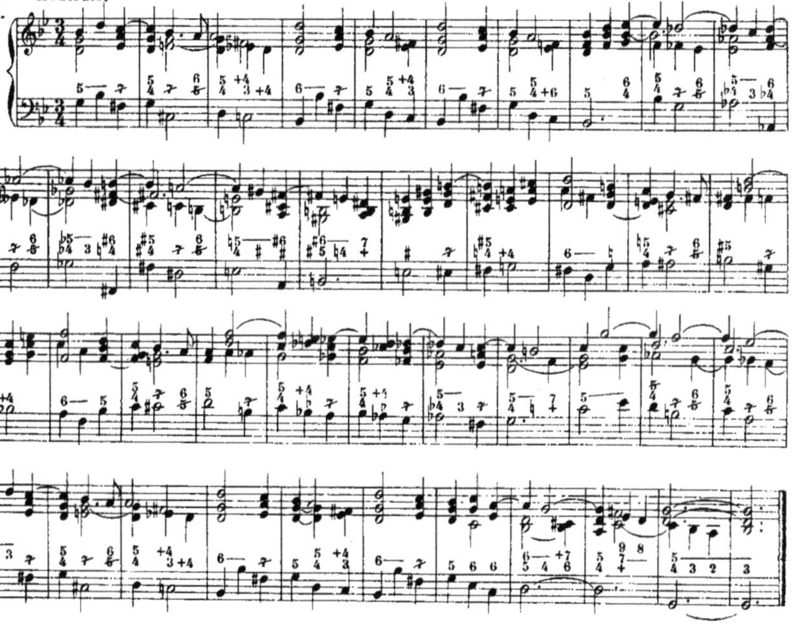

RETARD de la BASSE
dans les accords de sixte

RÉSOLUTION NATURELLE

MARCHES UNITONIQUES

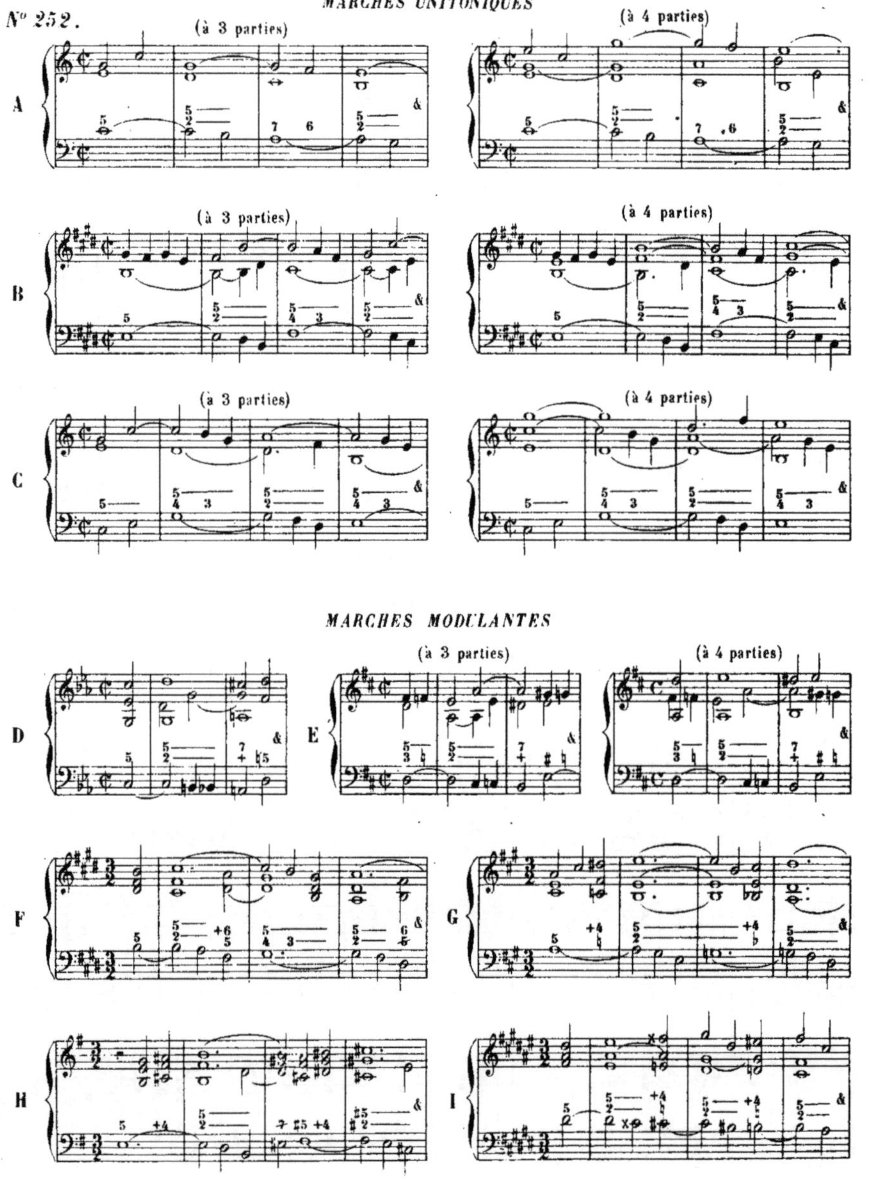

BASSE et CHANT ALTERNÉS

N° 253.

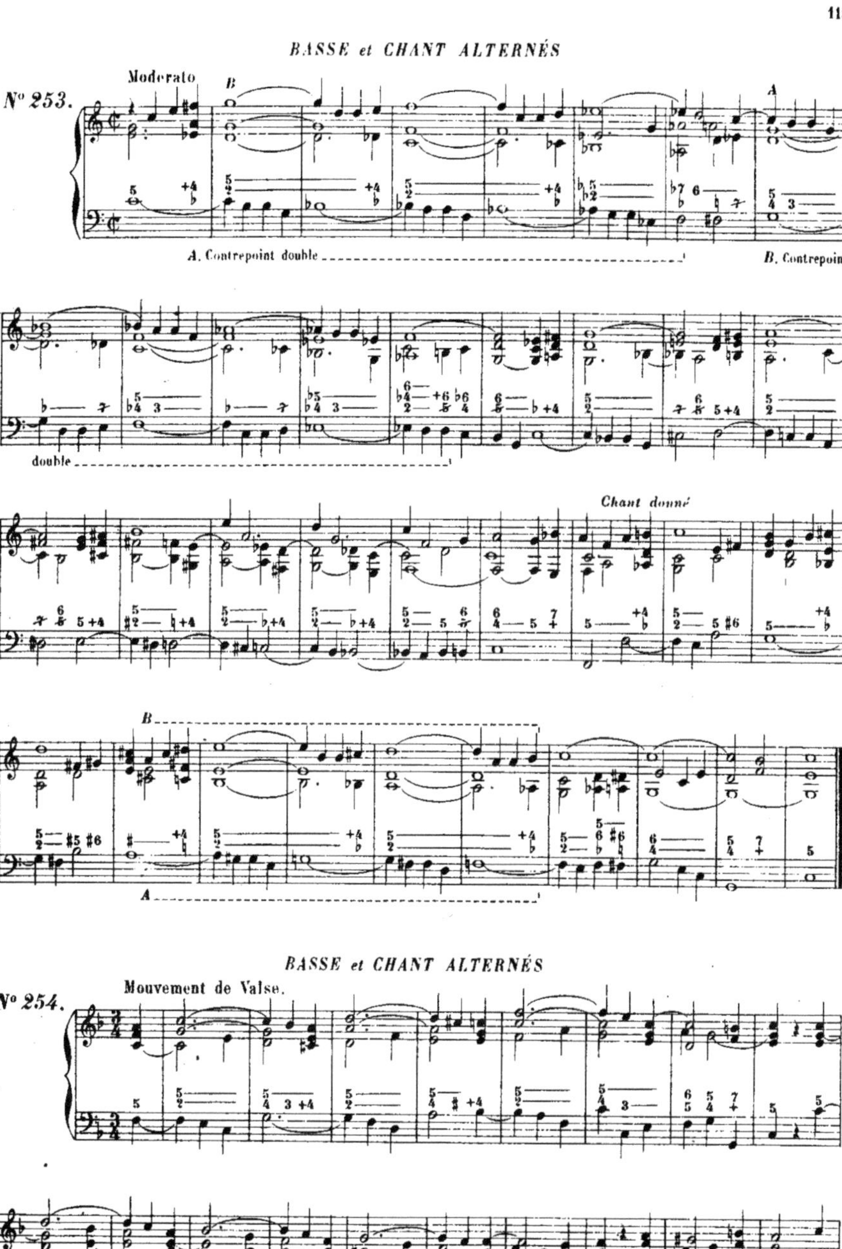

BASSE et CHANT ALTERNÉS

N° 254.

Mouvement de Valse.

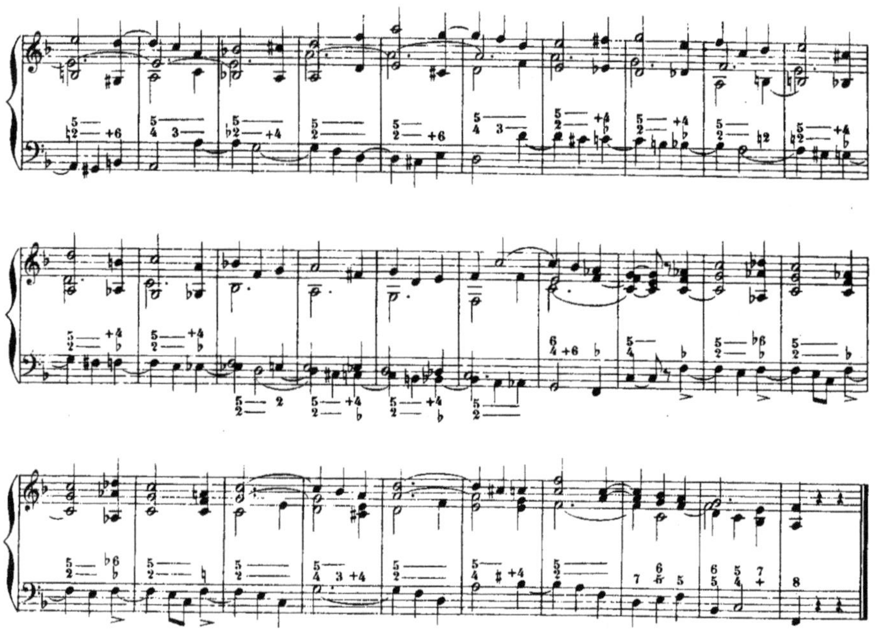

RETARD de la SIXTE par la SEPTIÈME dans les accords de quarte et sixte

MARCHES D'HARMONIE

N° 255.

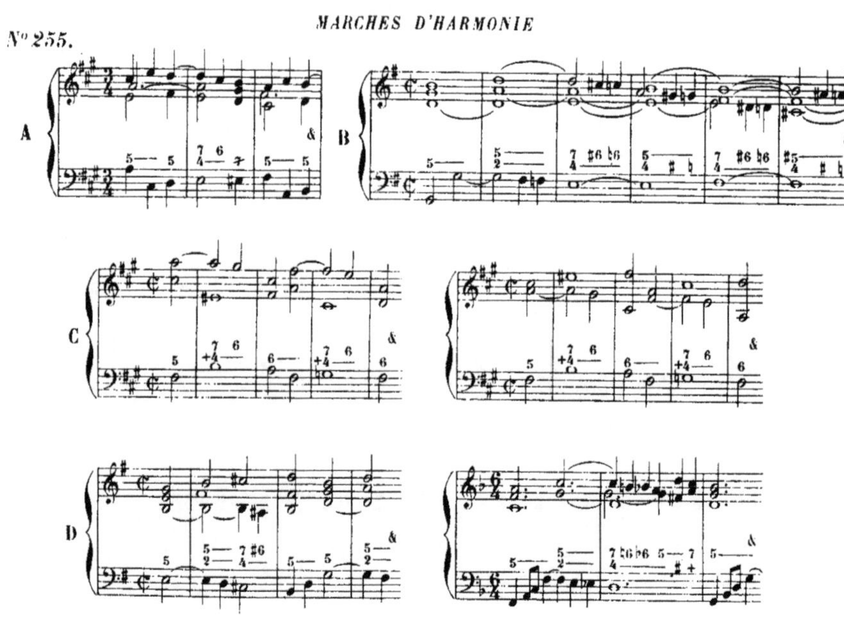

BASSES DONNÉES

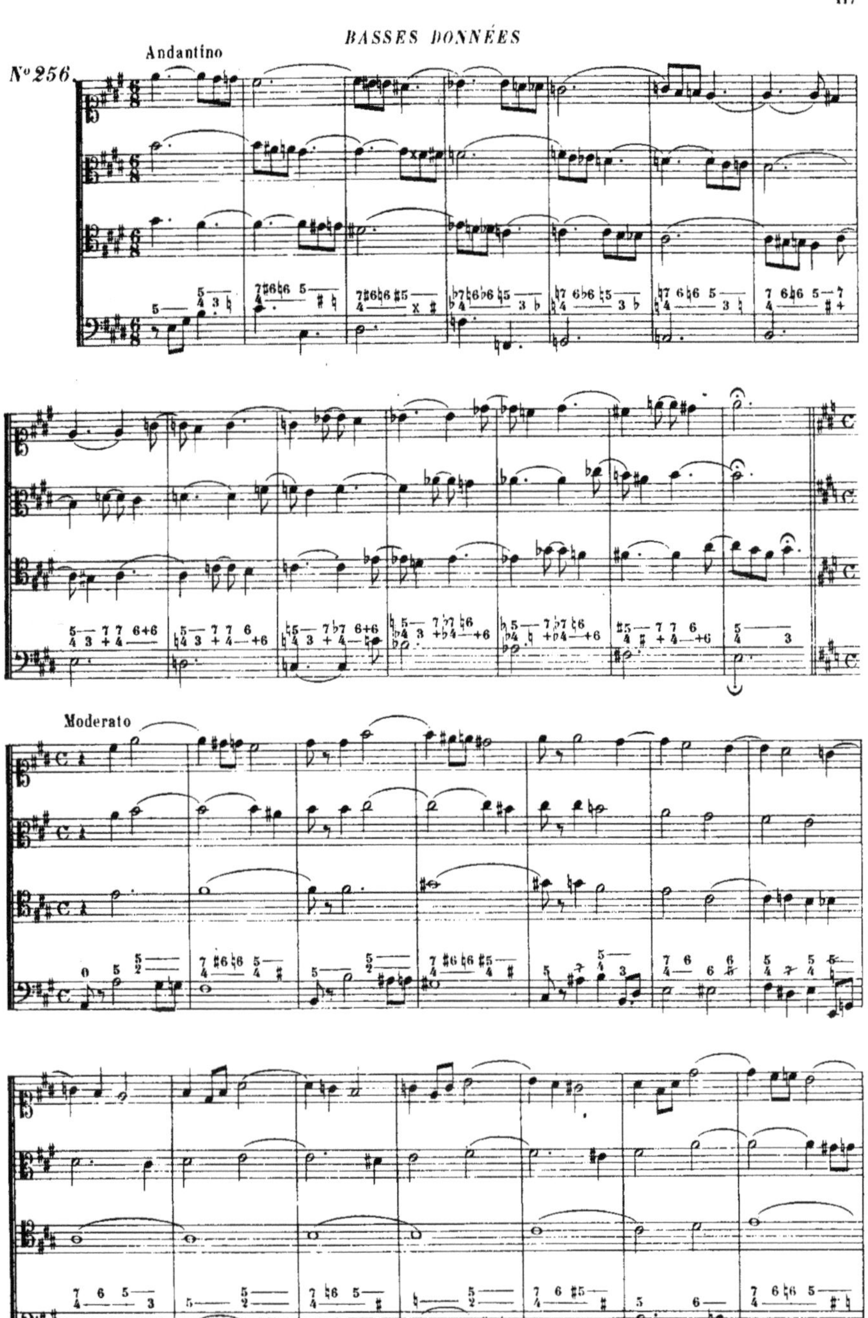

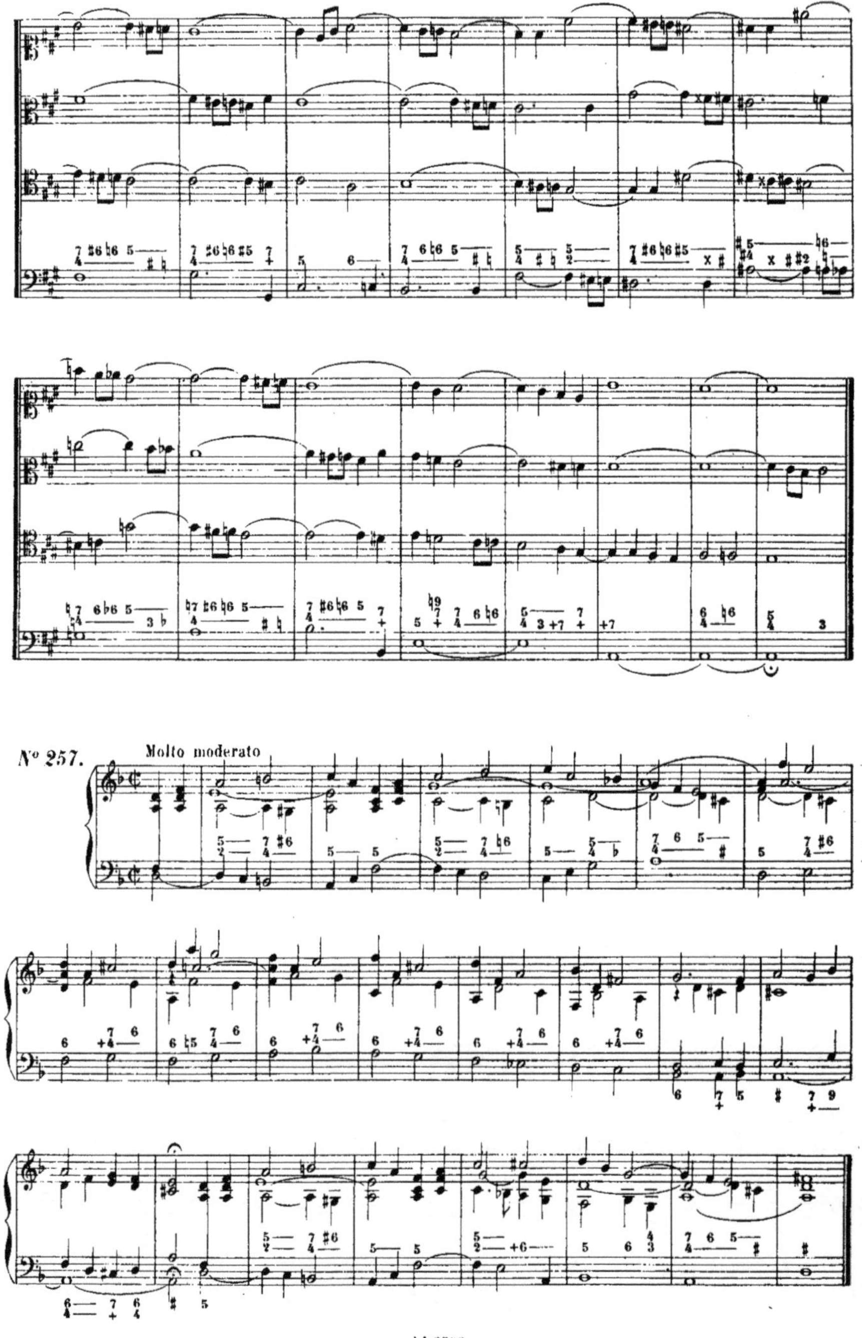
Nº 257.
Molto moderato

RETARD de l'OCTAVE par la NEUVIÈME dans les accords de trois sons fondamentaux

RÉSOLUTION NATURELLE

MARCHES UNITONIQUES

N° 258. (à quatre parties)

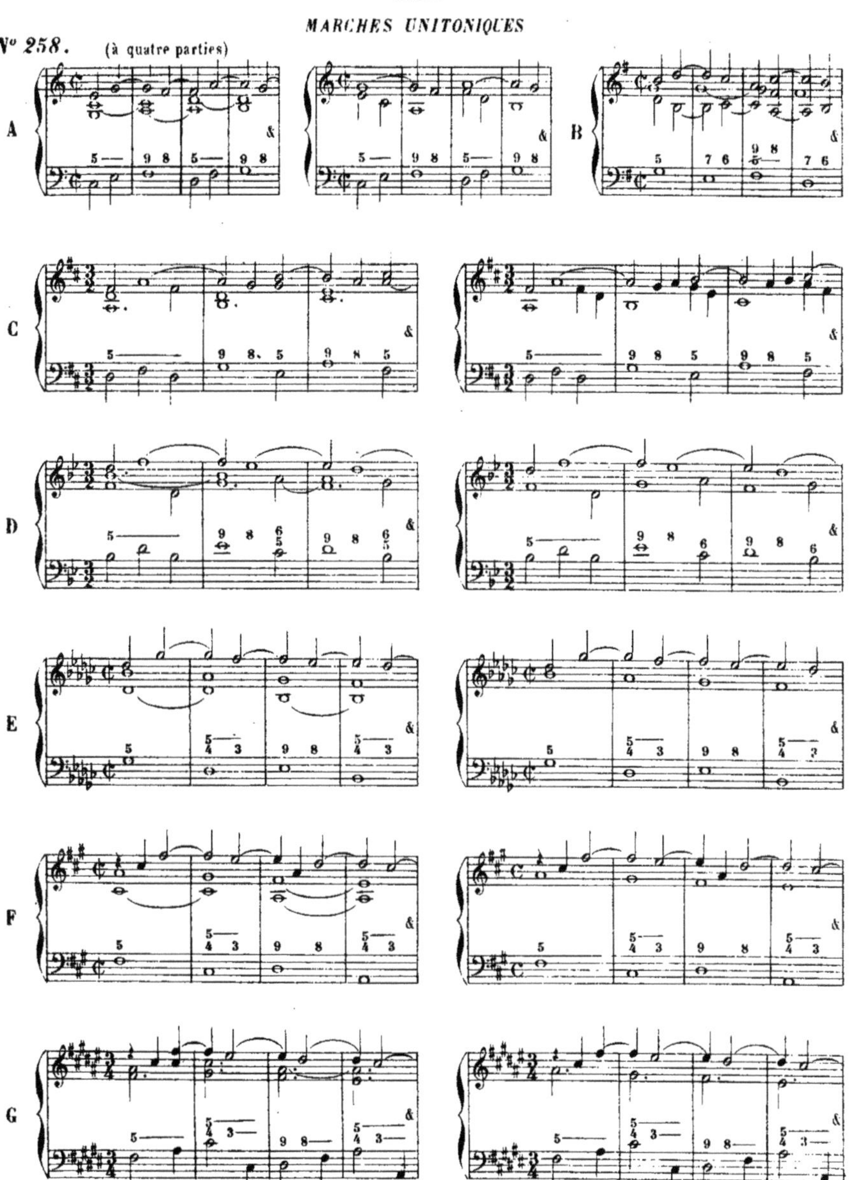

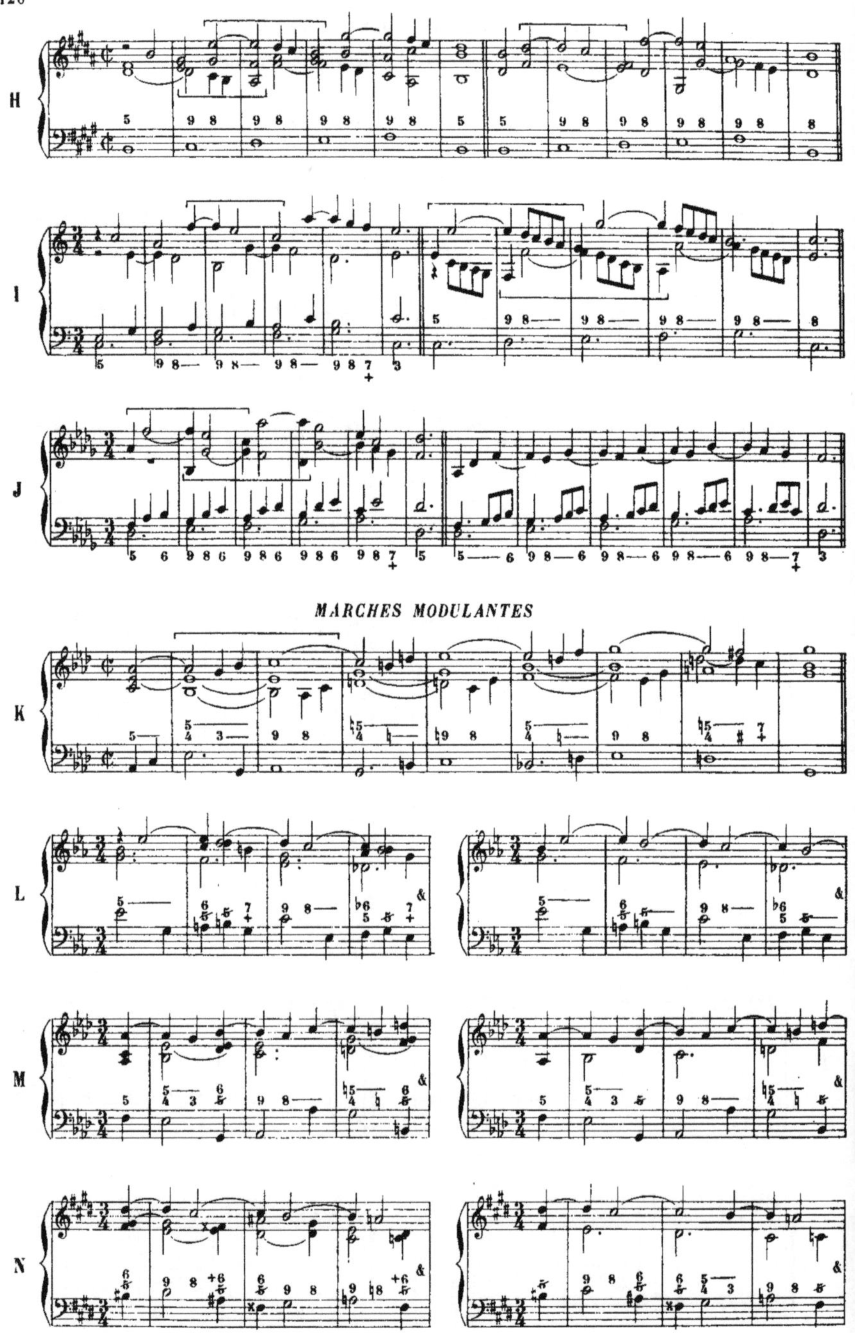
H
I
J
MARCHES MODULANTES
K
L
M
N

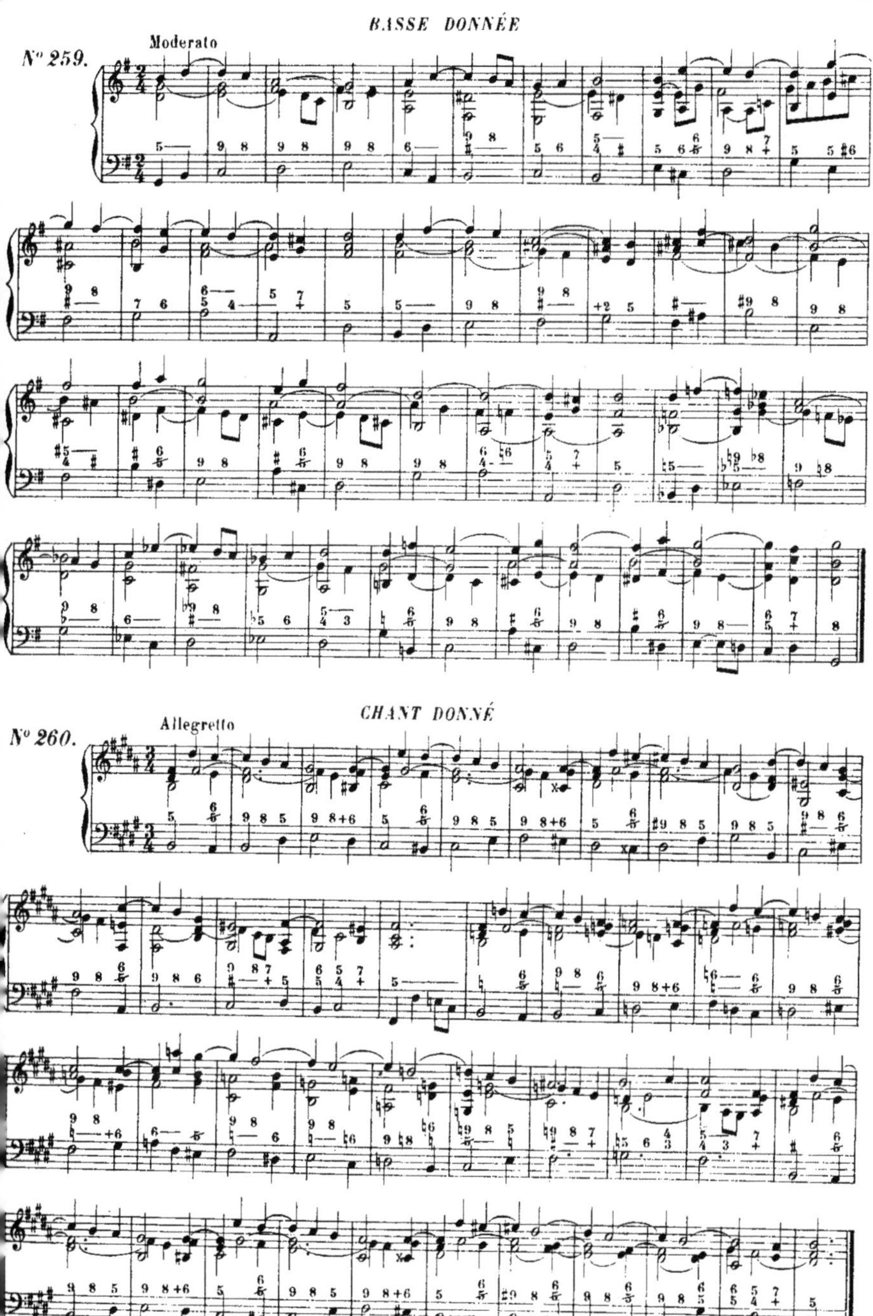
BASSE DONNÉE
Nº 259.
Moderato
CHANT DONNÉ
Nº 260.
Allegretto

RÉSOLUTIONS EXCEPTIONNELLES

MARCHES UNITONIQUES

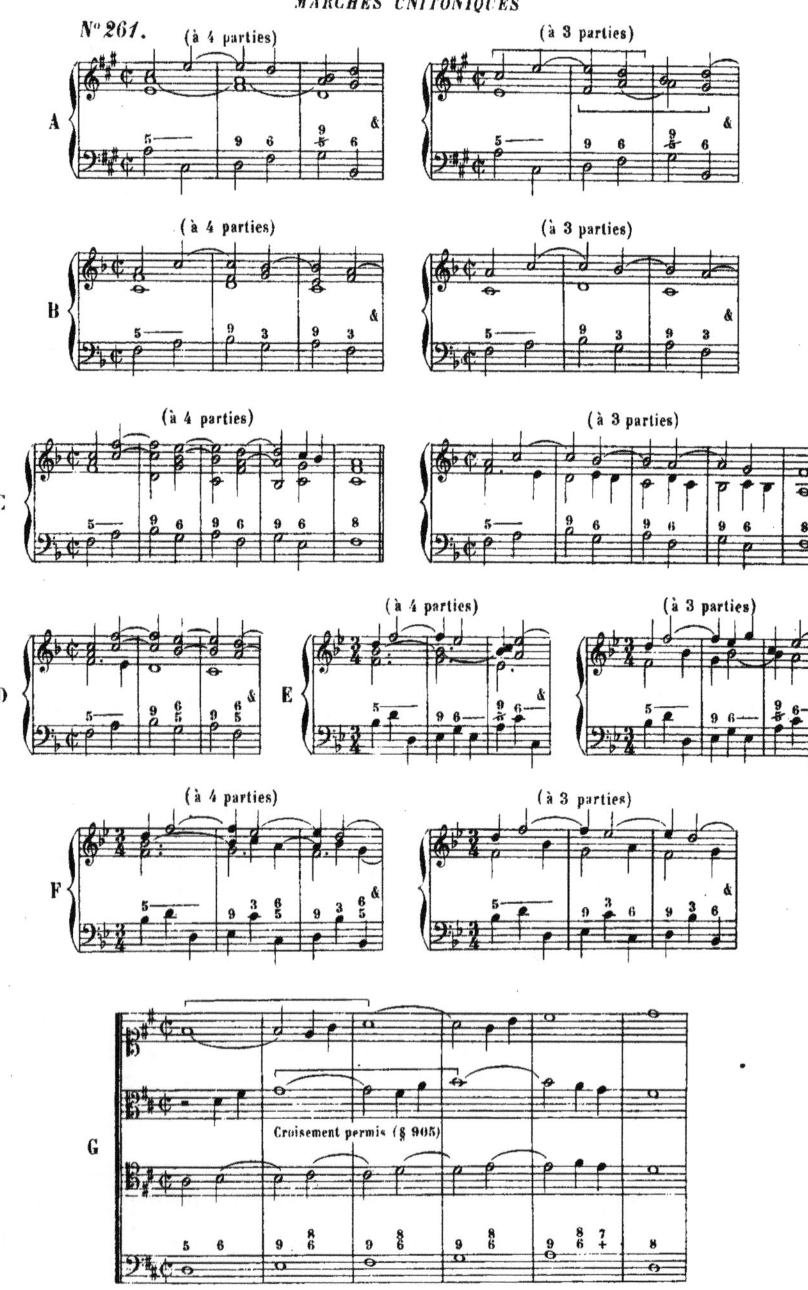

MARCHES MODULANTES

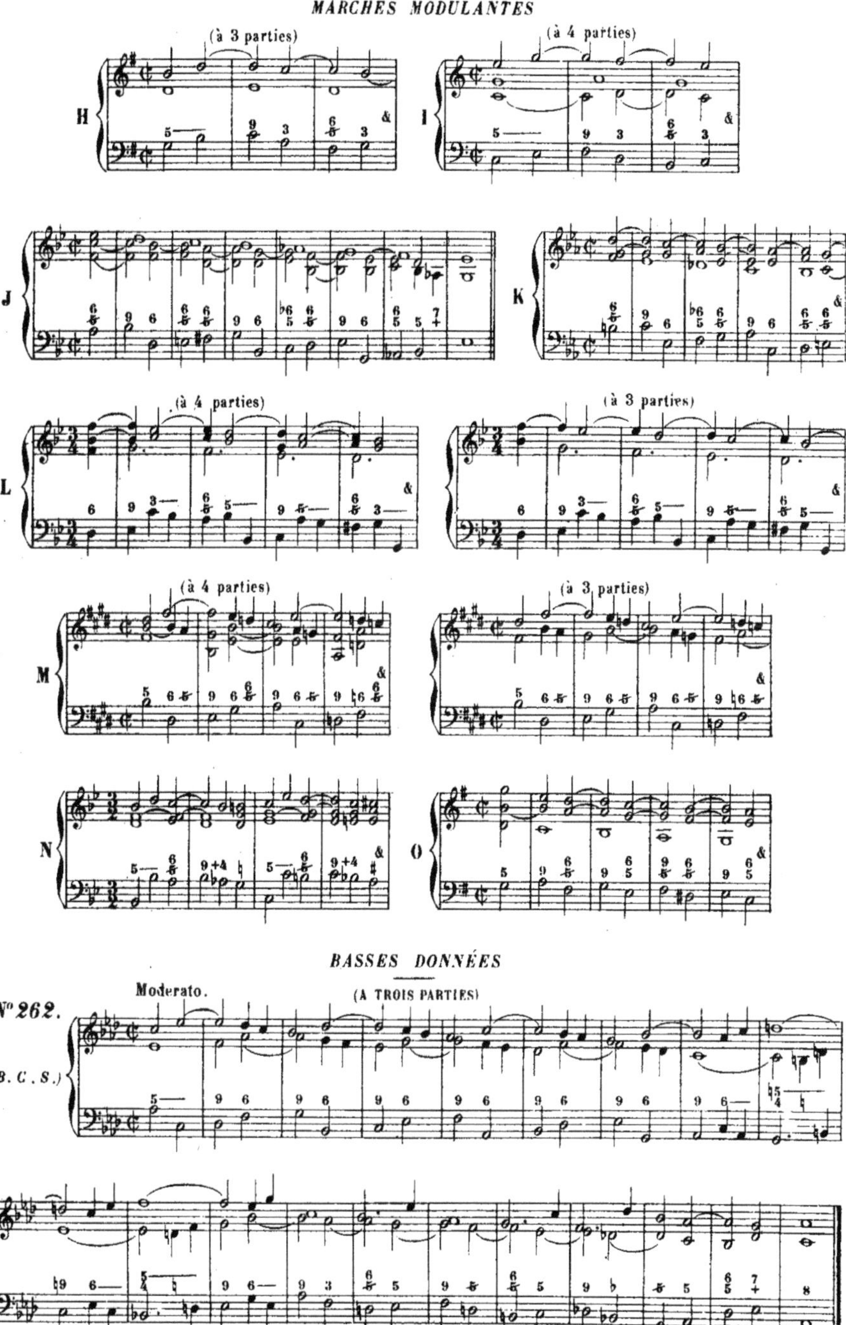

BASSES DONNÉES

MÊME LEÇON A QUATRE PARTIES

N° 262 bis

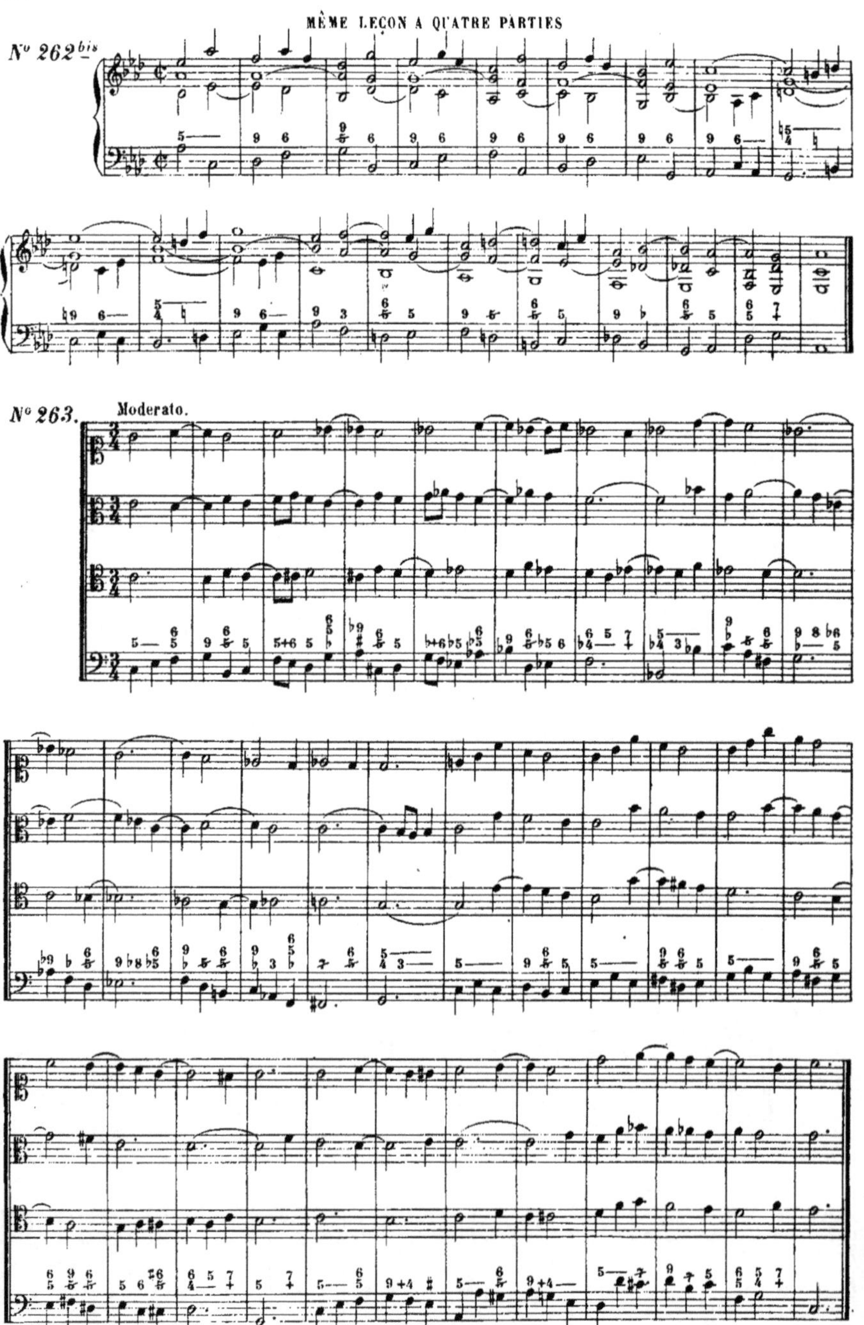

RETARD de la SIXTE DOUBLÉE
dans l'accord de sixte

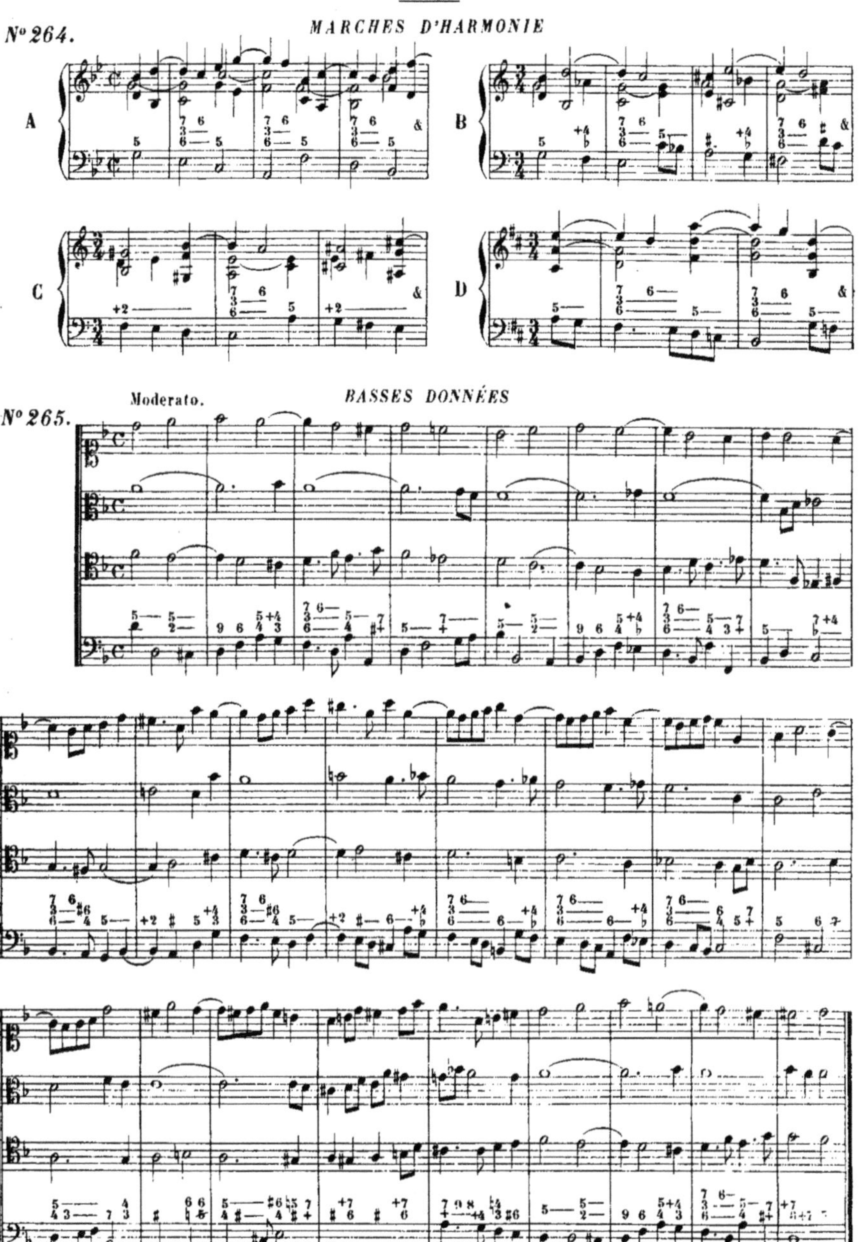

N° 266.

Allegretto.

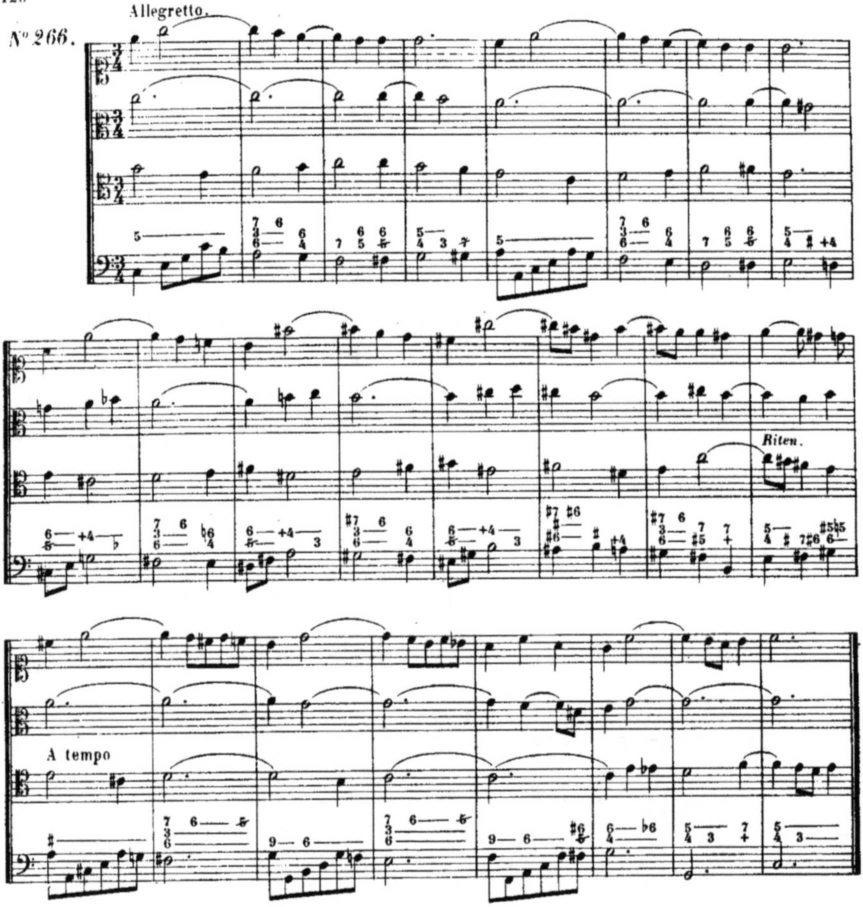

Riten.

A tempo

RETARD de la QUARTE DOUBLÉE
dans l'accord de quarte et sixte

BASSE DONNÉE

N° 267.

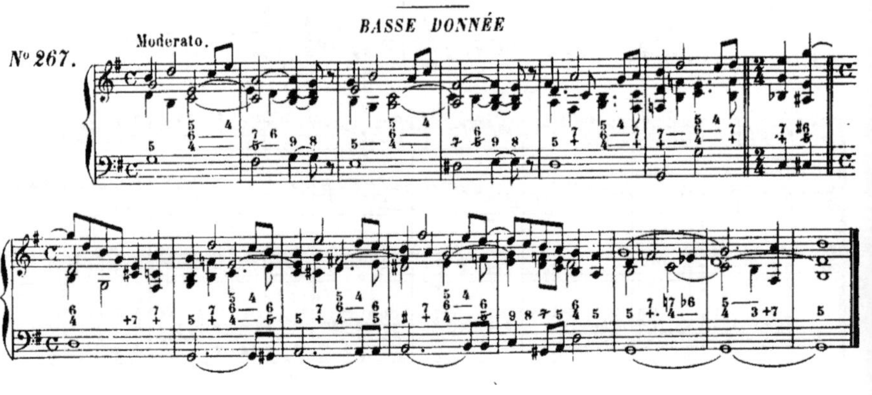

RETARD de l'OCTAVE par la NEUVIÈME
dans les accords de sixte et de quarte et sixte

BASSES DONNÉES CHIFFRÉES

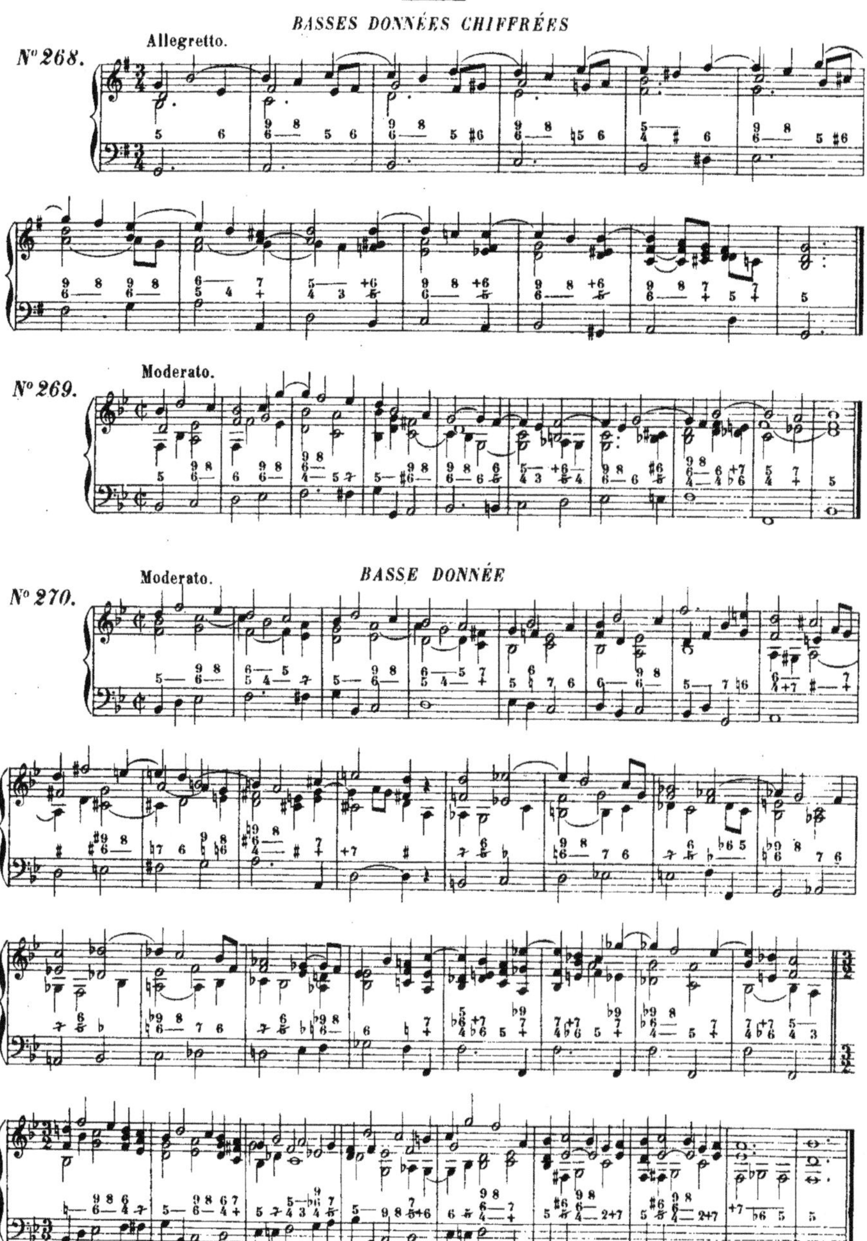

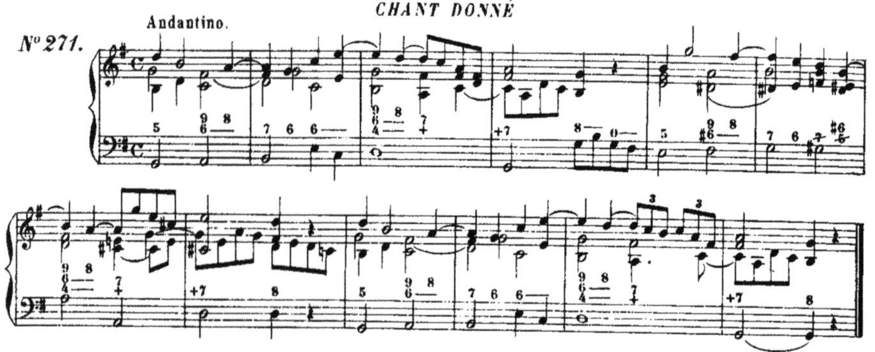

RETARDS SIMULTANÉS
dans les accords de trois sons

N° 272.

MARCHES D'HARMONIE

A

B

C

D

E

F

G

H

I

J

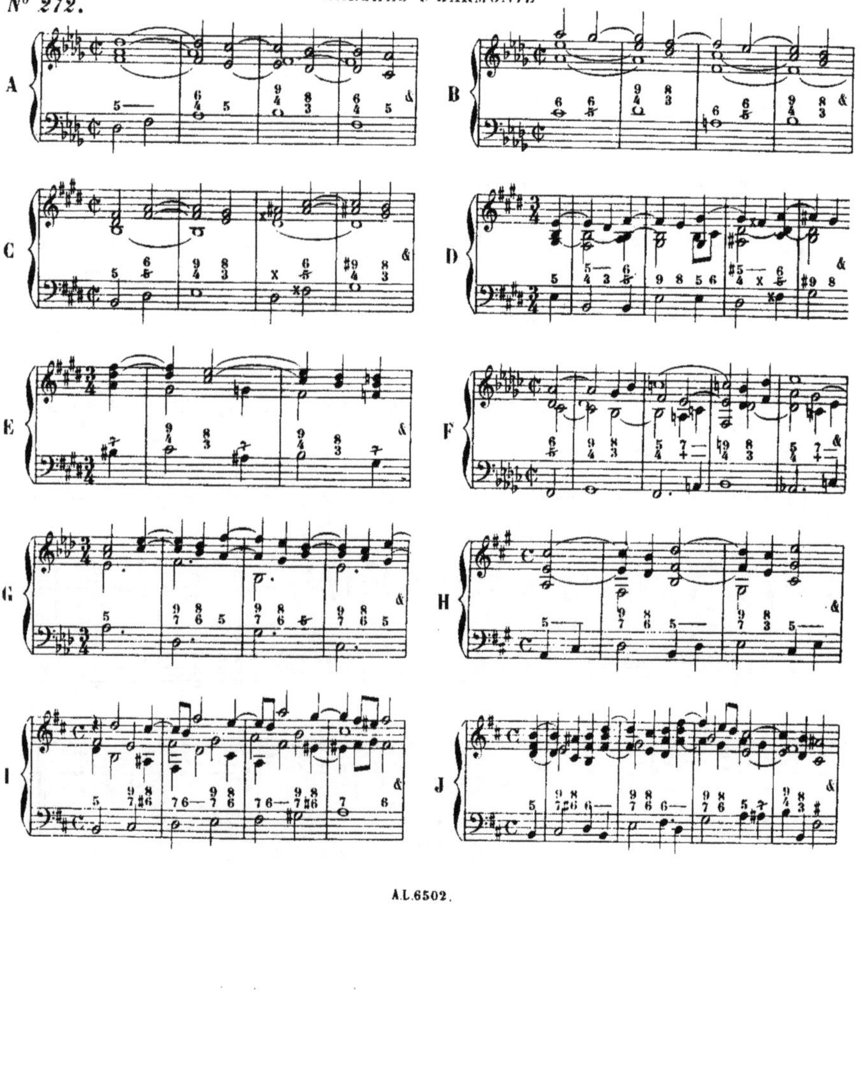

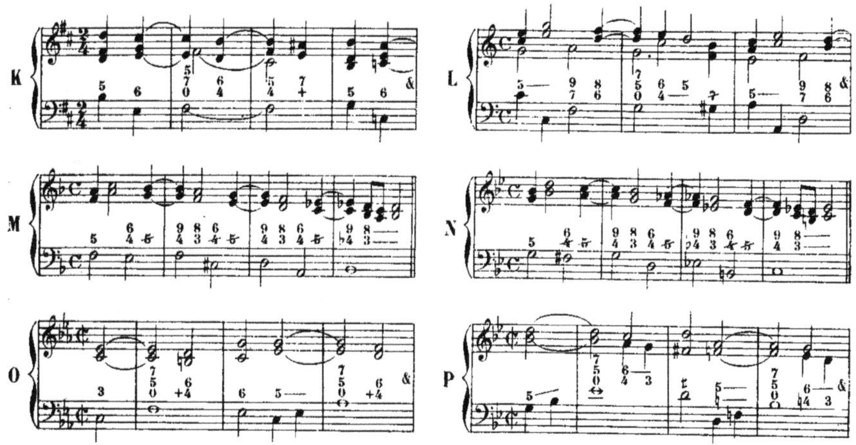

BASSES DONNÉES

DOUBLES RETARDS
dans les accords de trois sons fondamentaux ou dans leur 1er renversement
en
RÉSOLUTION NATURELLE

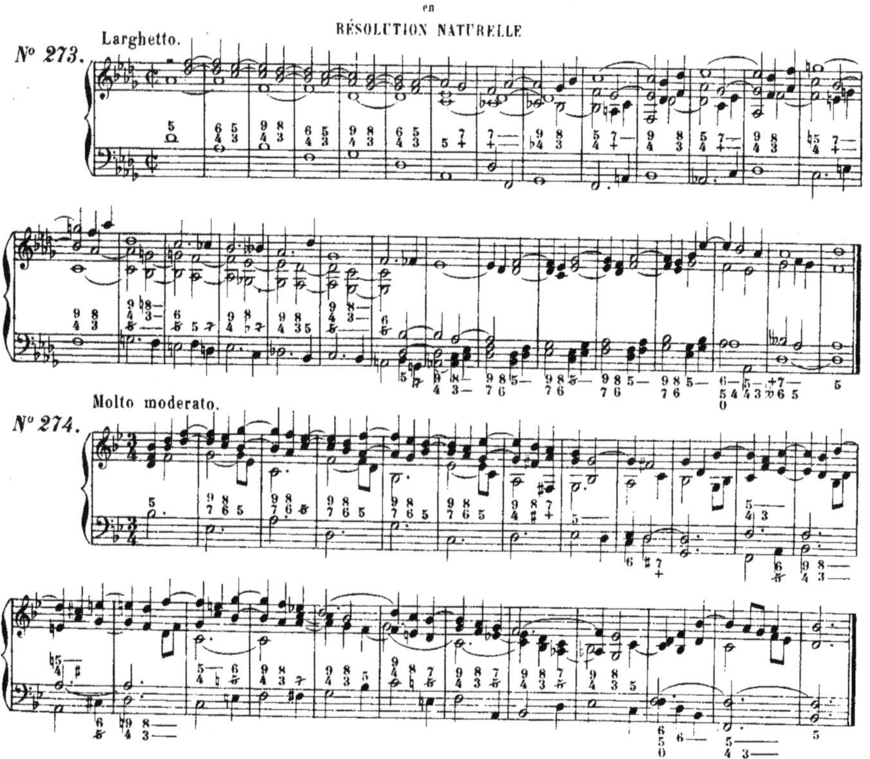

DOUBLES RETARDS

dans les accords de sixte et de quarte et sixte

N° 275. Larghetto.

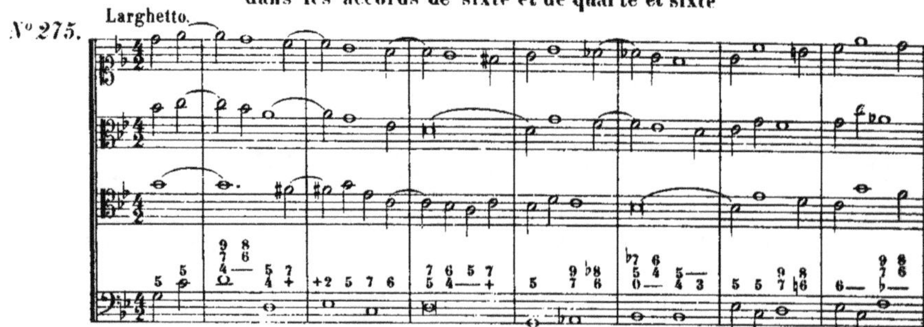

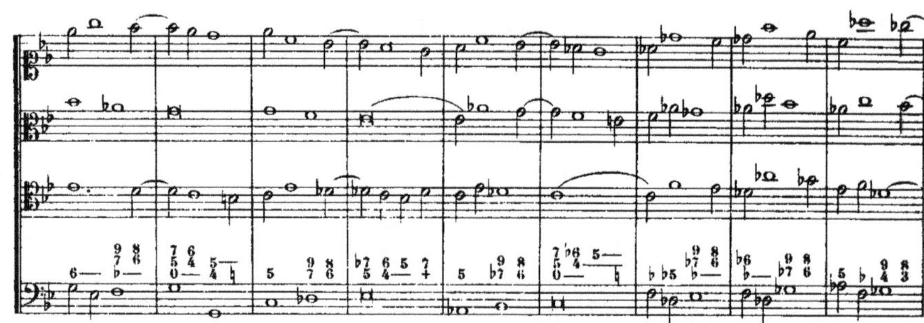

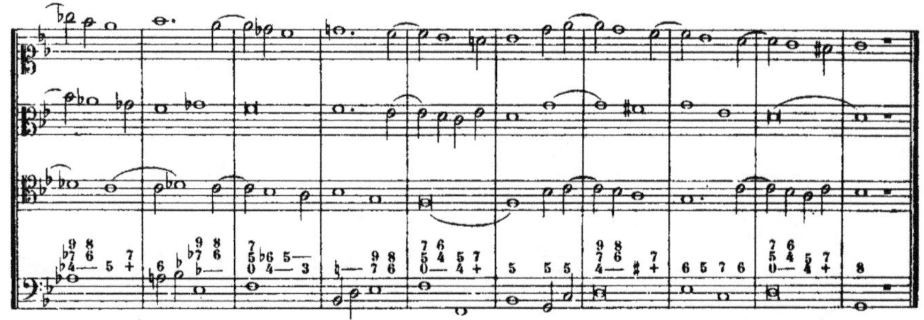

RETARDS SIMULTANÉS

à

RÉSOLUTIONS SUCCESSIVES

MARCHE D'HARMONIE

N° 276. Allegretto.

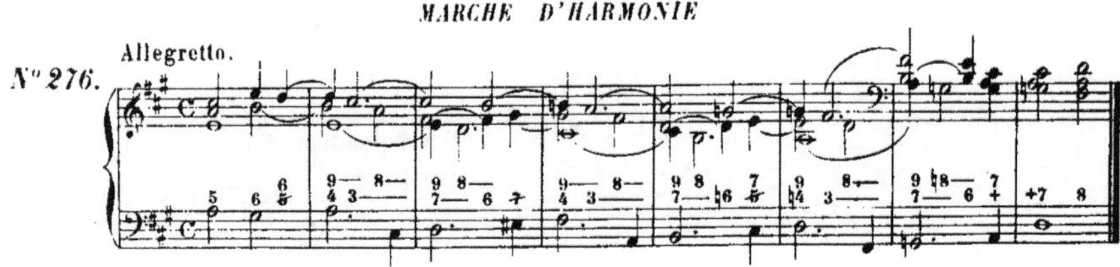

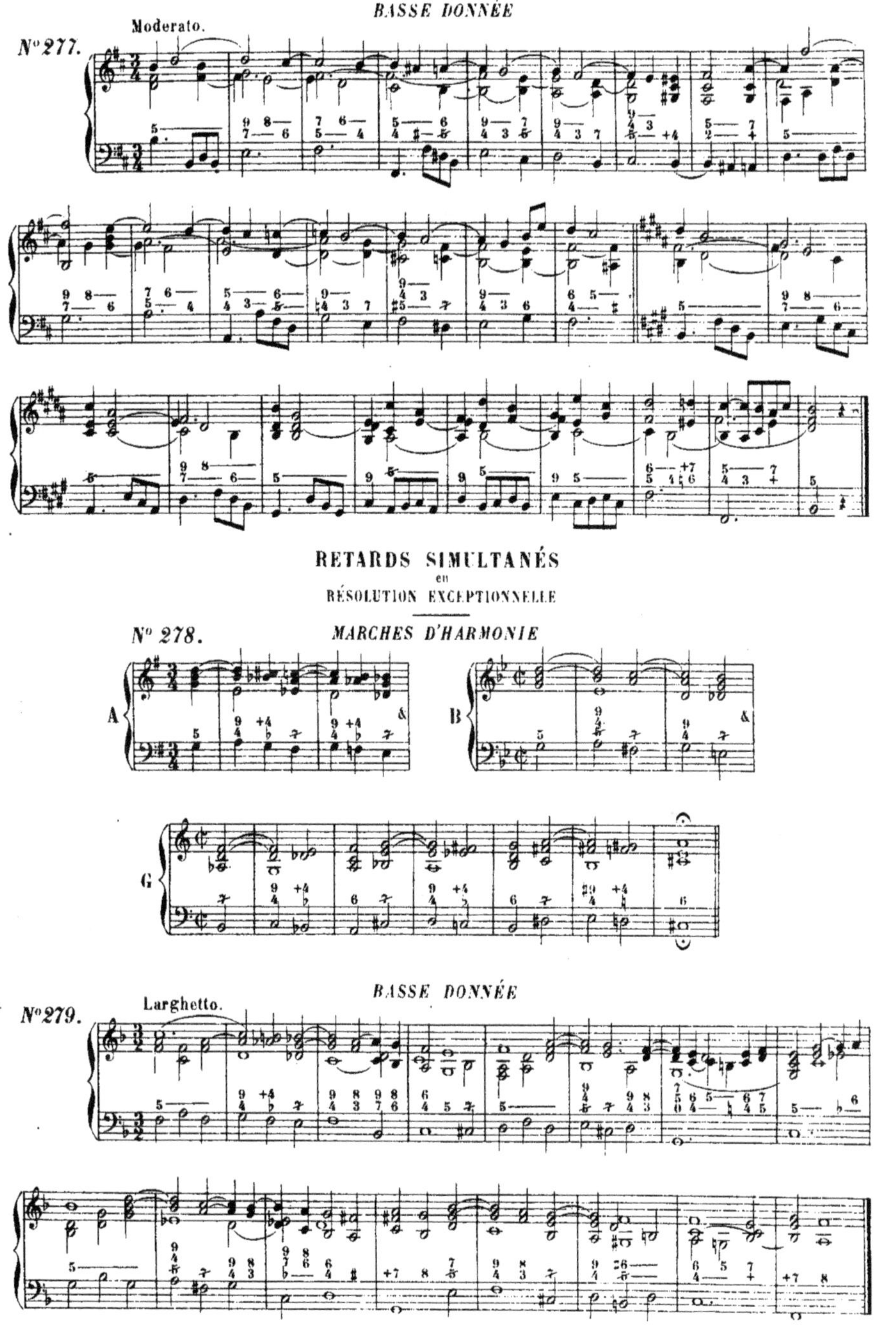
BASSE DONNÉE
Moderato.
N° 277.
RETARDS SIMULTANÉS
en
RÉSOLUTION EXCEPTIONNELLE
N° 278.
MARCHES D'HARMONIE
A
B
G
BASSE DONNÉE
Larghetto.
N° 279.

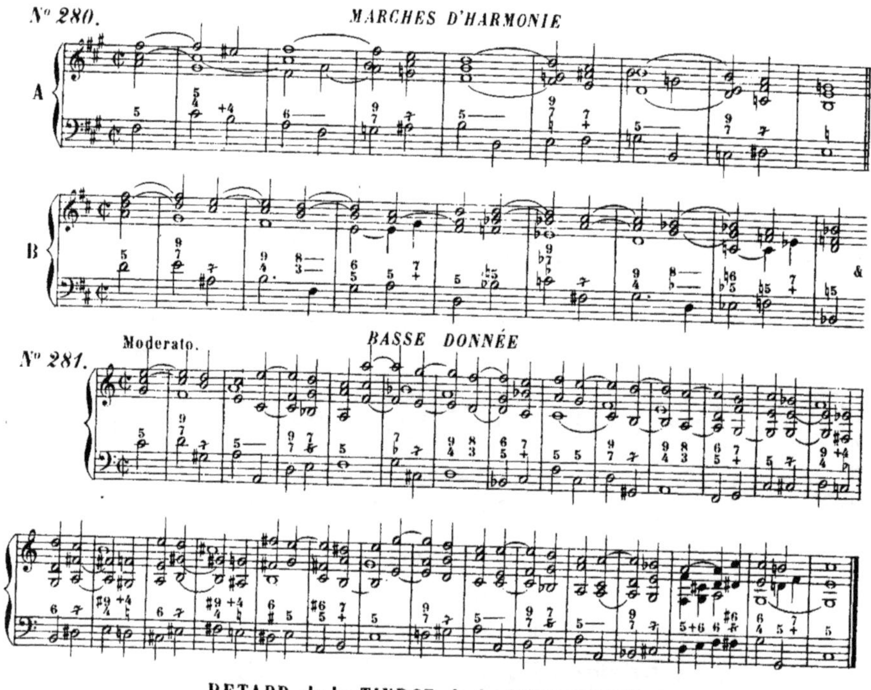

RETARD de la TIERCE de la FONDAMENTALE dans l'accord de septième de dominante et ses renversements en RÉSOLUTION NATURELLE

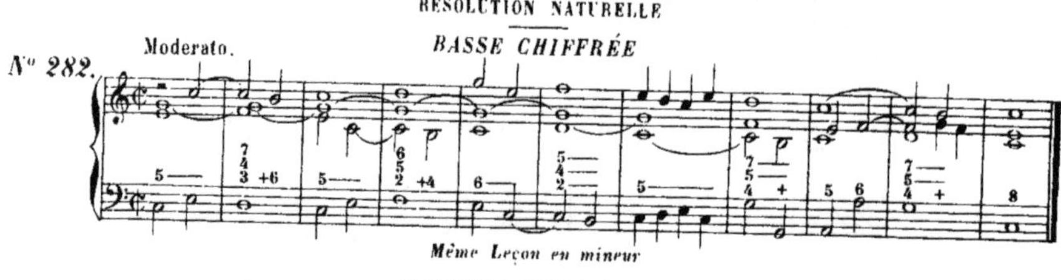

Même Leçon en mineur

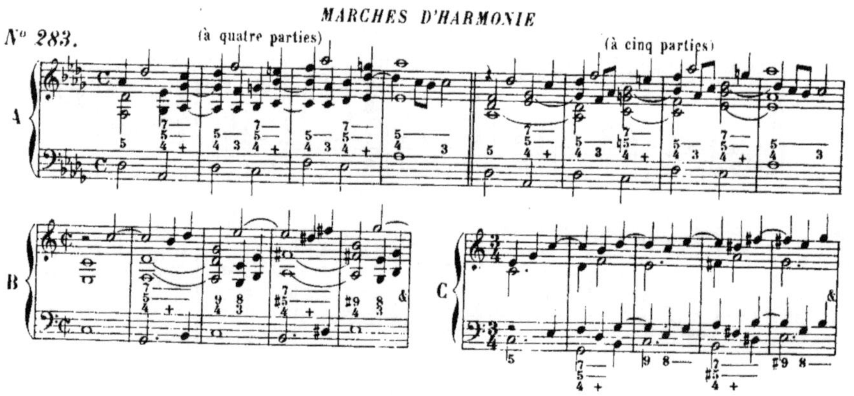

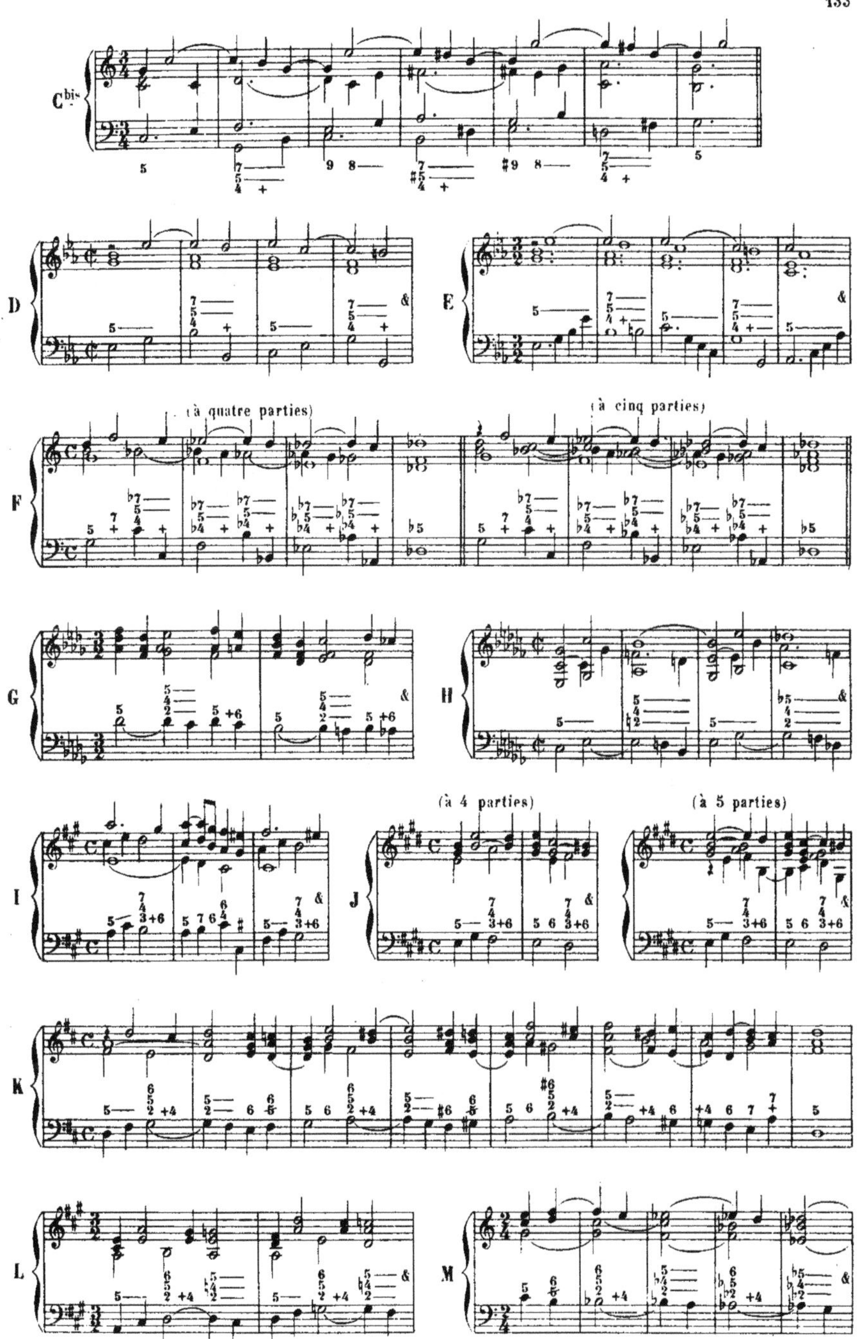
Cbis
D
E
F
(à quatre parties)
(à cinq parties)
G
H
I
J
(à 4 parties)
(à 5 parties)
K
L
M

BASSES DONNÉES

Nº 284. Larghetto

Nº 285. Larghetto

Nº 286. Allegretto

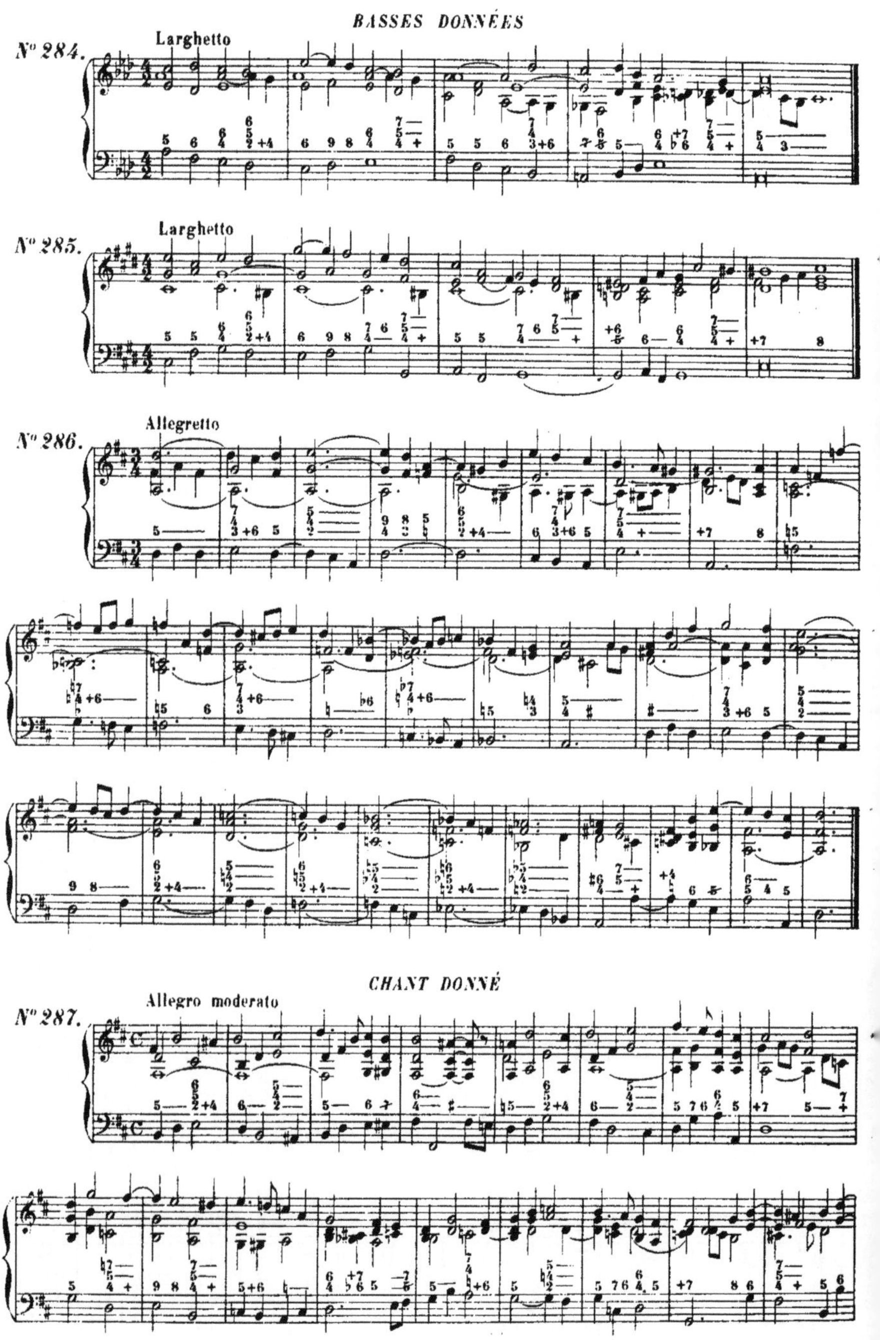

CHANT DONNÉ

Nº 287. Allegro moderato

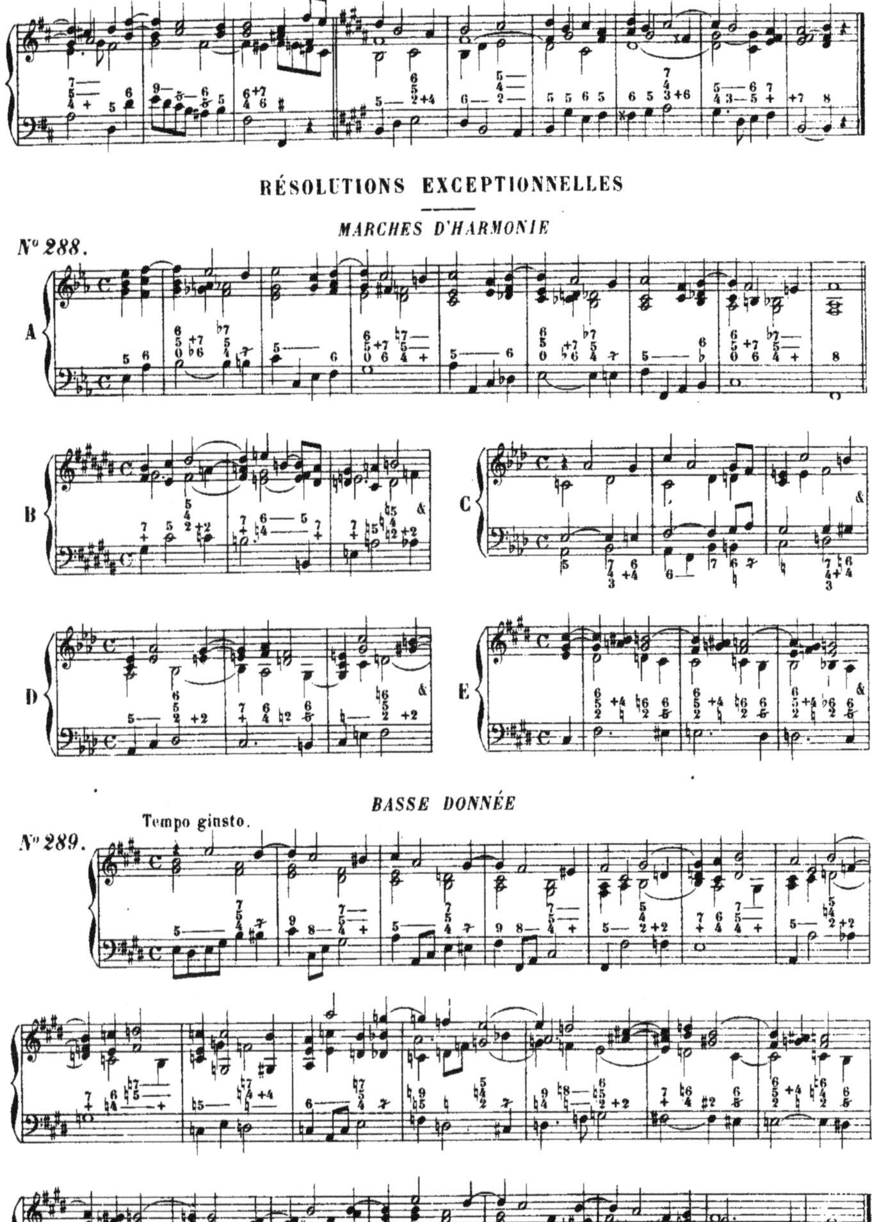
RÉSOLUTIONS EXCEPTIONNELLES
MARCHES D'HARMONIE
Nº 288.
A
B
C
D
E
BASSE DONNÉE
Tempo giusto.
Nº 289.

RETARD de la QUINTE de la FONDAMENTALE dans l'accord de septième de dominante et ses renversements en RÉSOLUTION NATURELLE

BASSES DONNÉES CHIFFRÉES

Nº 290.

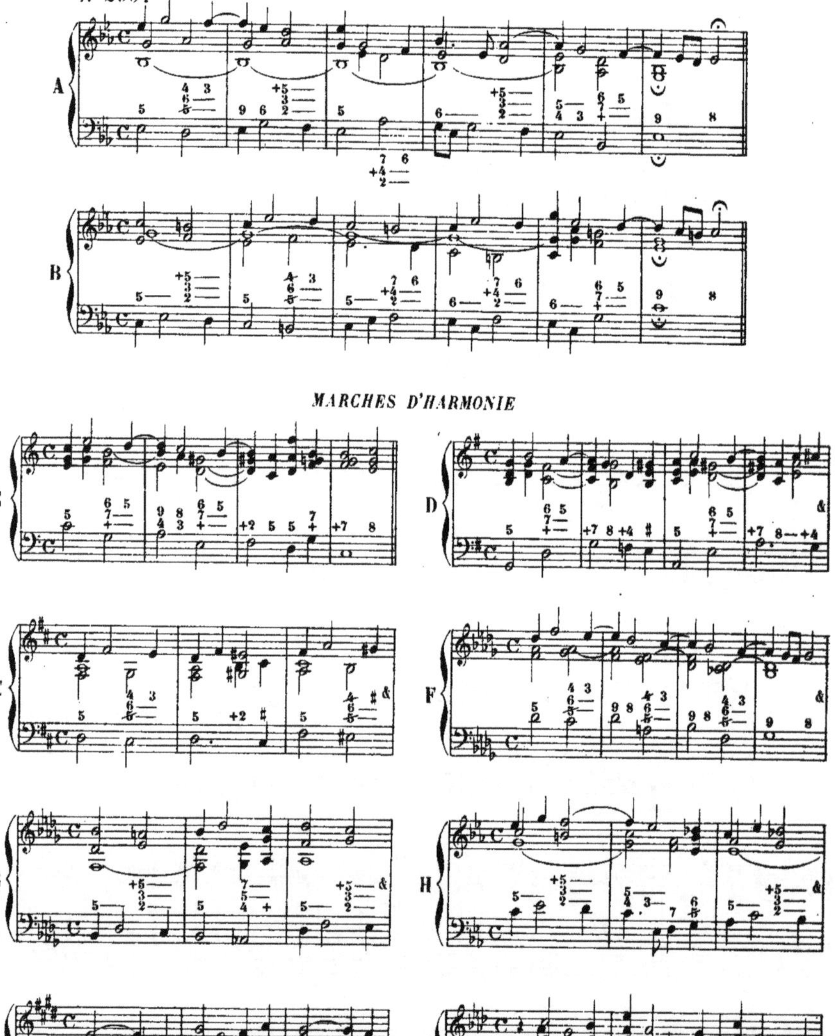

CHANT DONNÉ

Mouvement de Marche.

N° 291.

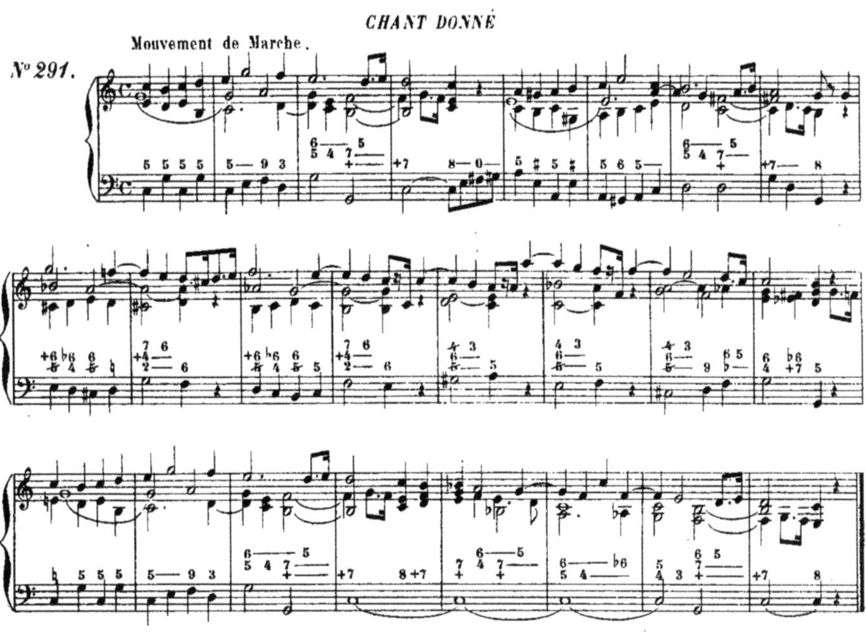

RÉSOLUTIONS EXCEPTIONNELLES

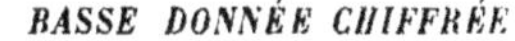

BASSE DONNÉE CHIFFRÉE

Mouvement très modéré

N° 292.

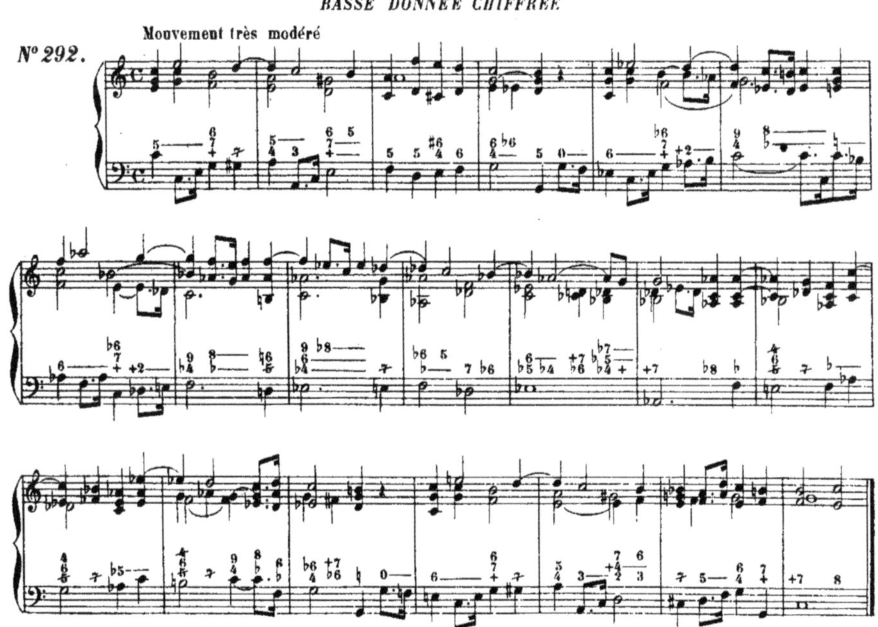

CHANT DONNÉ

N° 293. Mouvement de Marche.

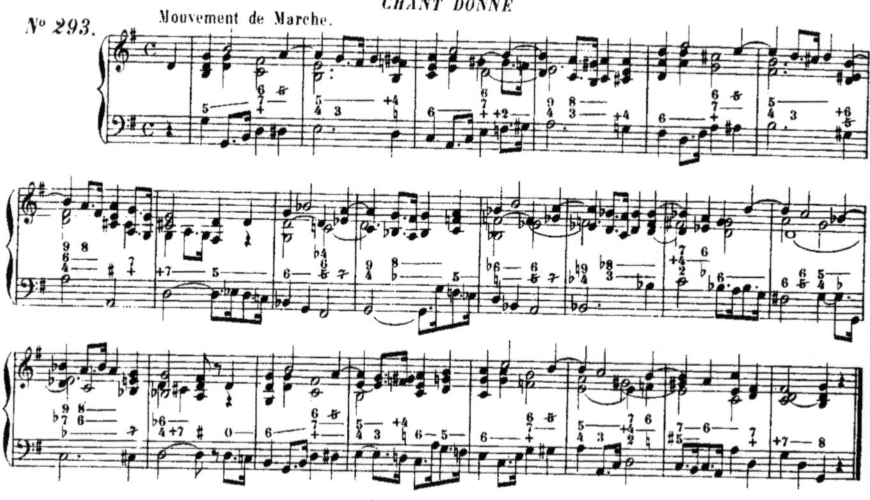

RETARDS SIMULTANÉS de la TIERCE et de la QUINTE dans l'accord de septième de dominante et son 3me renversement

BASSE DONNÉE CHIFFRÉE

N° 294. Moderato.

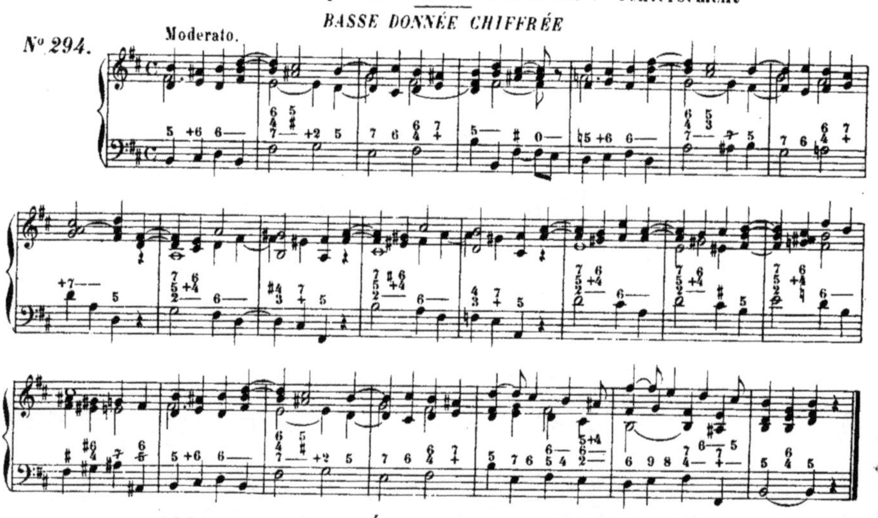

RETARDS SIMULTANÉS de la TIERCE et de la QUINTE dans l'accord de septième de dominante

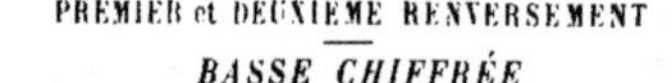

PREMIER et DEUXIÈME RENVERSEMENT

BASSE CHIFFRÉE

N° 295. Moderato.

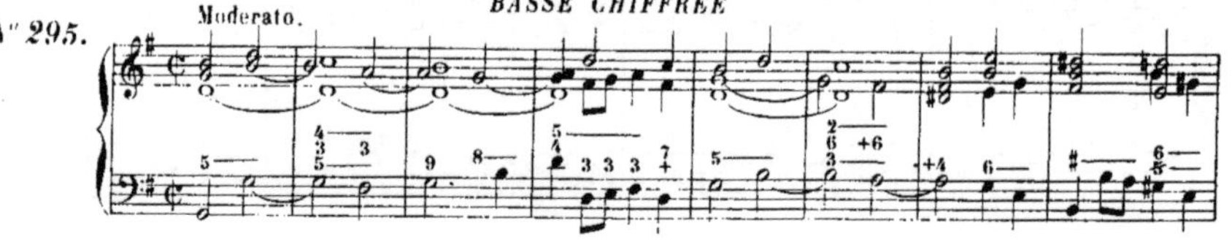

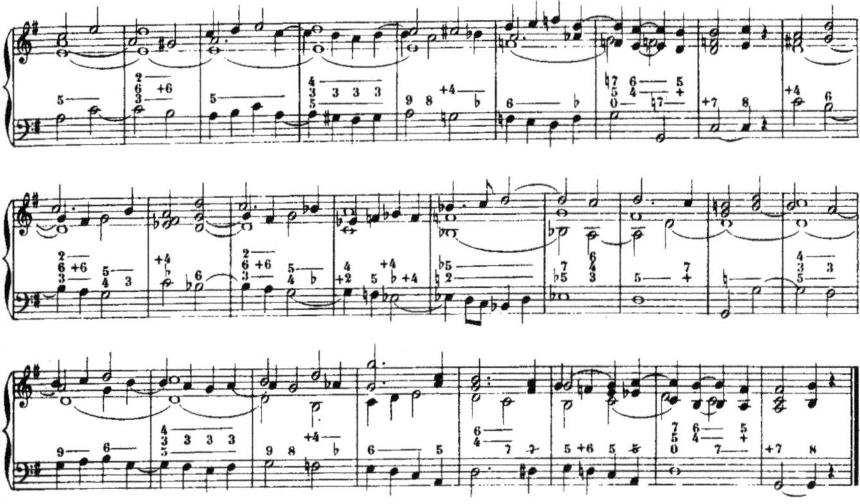

RETARDS SIMULTANÉS de la TIERCE et de l'OCTAVE dans l'accord de septième de dominante

MARCHES D'HARMONIE

Nº 296.

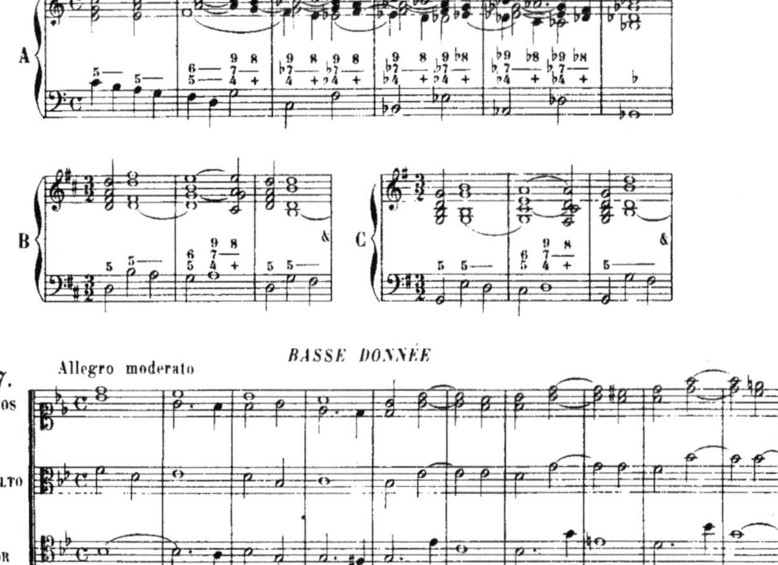

BASSE DONNÉE

Nº 297.

Allegro moderato

2 SOPRANOS

1 CONTRALTO

1 TÉNOR

BASSE

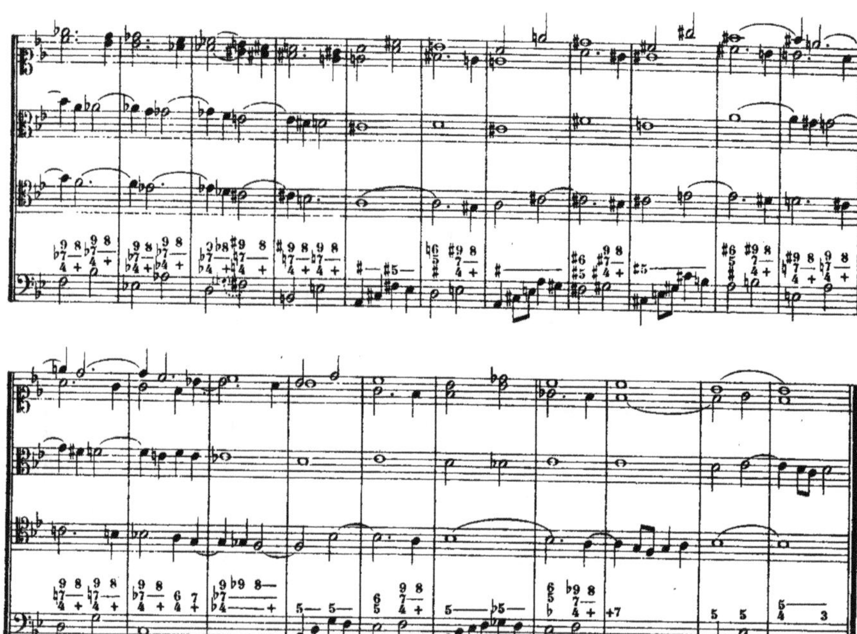

RETARD de la TIERCE par la QUARTE
dans les accords de septième de sensible des deux modes
et leurs renversements

MARCHES D'HARMONIE

N° 298.

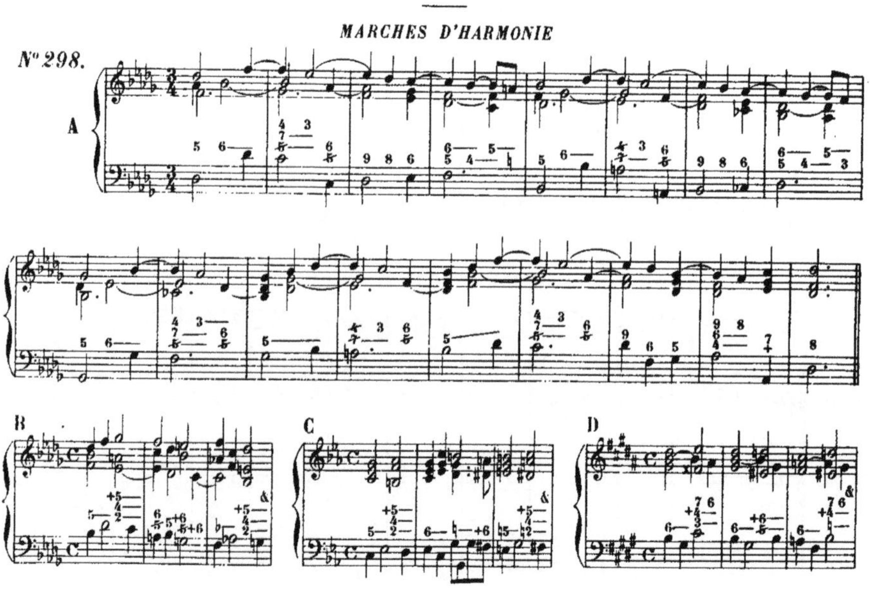

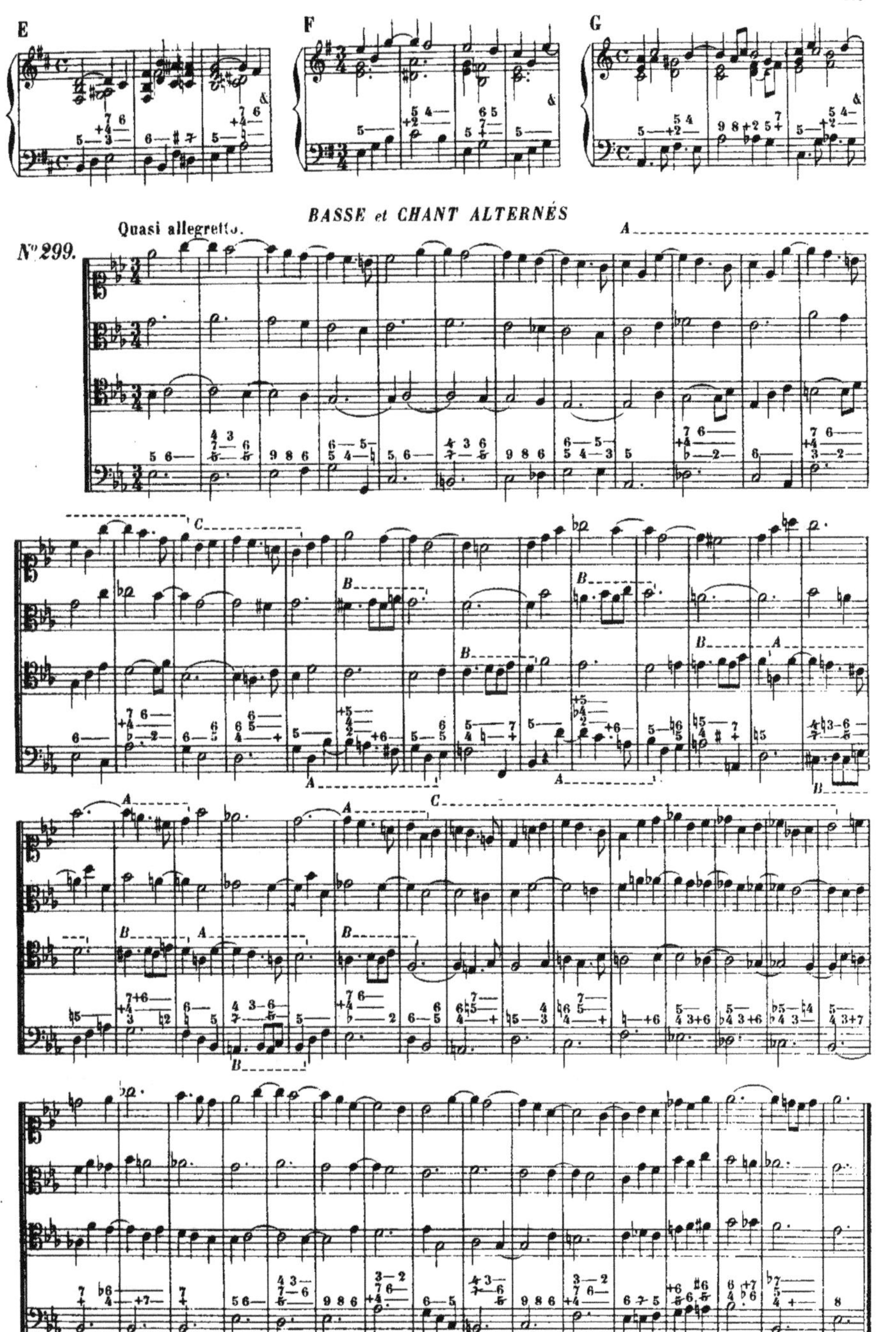
E
F
G
BASSE et CHANT ALTERNÉS
Quasi allegretto.
N° 299.
A
B
C

RETARD de la QUINTE par la SIXTE
dans l'accord de septième diminuée et ses renversements

MARCHES D'HARMONIE

N° 300.

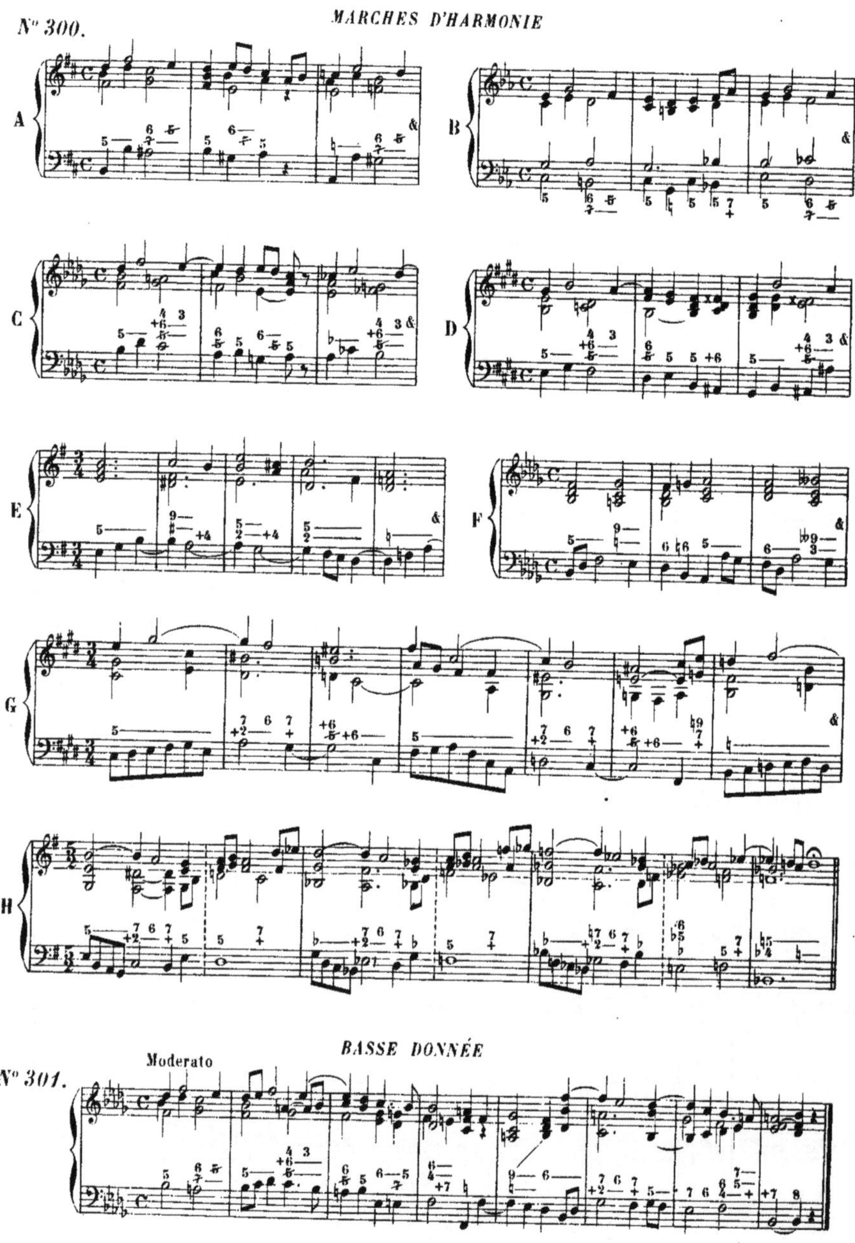

BASSE DONNÉE

N° 301.

Moderato

RETARD de la SEPTIÈME par l'OCTAVE dans les accords de septième de sensible des deux modes et leurs renversements

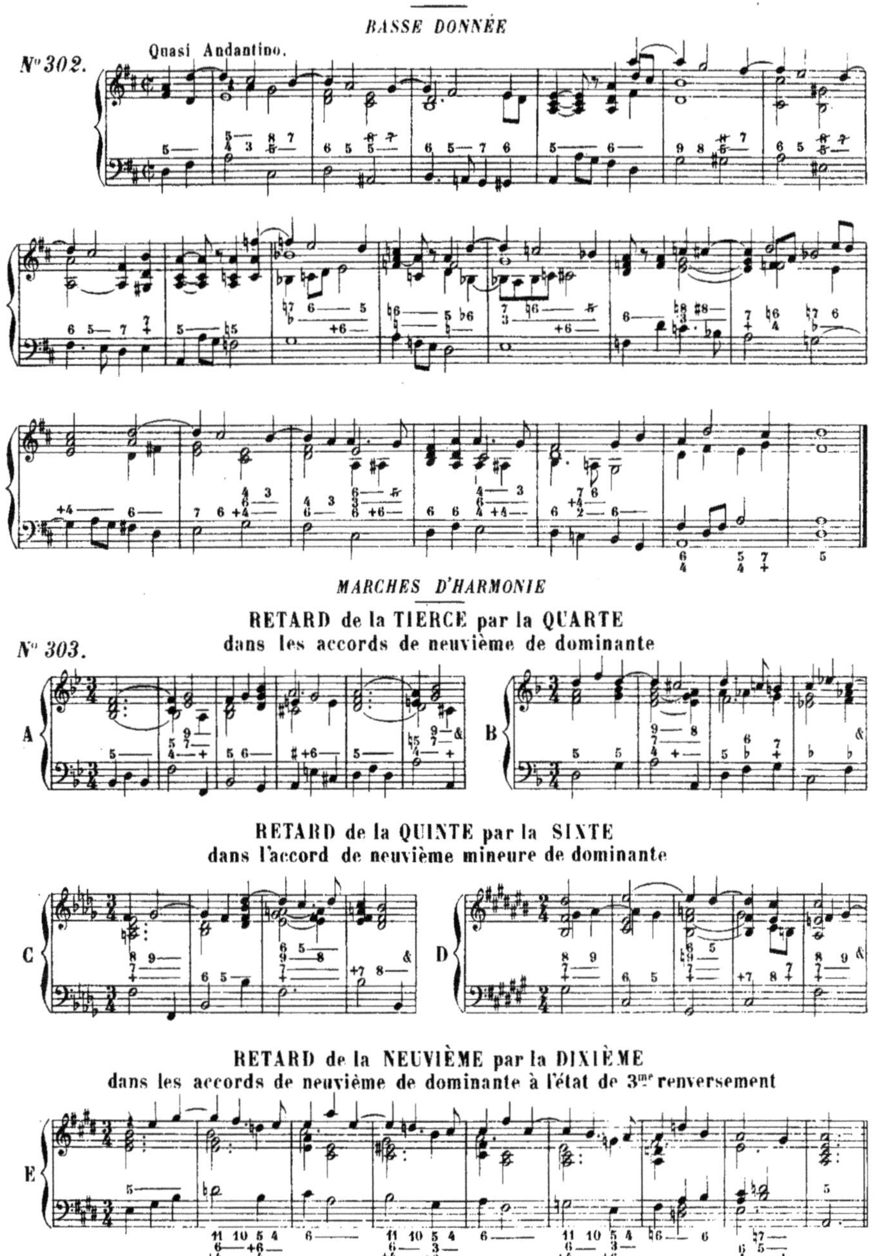

RETARDS DIVERS
dans les accords de neuvième de dominante et leurs renversements

CHANT DONNÉ

N° 304. Mouvement de Valse.

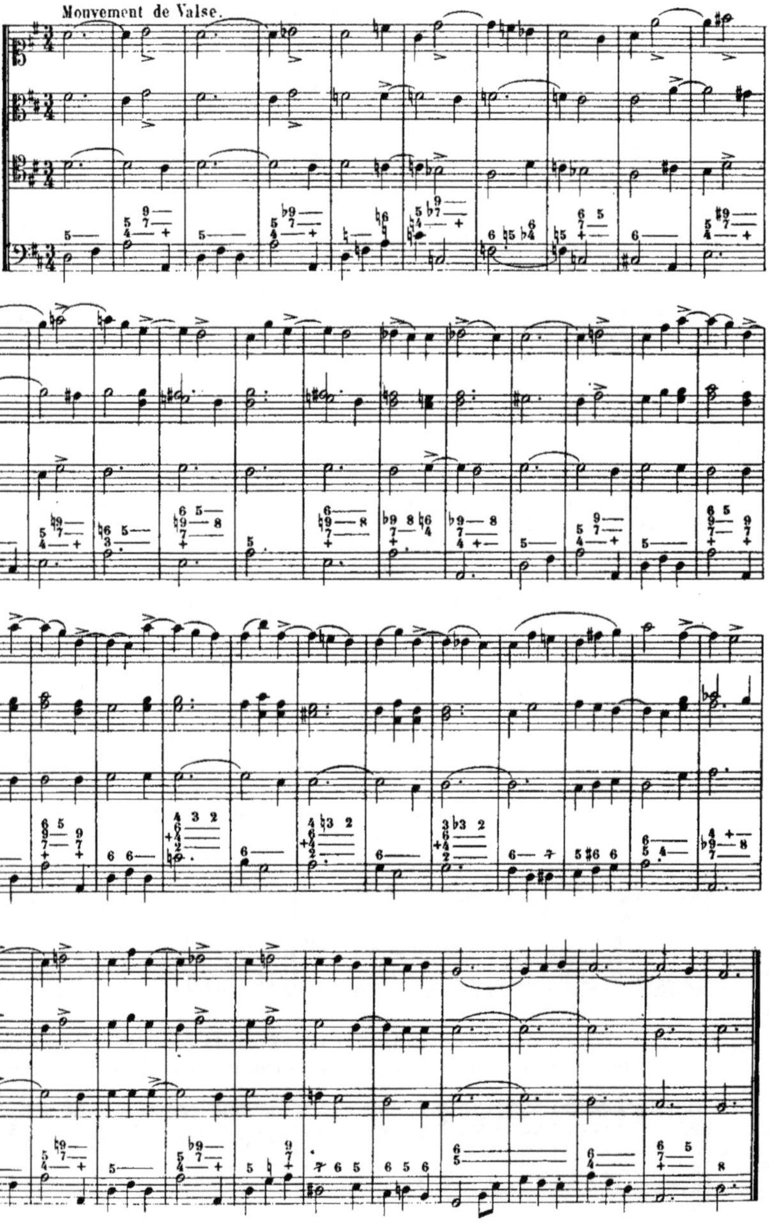

RETARD de la TIERCE par la QUARTE dans les accords de septième du 2d degré des deux modes et leurs renversements.

BASSE et CHANTS ALTERNÉS

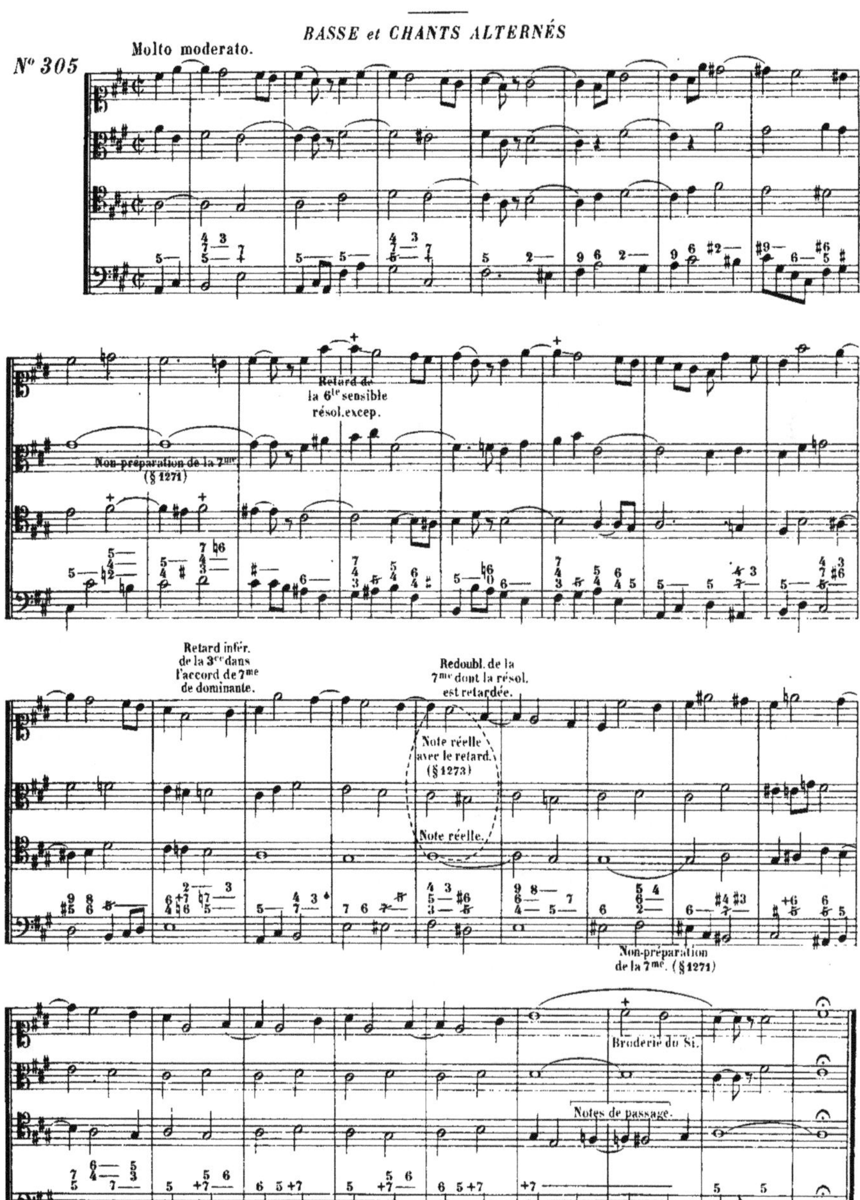

RETARD de la TIERCE par la QUARTE
dans les accords de septième par prolongation et leurs renversements.

BASSE DONNÉE

N° 306.

Allegro moderato.

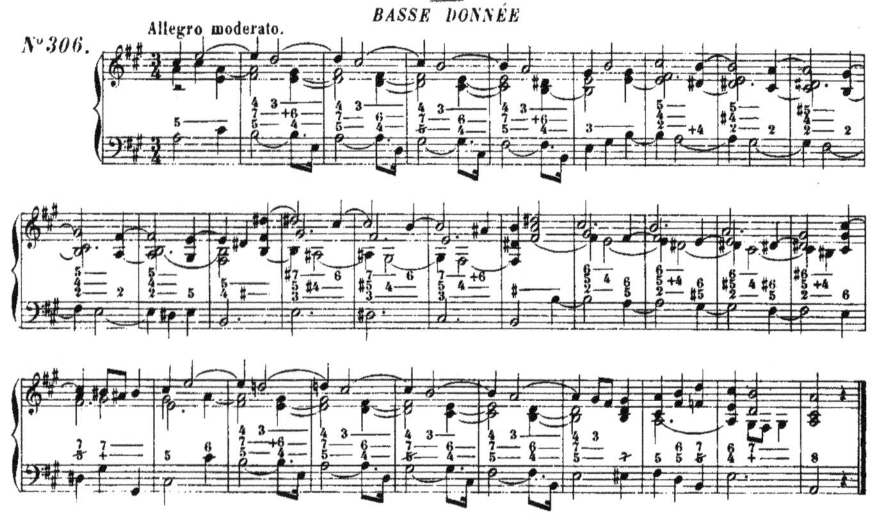

NOTES de PASSAGE et BRODERIES
appliquées aux retards.

BASSE DONNÉE

N° 307.

Molto moderato.

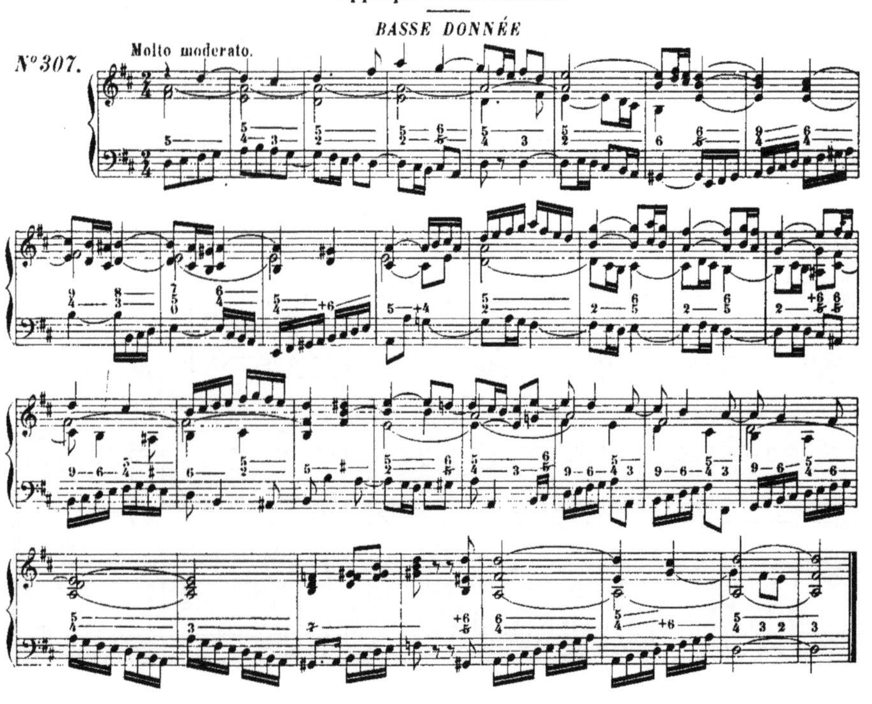

CHANT DONNÉ

Nº 308. Allegretto.

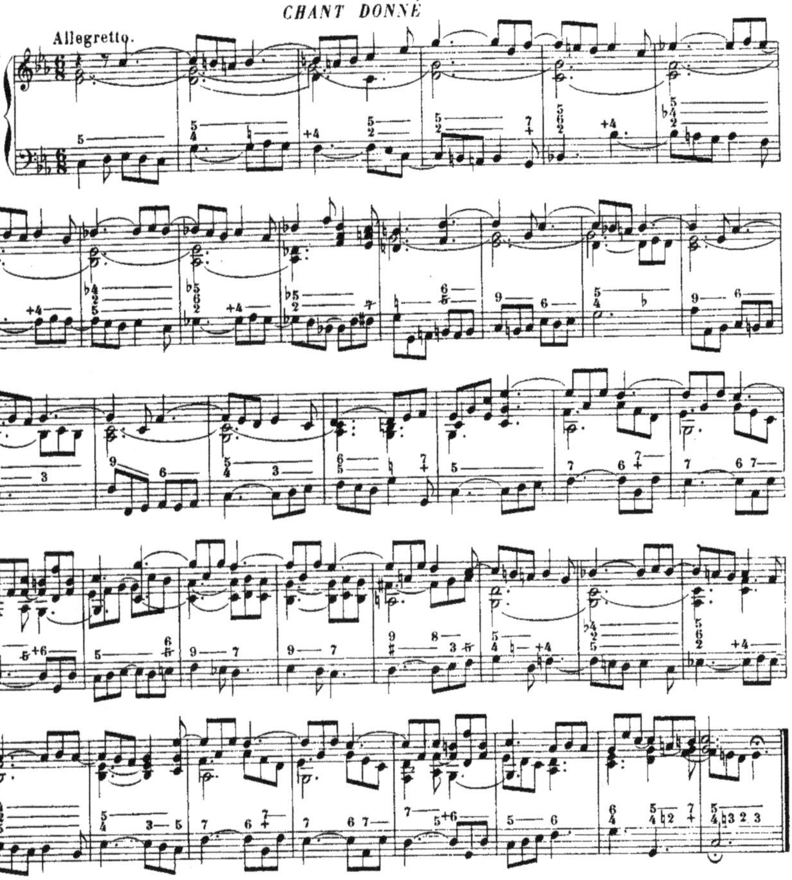

MARCHES D'HARMONIE

ALTÉRATION ASCENDANTE de la QUINTE
dans l'accord parfait majeur et ses renversements.

Nº 309.

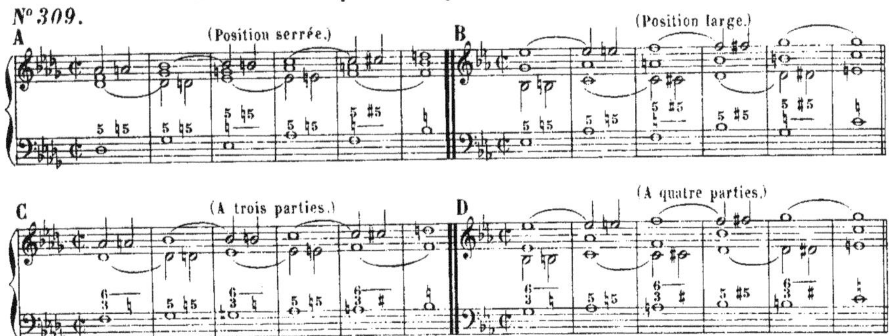

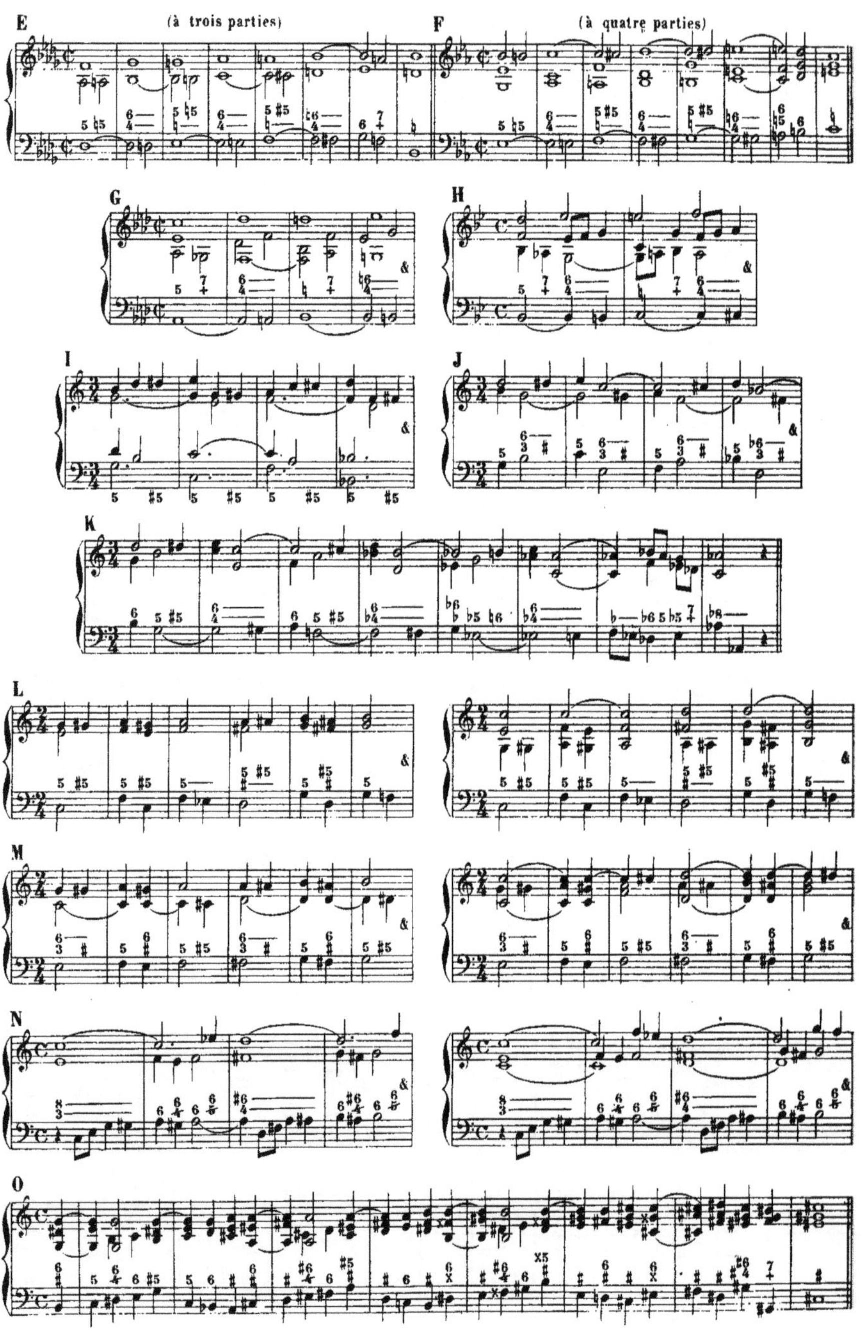
E
(à trois parties)
F
(à quatre parties)
G
H
I
J
K
L
M
N
O

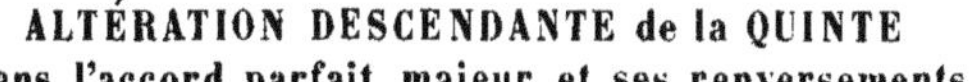

ALTÉRATION DESCENDANTE de la QUINTE dans l'accord parfait majeur et ses renversements.

N° 310.

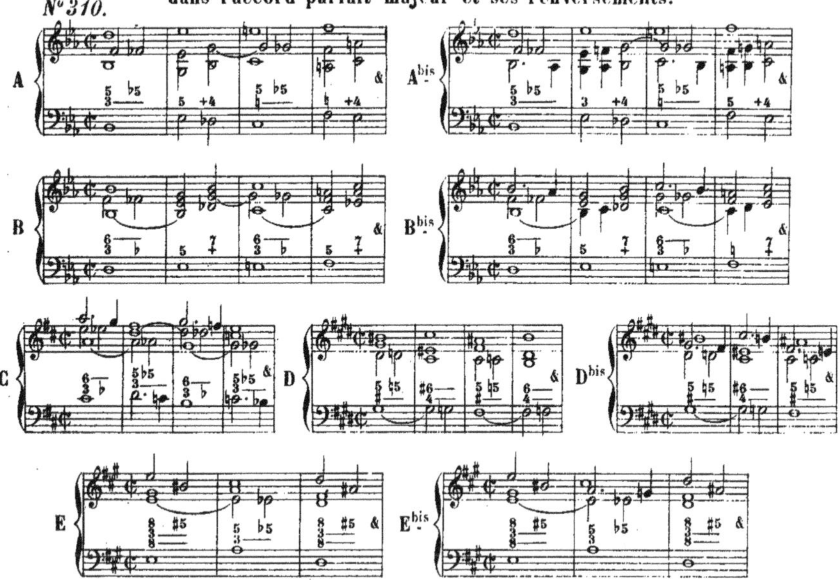

ALTÉRATIONS ASCENDANTE et DESCENDANTE de la QUINTE dans l'accord parfait majeur et ses renversements.

BASSE DONNÉE

N° 311.

Moderato.

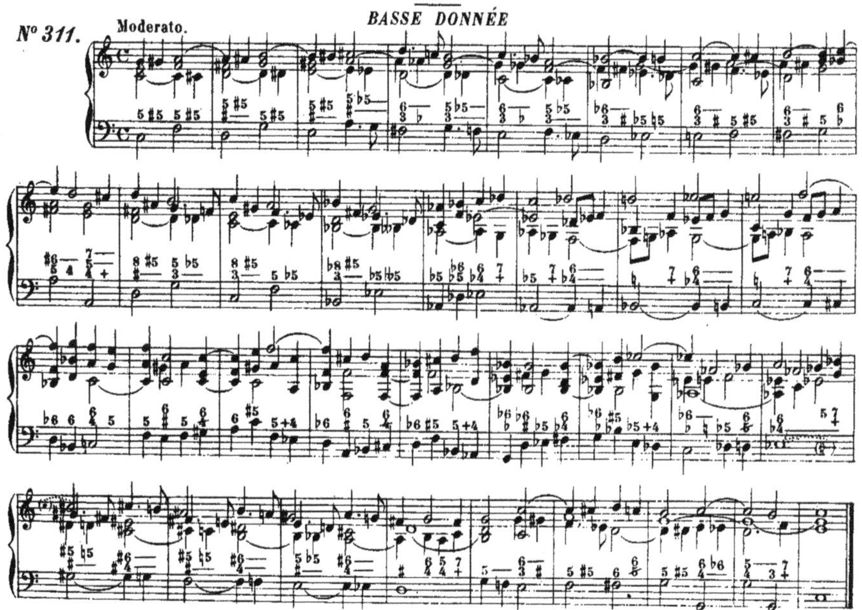

ALTÉRATION ASCENDANTE de la QUINTE dans l'accord parfait majeur et son premier renversement.

CHANT DONNÉ

N° 312.

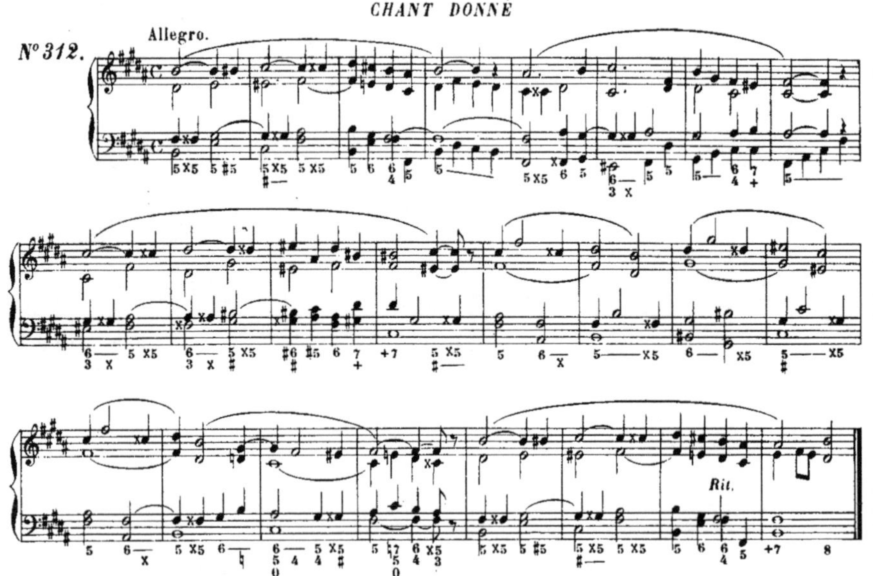

ALTÉRATION ASCENDANTE de la TIERCE dans l'accord parfait majeur et ses renversements et accord de quinte augmentée *(3me degré du mode mineur)*

MARCHES D'HARMONIE

N° 313.

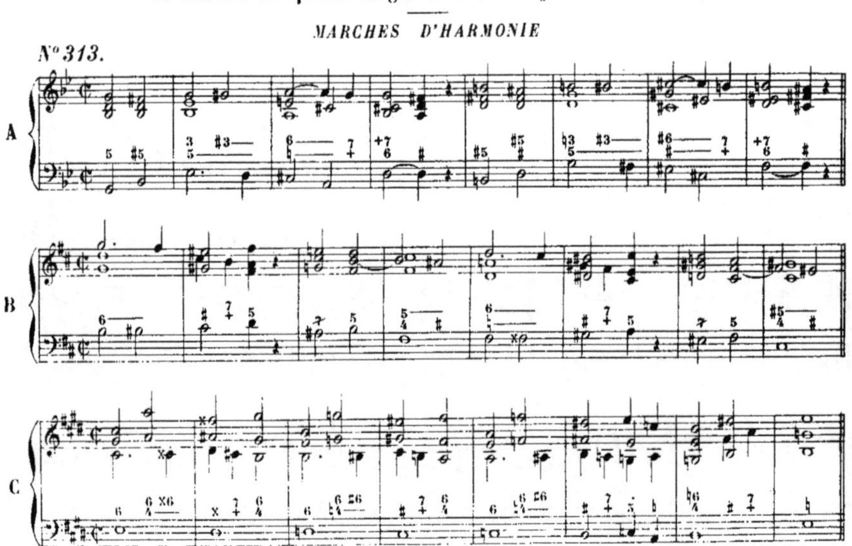

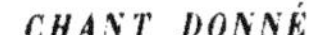

N° 314.

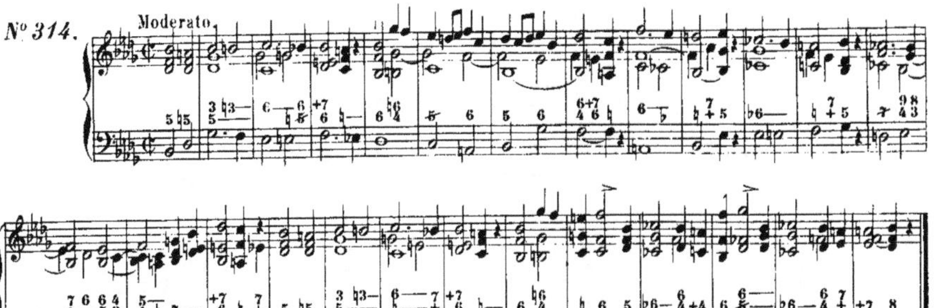

ALTÉRATION ASCENDANTE de l'OCTAVE dans l'accord parfait majeur.

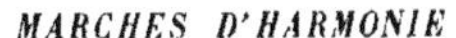

N° 315.

A

A bis

B

B bis

C

C bis

D

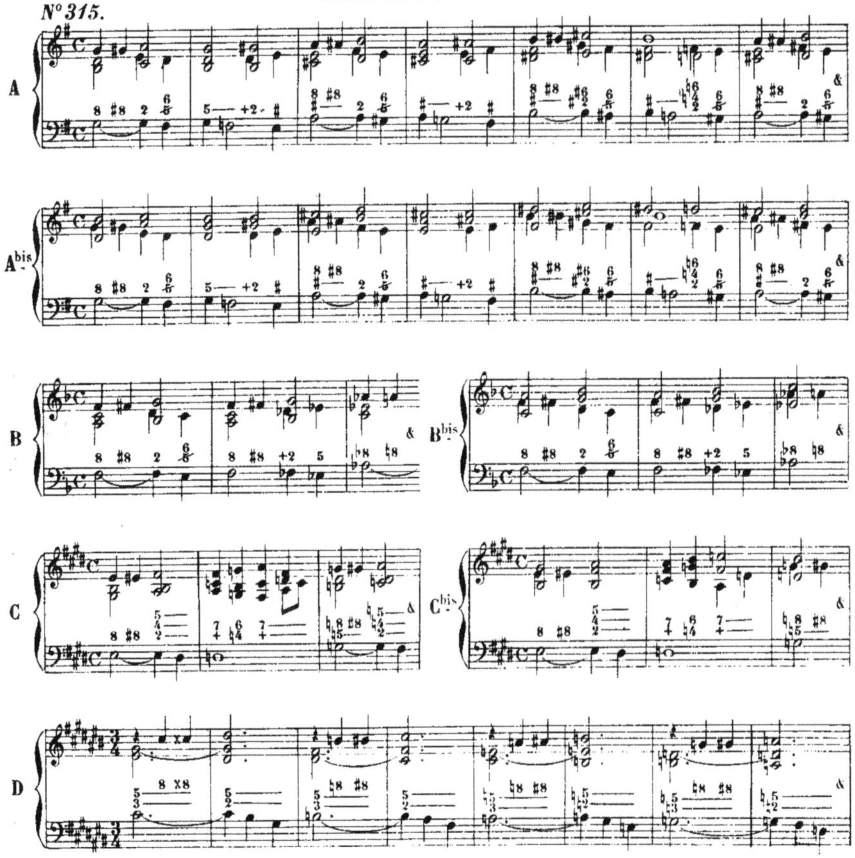

ALTÉRATION ASCENDANTE de l'OCTAVE dans l'accord parfait majeur.

BASSE DONNÉE

N° 316.

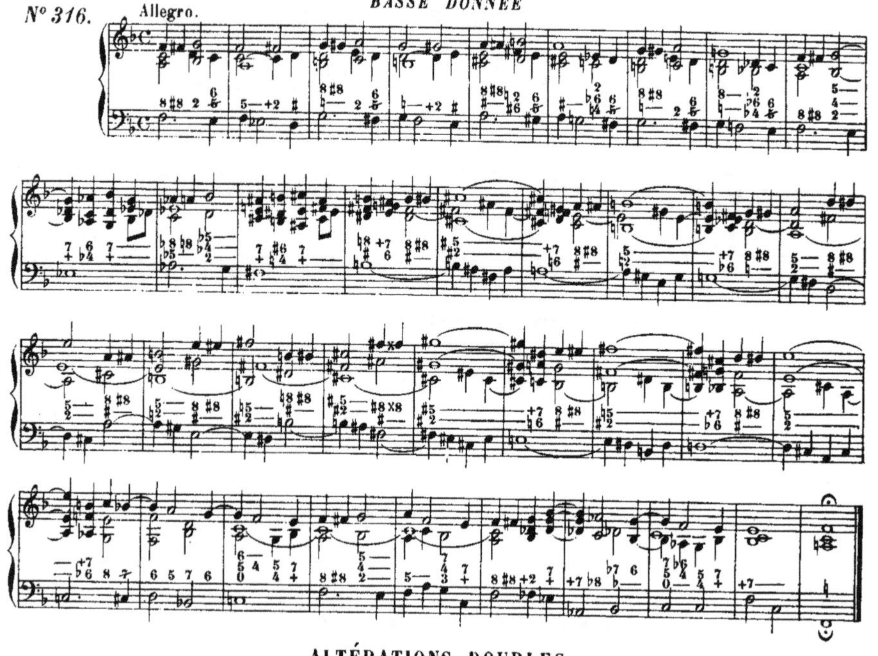

ALTÉRATIONS DOUBLES dans l'accord parfait majeur et ses renversements.

MARCHES D'HARMONIE

ALTÉRATION ASCENDANTE de la FONDAMENTALE et ALTÉRATION DESCENDANTE de la TIERCE

N° 317.

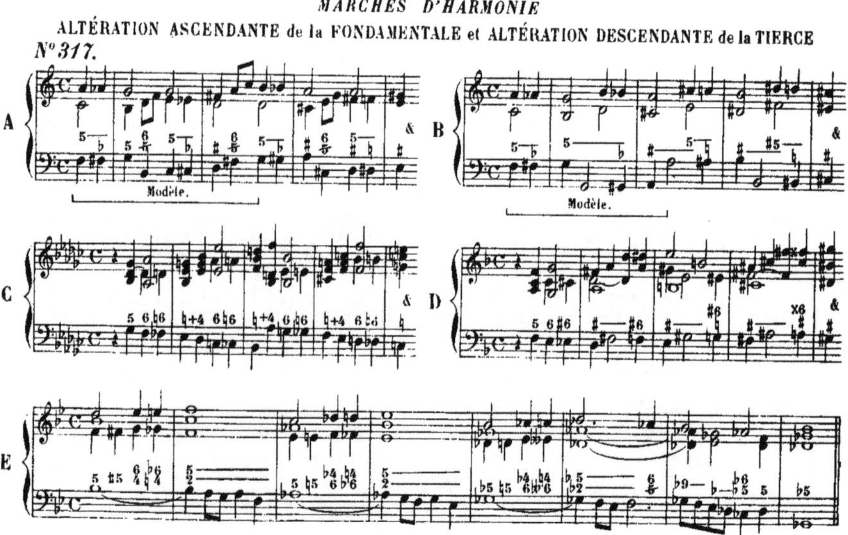

F

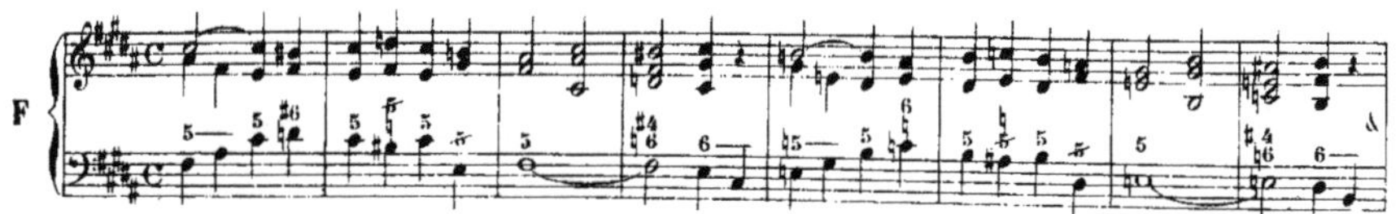

ALTÉRATIONS ASCENDANTES de la TIERCE et de la QUINTE dans l'accord parfait majeur et ses renversements.

BASSES DONNÉES CHIFFRÉES

Nº 318. Moderato.

Mode majeur.

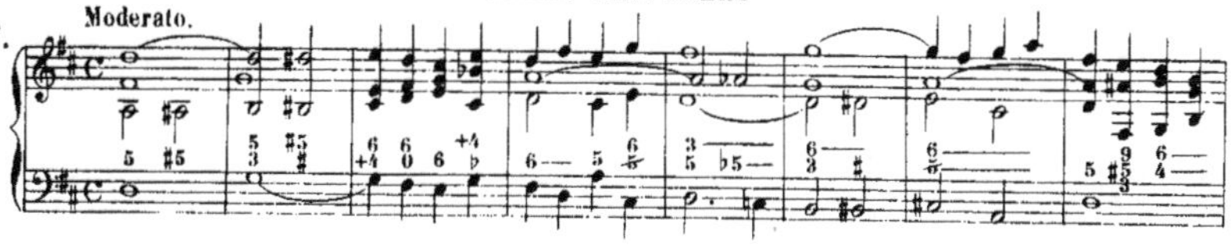

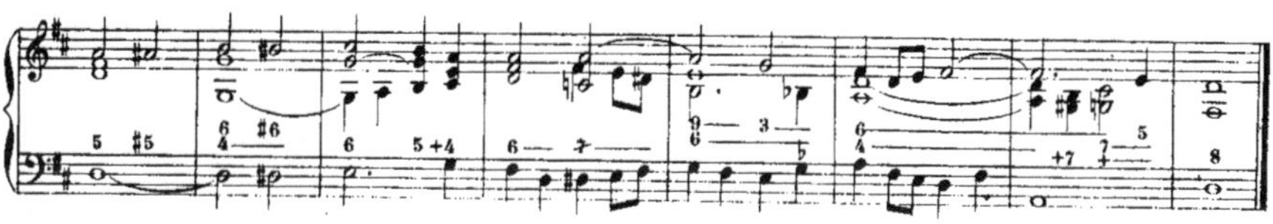

Nº 319.

Mode mineur.

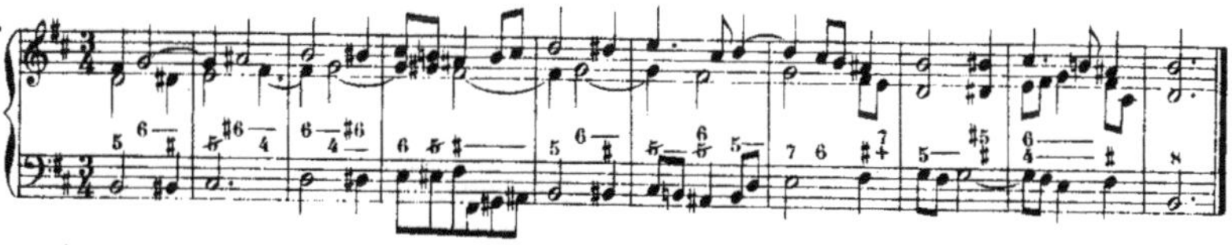

ALTÉRATION DESCENDANTE de la TIERCE et ALTÉRATION ASCENDANTE de la QUINTE

Nº 320.

A

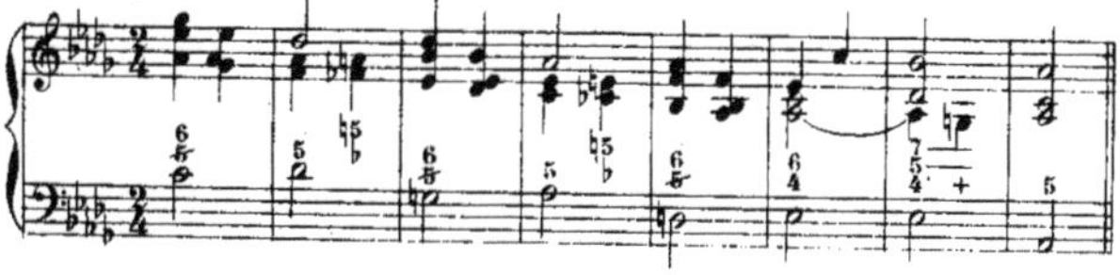

B

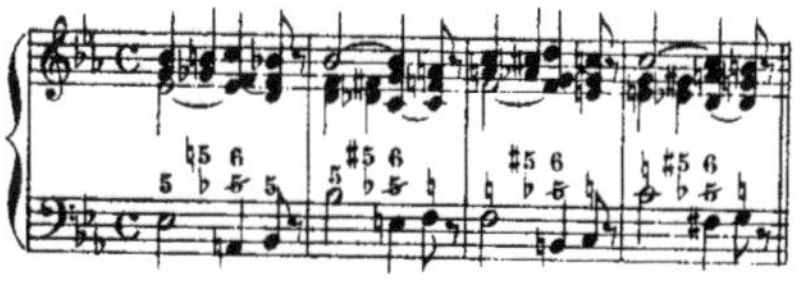

C

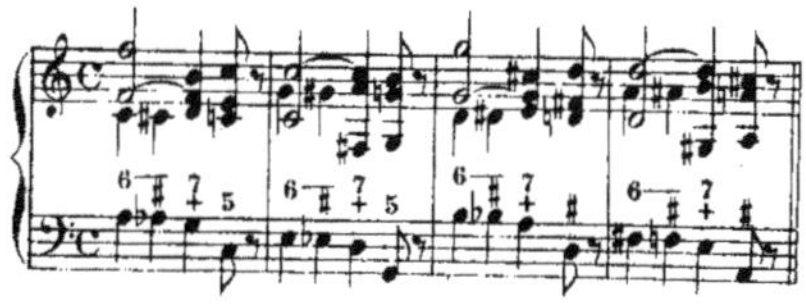

ALTÉRATION DESCENDANTE de la TIERCE et ALTÉRATION ASCENDANTE de l'OCTAVE

Nº 321.

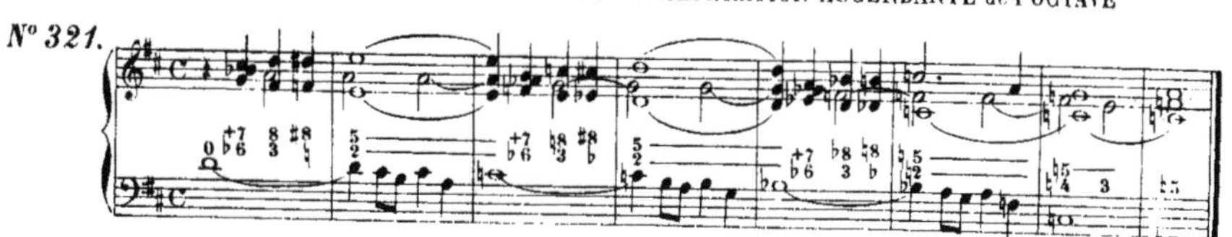

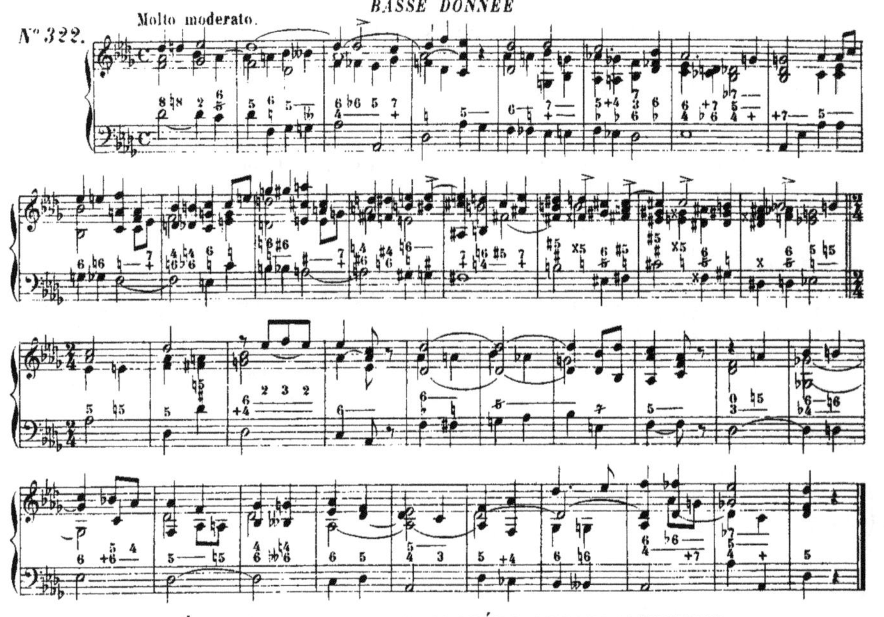

ALTÉRATIONS DOUBLES ATTAQUÉES SUCCESSIVEMENT
et résolution retardée de l'altération descendante de la tierce dans l'accord parfait majeur et ses renversements.

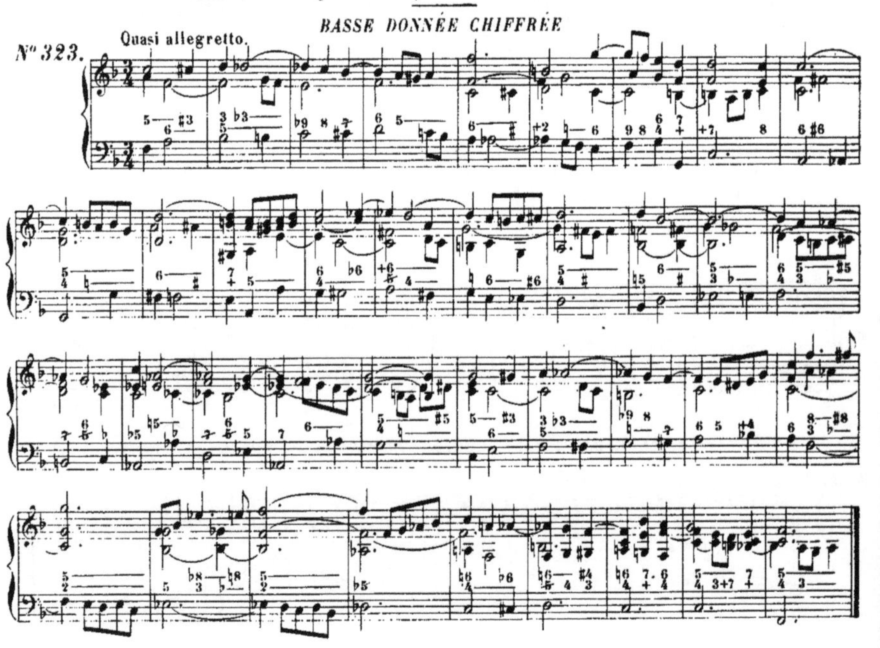

ACCORD PARFAIT MINEUR

ALTÉRATION ASCENDANTE de la FONDAMENTALE

N° 324.

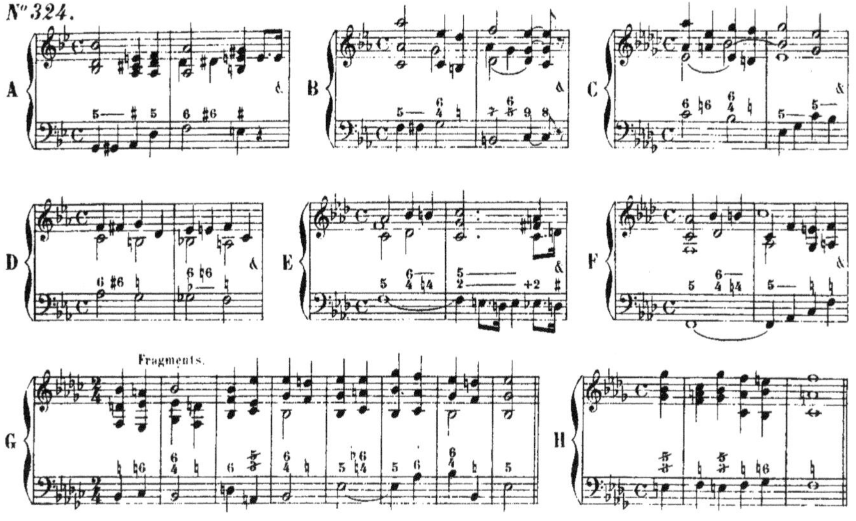

ALTÉRATION ASCENDANTE de la QUINTE

N° 325.

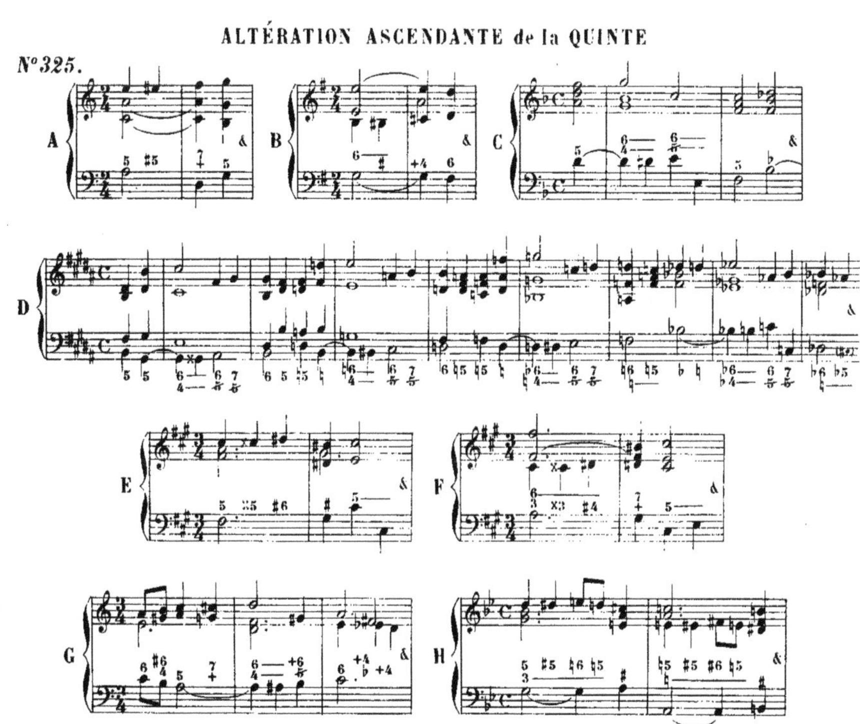

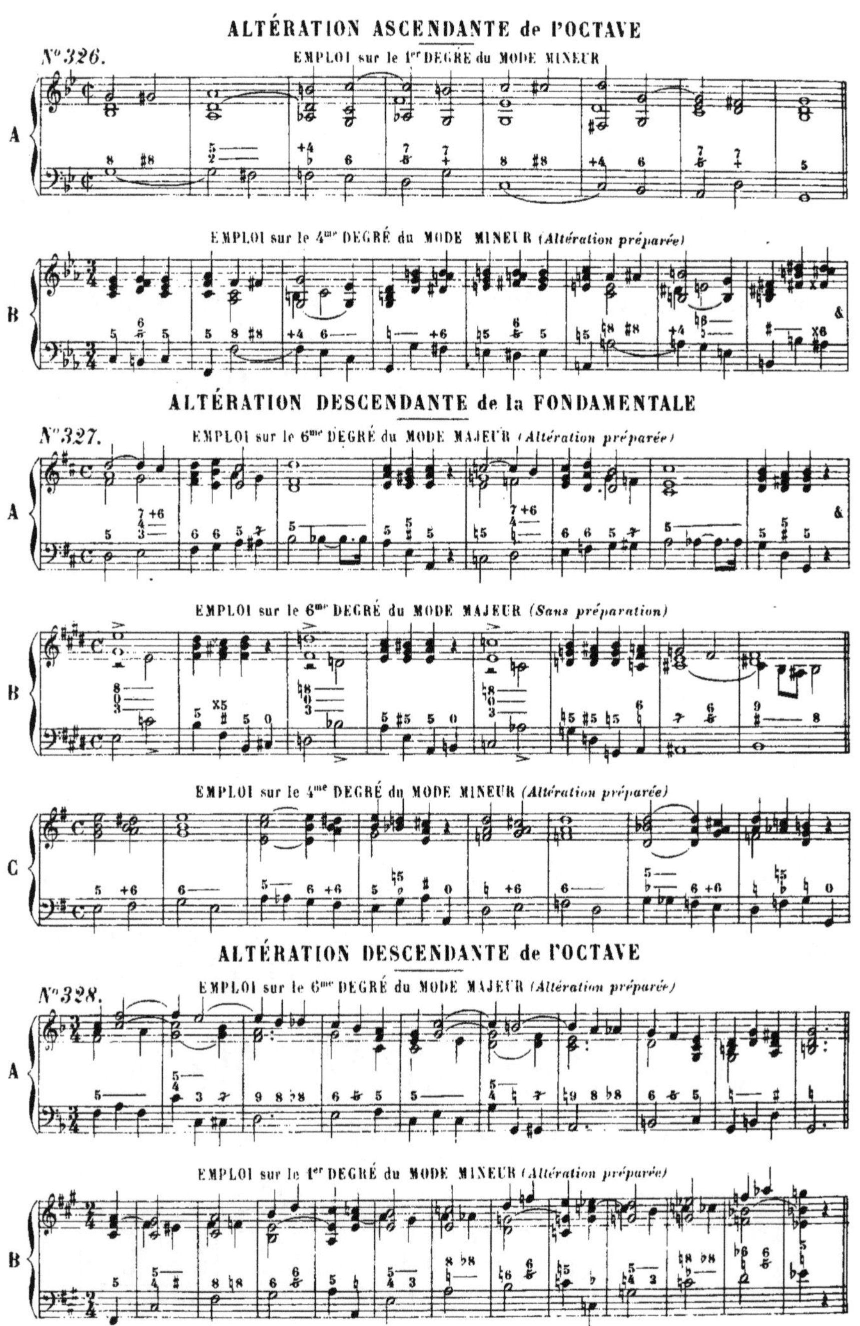
ALTÉRATION ASCENDANTE de l'OCTAVE
N° 326.
EMPLOI sur le 1er DEGRÉ du MODE MINEUR
A
EMPLOI sur le 4me DEGRÉ du MODE MINEUR (Altération préparée)
B
ALTÉRATION DESCENDANTE de la FONDAMENTALE
N° 327.
EMPLOI sur le 6me DEGRÉ du MODE MAJEUR (Altération préparée)
A
EMPLOI sur le 6me DEGRÉ du MODE MAJEUR (Sans préparation)
B
EMPLOI sur le 4me DEGRÉ du MODE MINEUR (Altération préparée)
C
ALTÉRATION DESCENDANTE de l'OCTAVE
N° 328.
EMPLOI sur le 6me DEGRÉ du MODE MAJEUR (Altération préparée)
A
EMPLOI sur le 1er DEGRÉ du MODE MINEUR (Altération préparée)
B

ALTÉRATIONS SIMPLES dans l'ACCORD PARFAIT MINEUR

BASSE ET CHANT ALTERNÉS

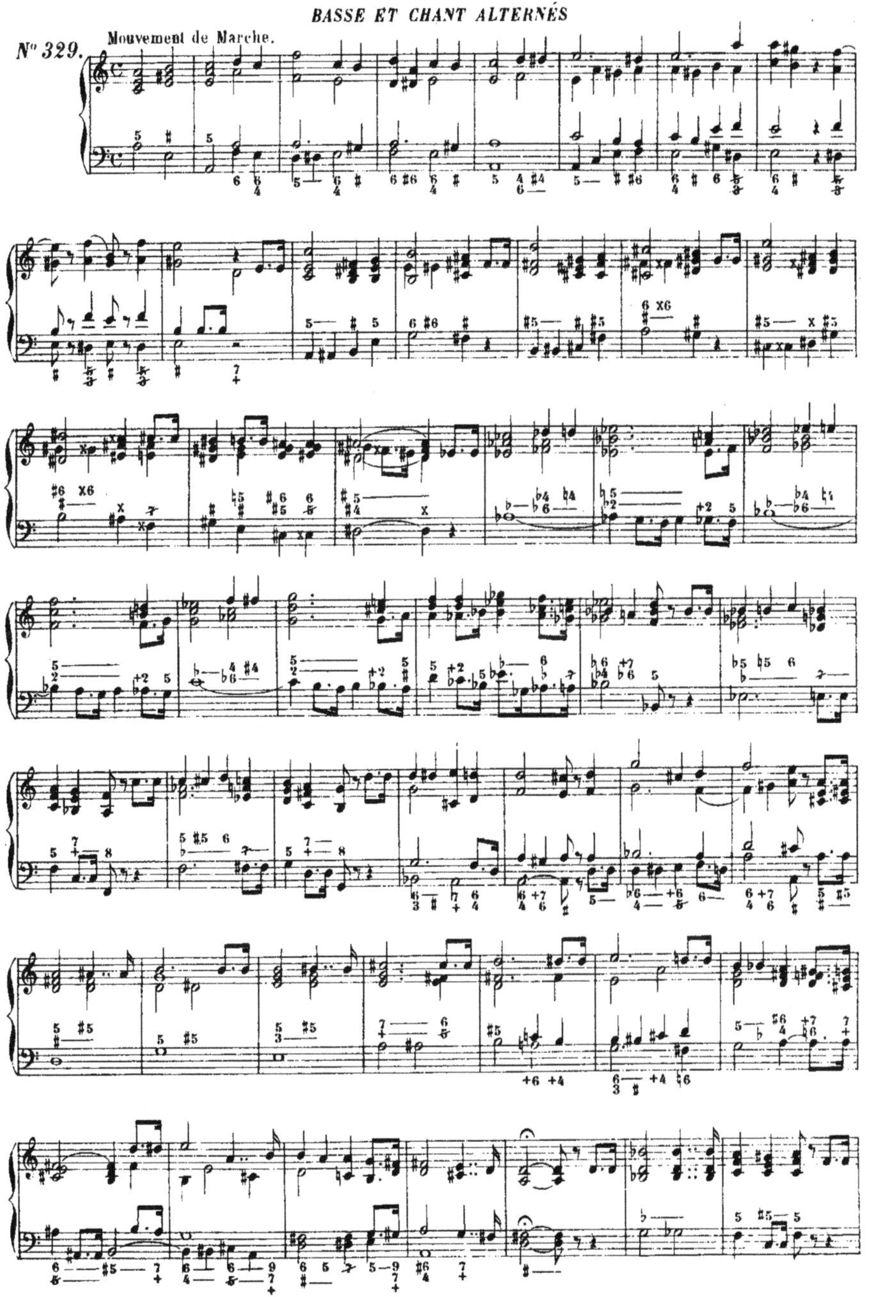

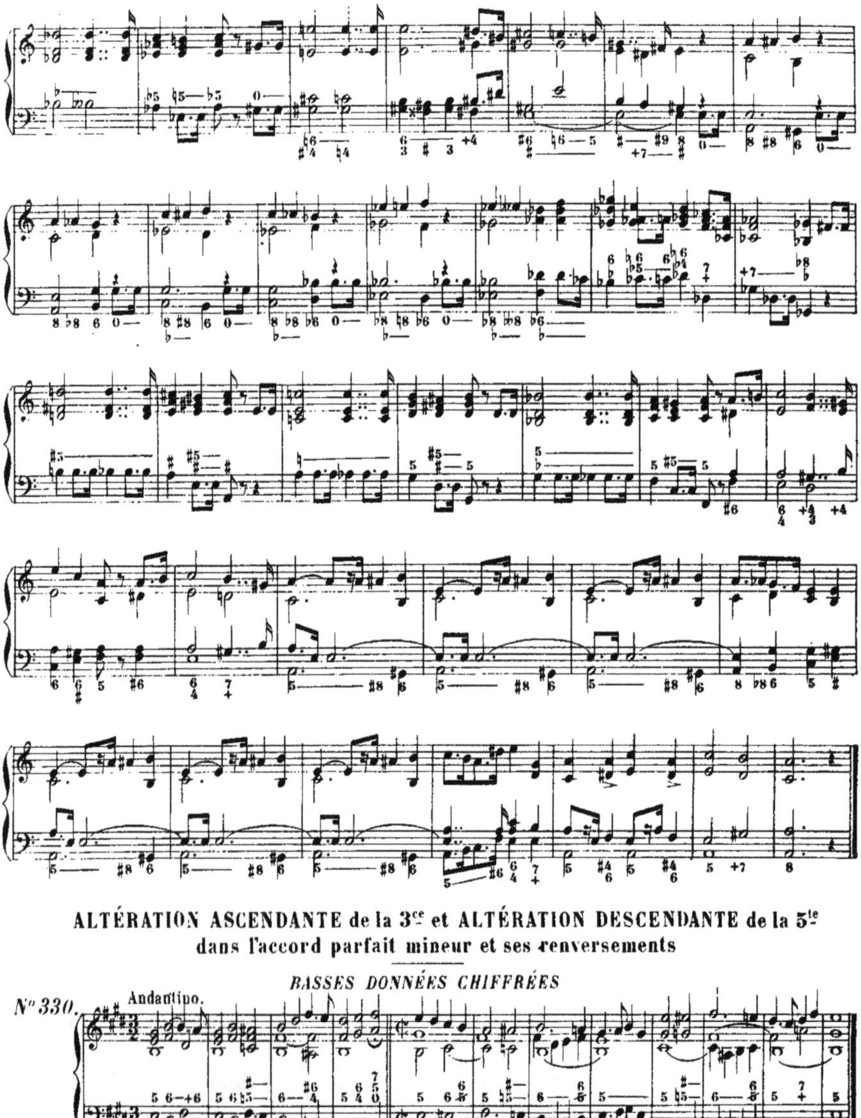

ALTÉRATION ASCENDANTE de la 3ce et ALTÉRATION DESCENDANTE de la 5te dans l'accord parfait mineur et ses renversements

BASSES DONNÉES CHIFFRÉES

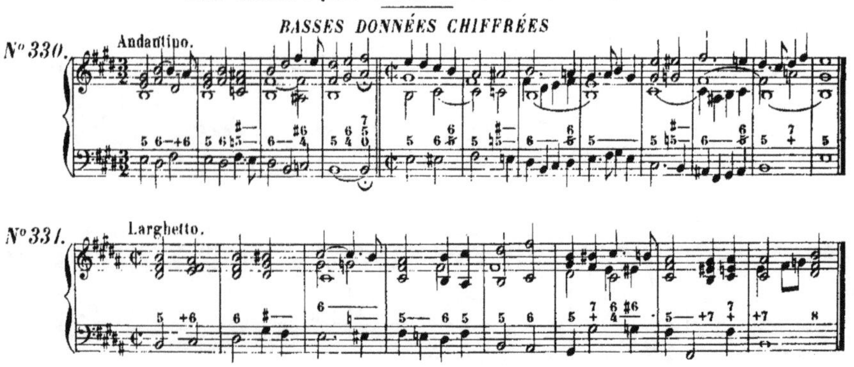

ALTÉRATIONS ASCENDANTES de la TIERCE et de la QUINTE dans l'accord parfait mineur et ses renversements.

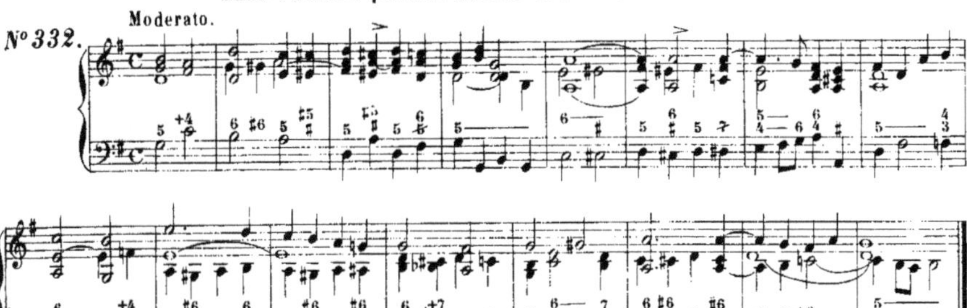

ALTÉRATION ASCENDANTE de l'8ve et ALTÉRATION DESCENDANTE de la BASSE dans l'accord parfait mineur.

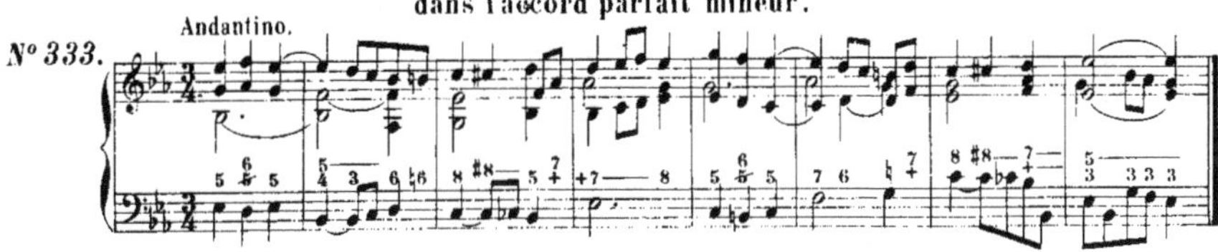

ACCORD PARFAIT MINEUR

ALTÉRATIONS DOUBLES

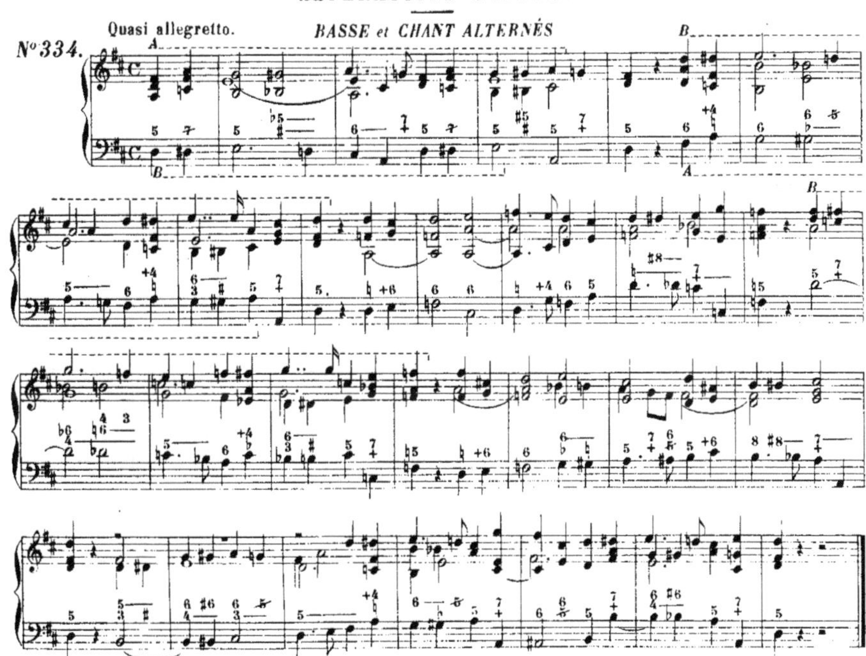

DIVERSES ALTÉRATIONS dans l'ACCORD de QUINTE DIMINUÉE et ses renversements.

BASSE DONNÉE CHIFFRÉE

Nº 335.

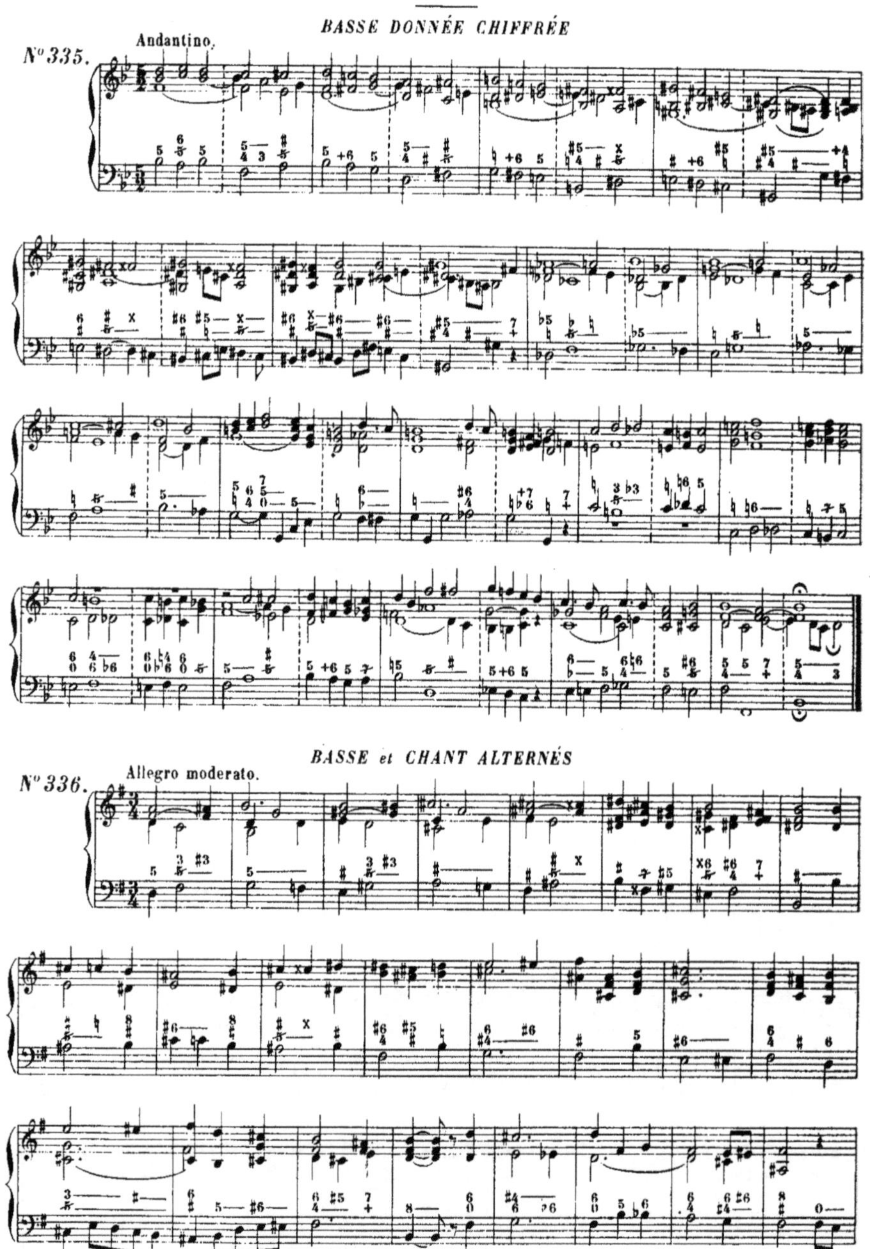

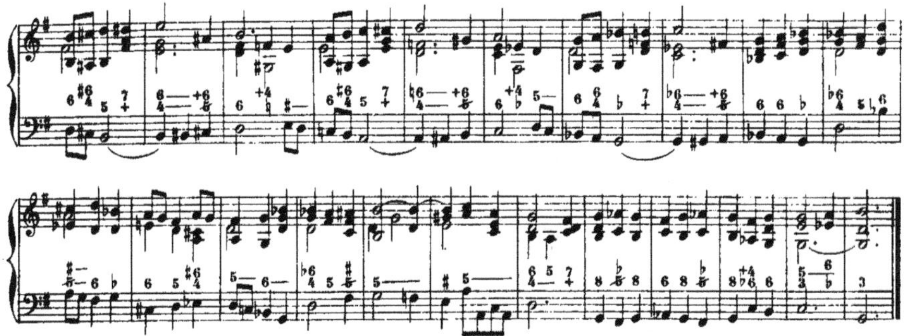

MARCHES D'HARMONIE

ACCORD de SEPTIÈME de DOMINANTE

ALTÉRATION ASCENDANTE de la QUINTE

N° 337.

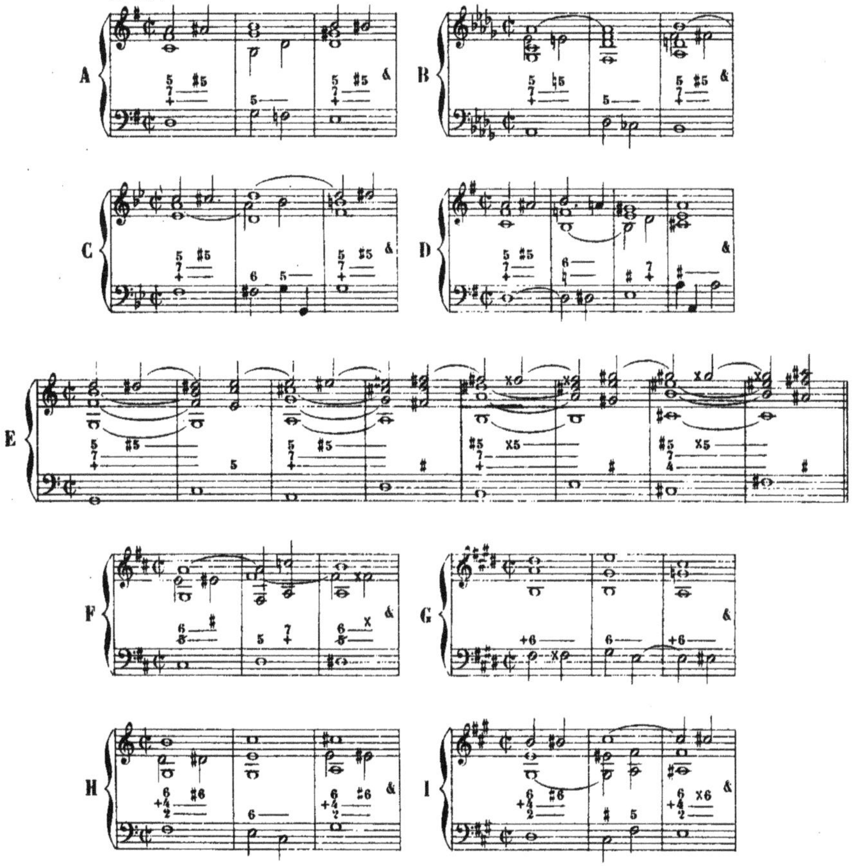

A

B

C

D

E

F

G

H

I

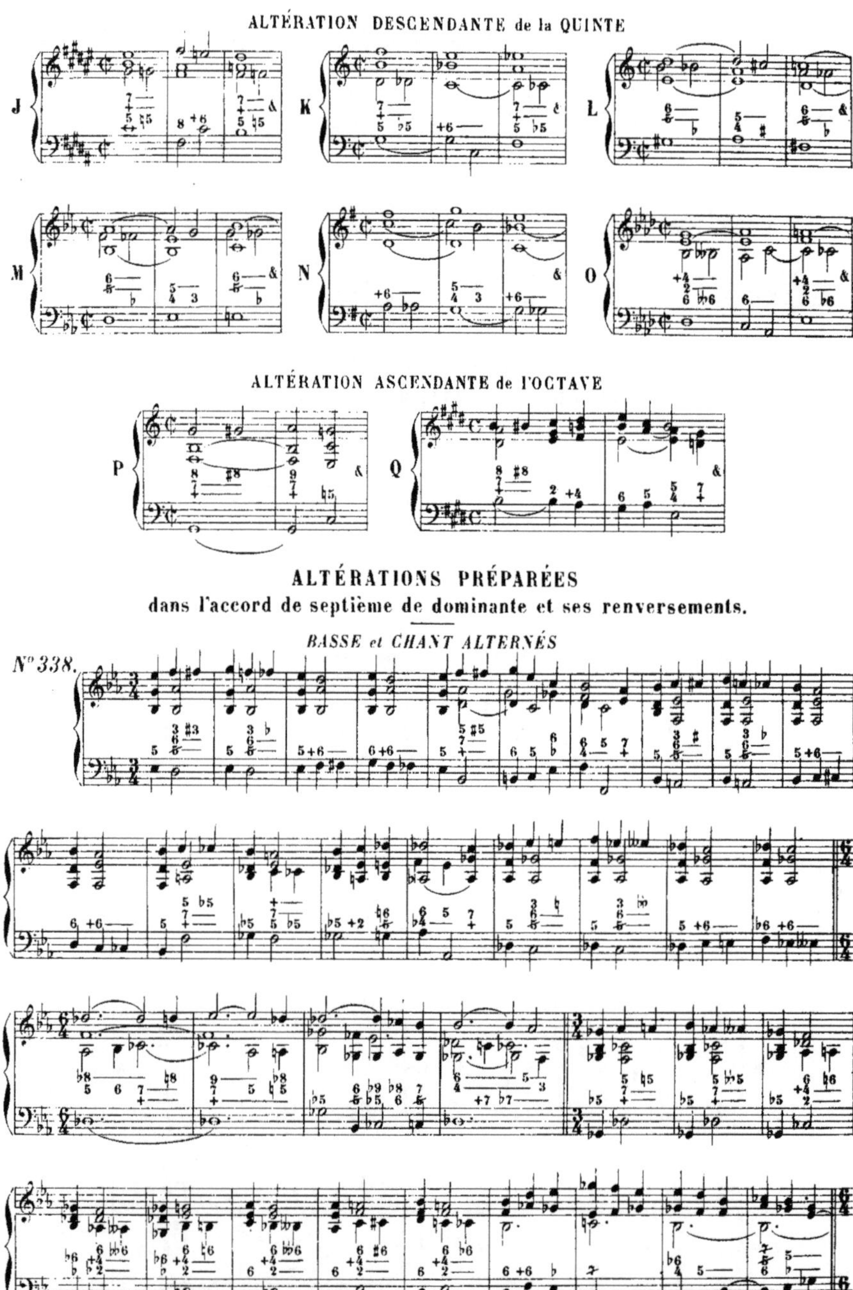
ALTÉRATION DESCENDANTE de la QUINTE
J
K
L
M
N
O
ALTÉRATION ASCENDANTE de l'OCTAVE
P
Q
ALTÉRATIONS PRÉPARÉES
dans l'accord de septième de dominante et ses renversements.
BASSE et CHANT ALTERNÉS
N° 338.

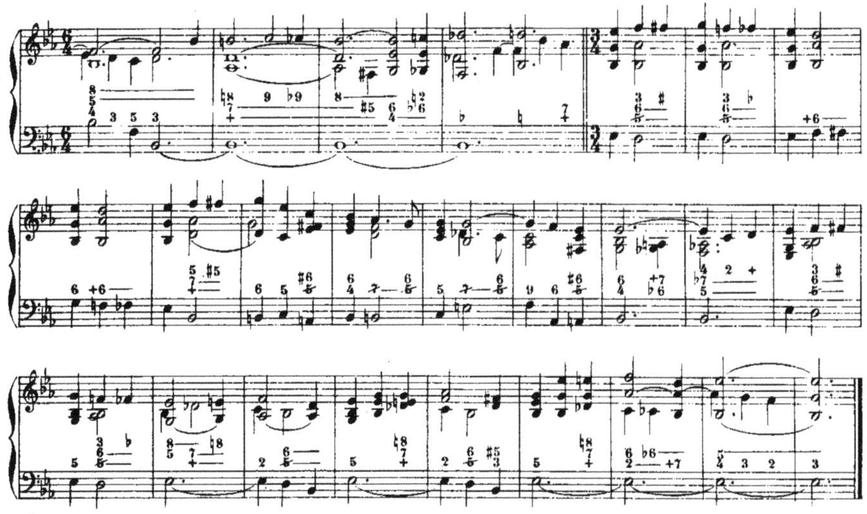

ALTÉRATIONS NON-PRÉPARÉES
dans l'accord de septième de dominante et ses renversements.

CHANT DONNÉ

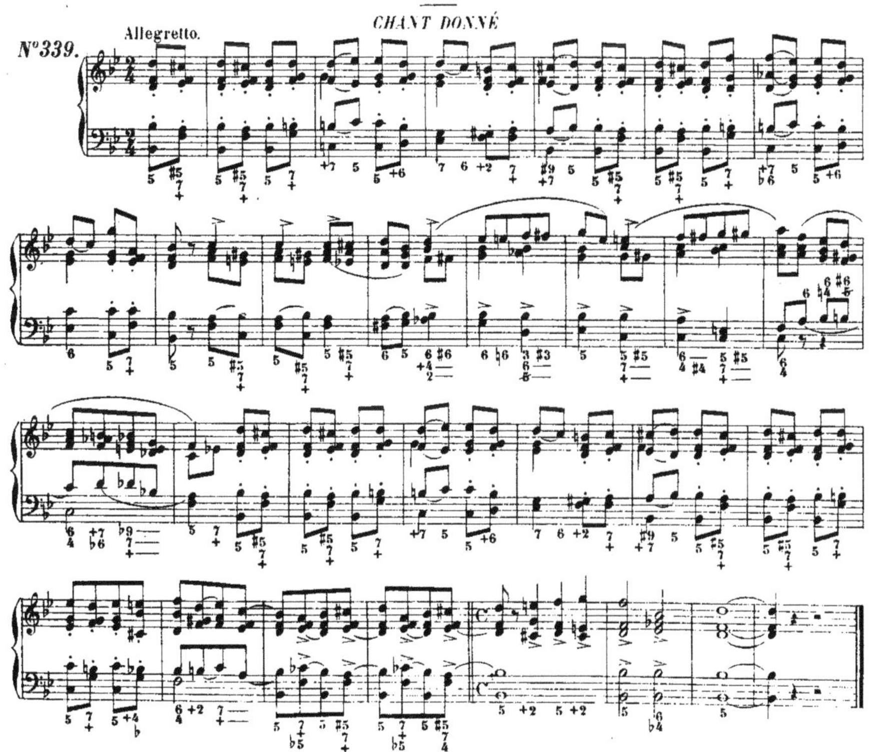

ALTÉRATIONS DOUBLES
dans l'accord de septième de dominante et ses renversements.

BASSE DONNÉE

N° 340.

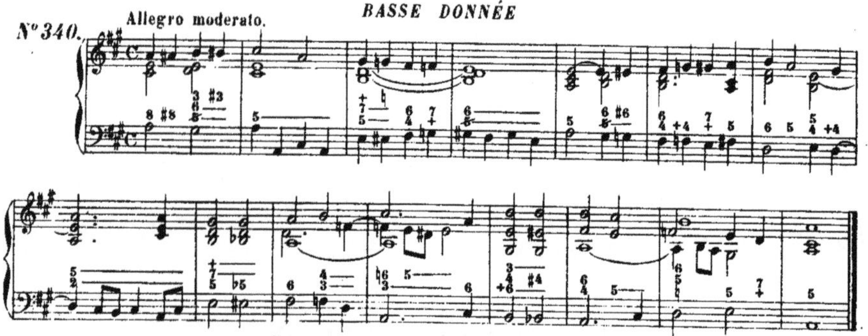

ALTÉRATION ASCENDANTE de la TIERCE
dans l'accord de septième de sensible et ses renversements.

MARCHES D'HARMONIE

N° 341.

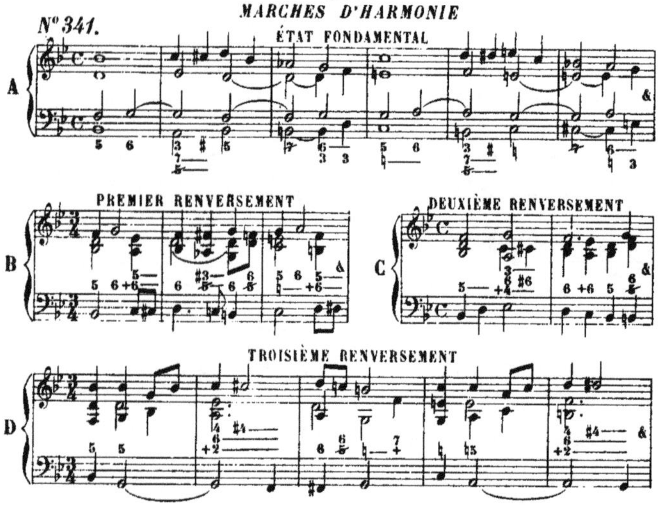

ÉTAT FONDAMENTAL

A

PREMIER RENVERSEMENT

B

DEUXIÈME RENVERSEMENT

C

TROISIÈME RENVERSEMENT

D

BASSE DONNÉE

N° 342.

Molto moderato.

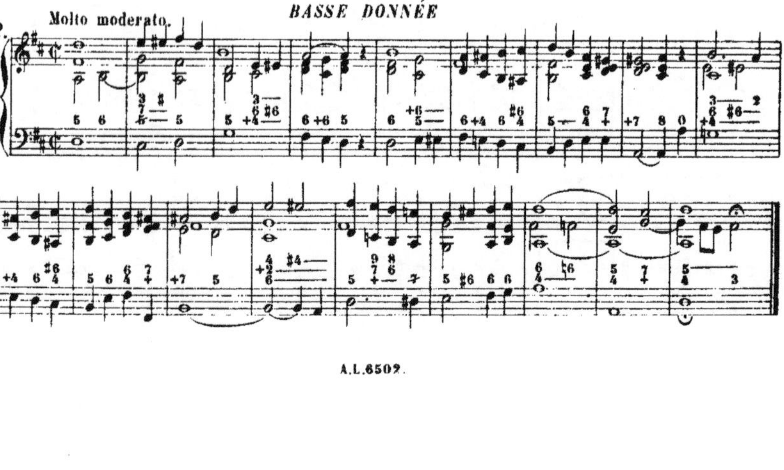

ALTÉRATION DESCENDANTE de la TIERCE
dans l'accord de septième de sensible et ses renversements.

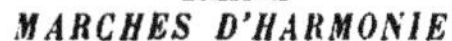

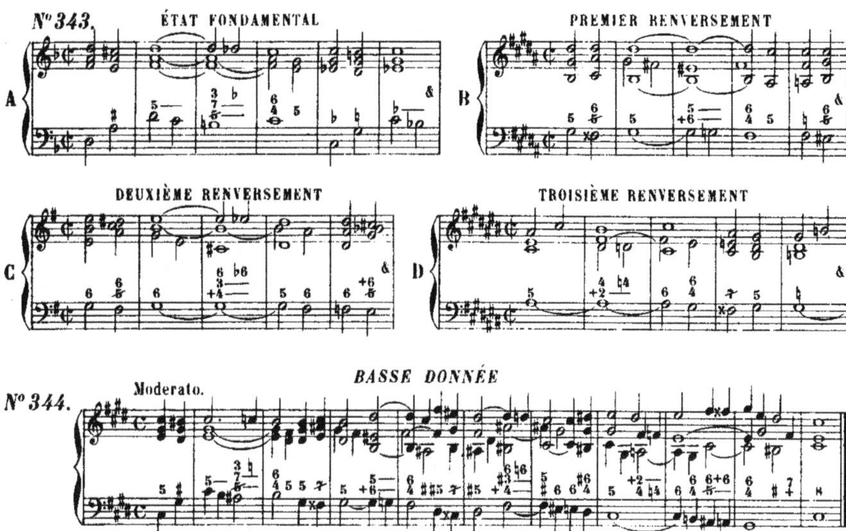

ALTÉRATIONS DESCENDANTES SIMULTANÉES de la TIERCE et de la SEPTIÈME
dans l'accord de septième de sensible et son deuxième renversement.

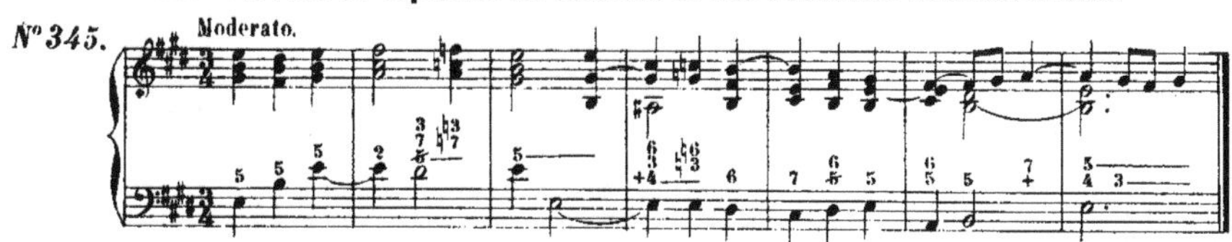

ALTÉRATION DESCENDANTE de la TIERCE
dans l'accord de septième diminuée et ses renversements.

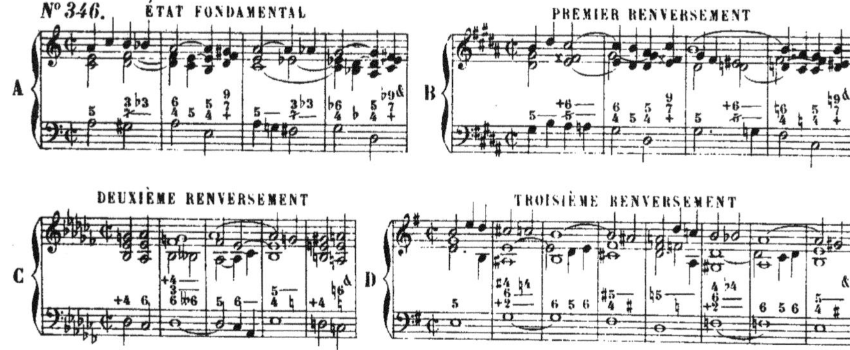

BASSE DONNÉE

N° 347.

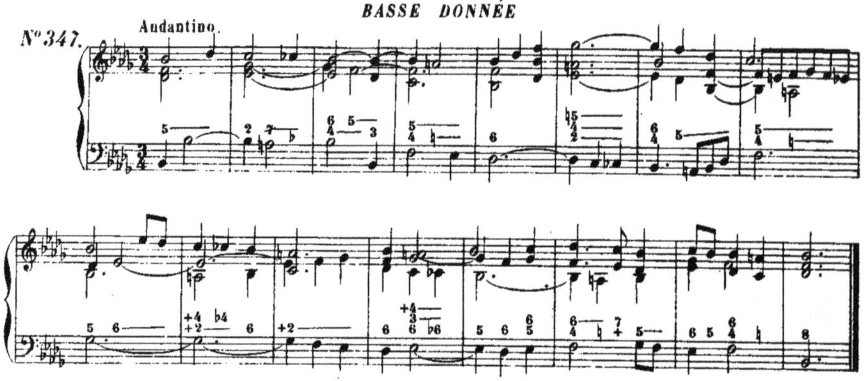

ALTÉRATION ASCENDANTE de la TIERCE
dans l'accord de septième diminuée et ses renversements.

MARCHES D'HARMONIE

N° 348.

A &

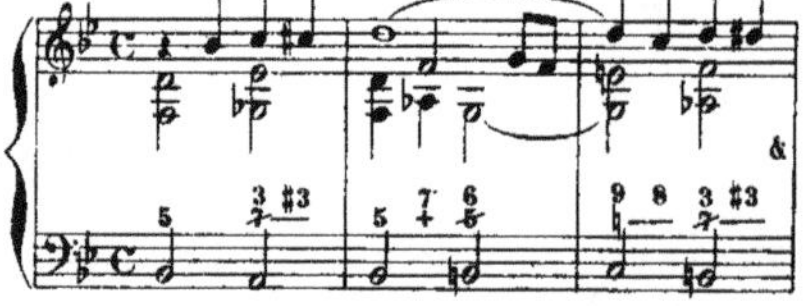

B &

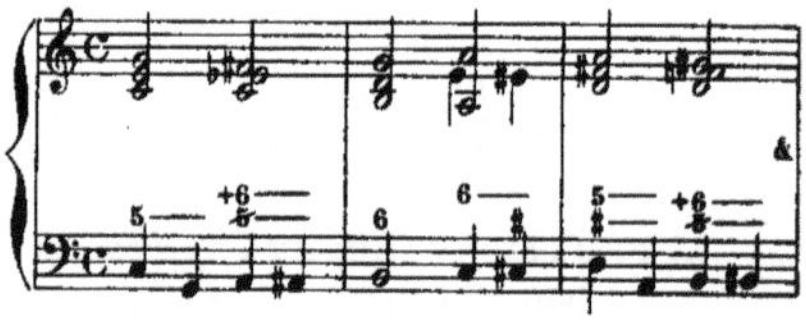

C &

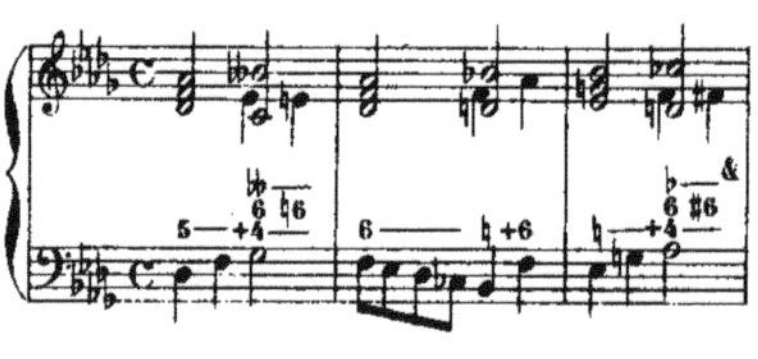

D &

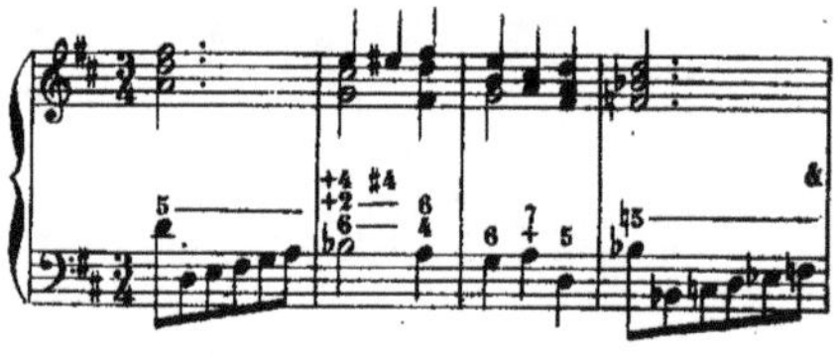

BASSE DONNÉE

N° 349.

Allegro moderato.

Rit.

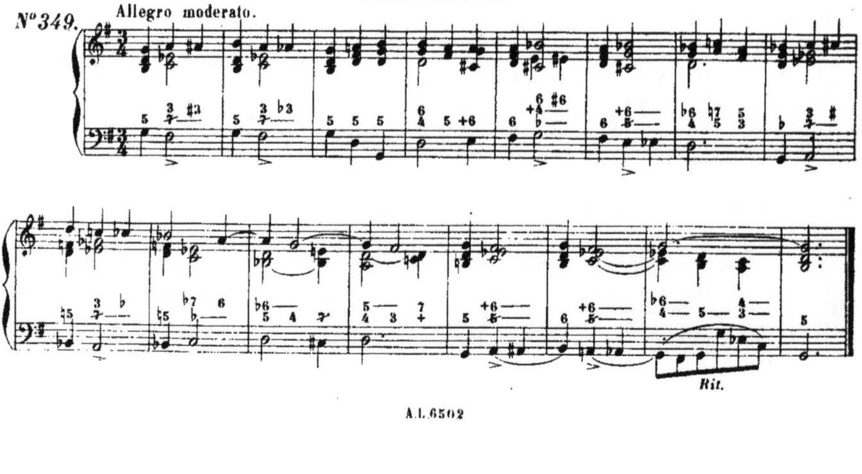

ALTÉRATION ASCENDANTE de la QUINTE
dans l'accord de neuvième majeure de dominante et ses renversements.

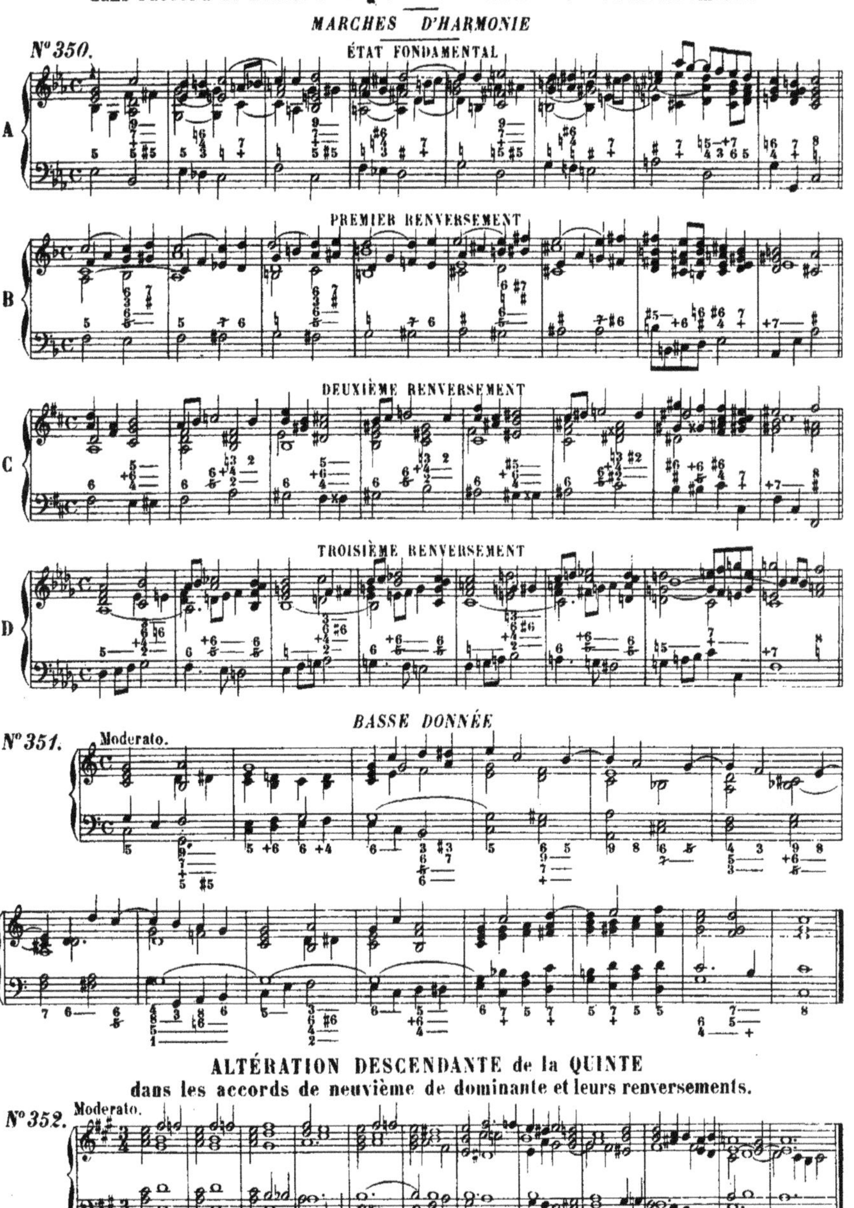

ALTÉRATION DESCENDANTE de la QUINTE
dans les accords de neuvième de dominante et leurs renversements.

Nº 352. Moderato.

ALTÉRATION ASCENDANTE de la FONDAMENTALE dans l'accord de septième du 4me degré du mode mineur.

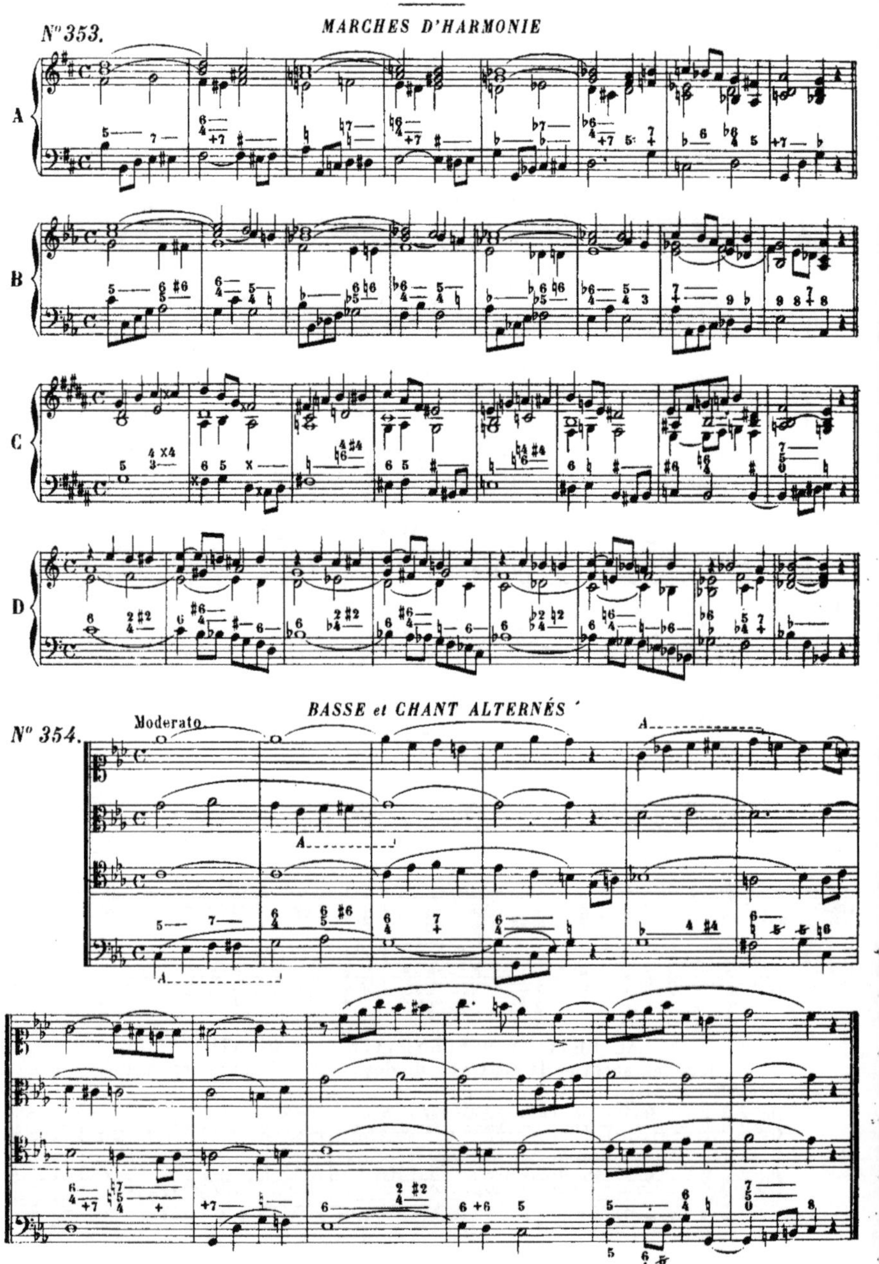

ALTÉRATIONS DIVERSES
dans l'accord de septième mineure et ses renversements.

BASSE DONNÉE

Nº 355. Moderato.

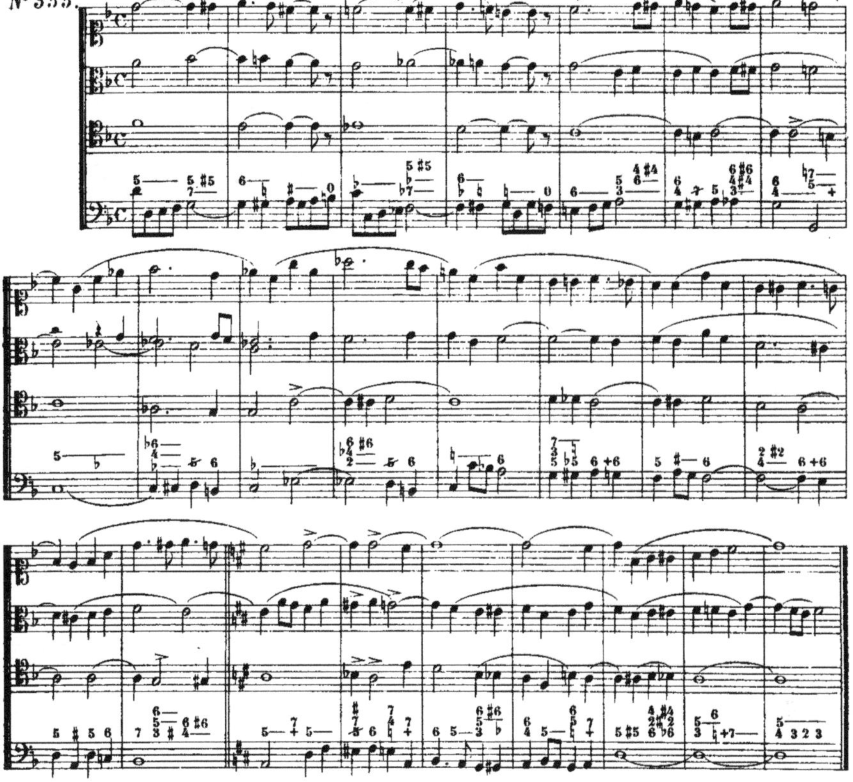

ALTÉRATIONS ASCENDANTES de la TIERCE et de la QUINTE
dans l'accord de septième majeure et ses renversements.

CHANT DONNÉ

Nº 356. Molto moderato.

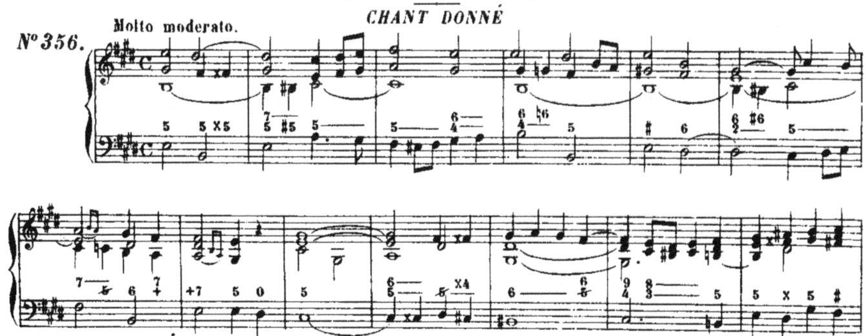

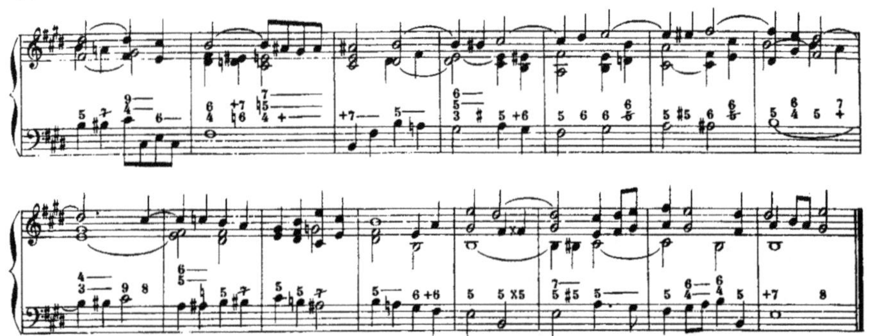

ALTÉRATIONS DIVERSES

dans l'accord de septième majeure et ses renversements.

BASSE DONNÉE

N° 357. Allegretto.

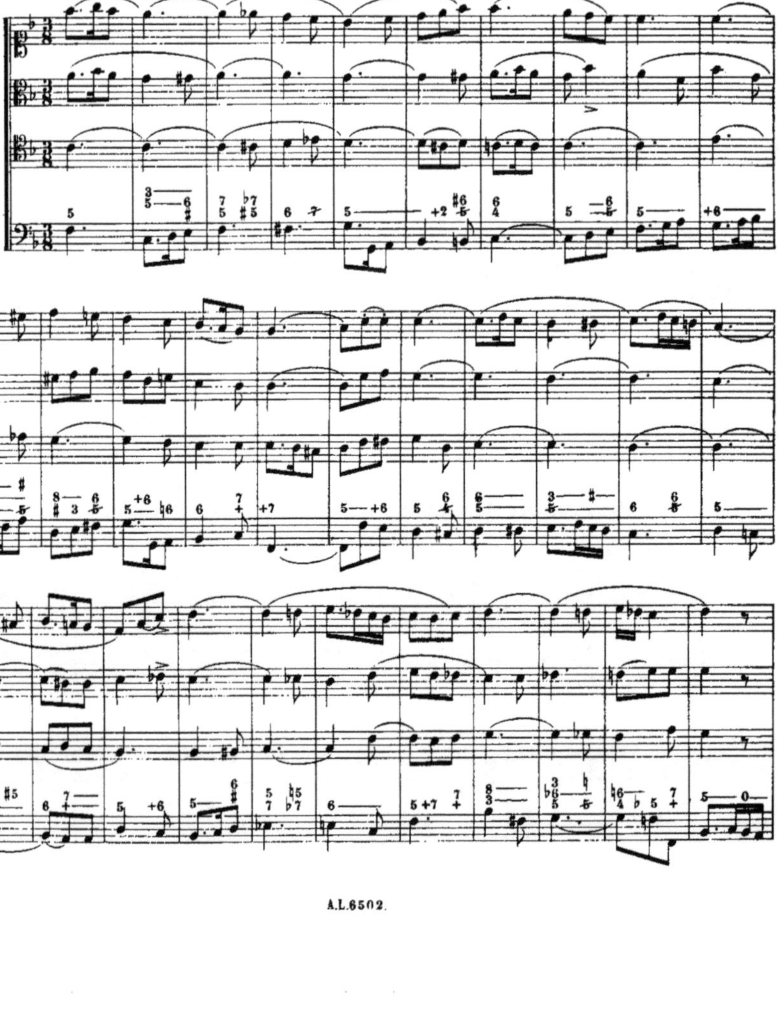

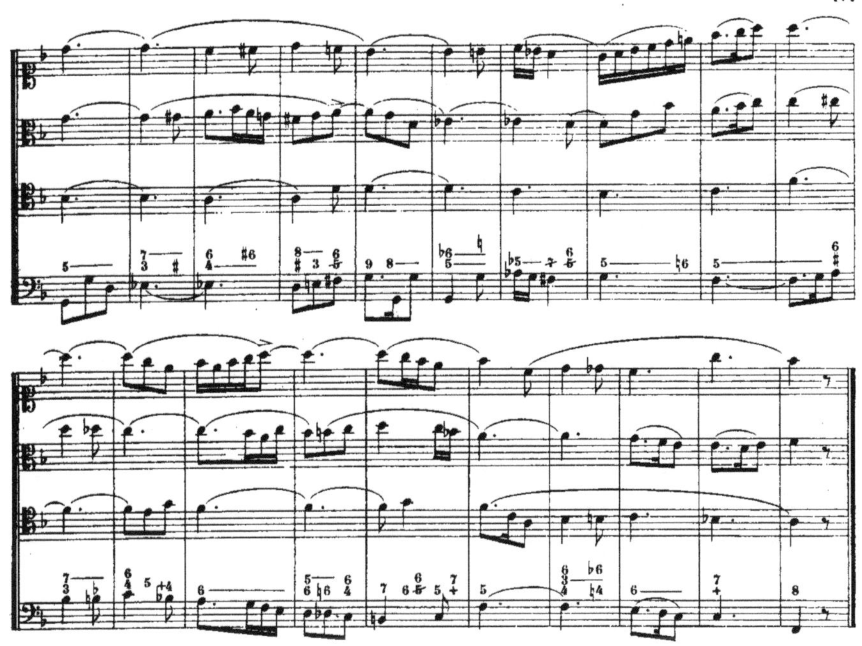

ALTÉRATION ASCENDANTE de la TIERCE
dans l'accord de septième mineure et quinte diminuée fondamental et renversé.

BASSE et CHANT ALTERNÉS

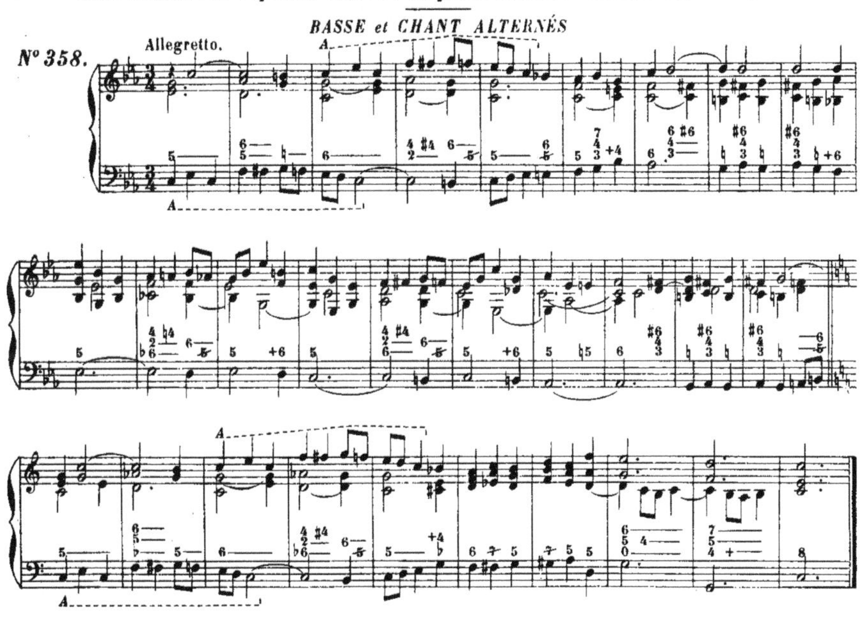

ACCORDS de SIXTE AUGMENTÉE

BASSE DONNÉE

N° 359. Molto moderato.

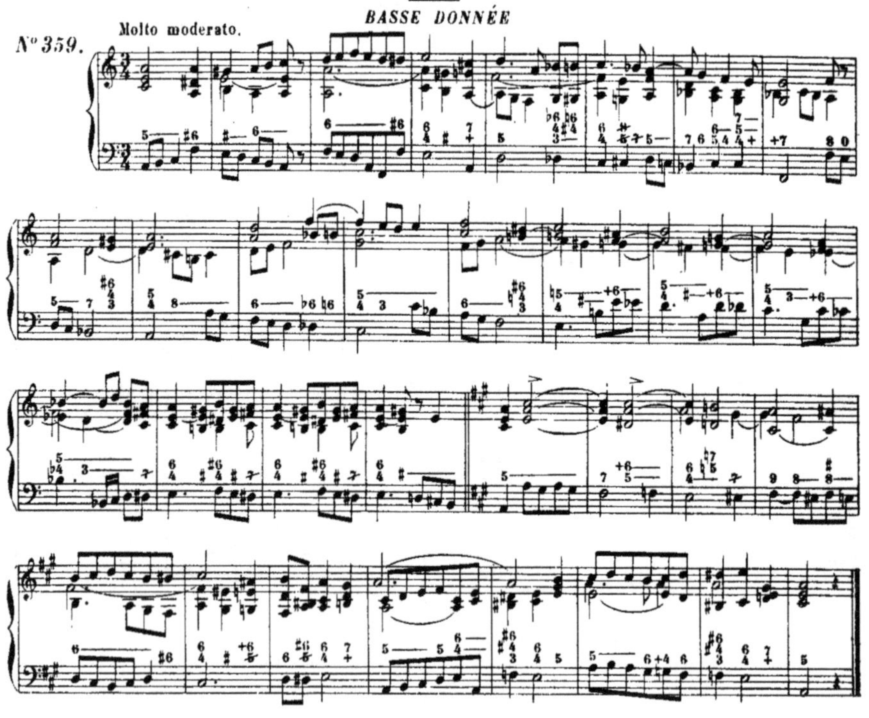

ALTÉRATIONS RETARDEÉS par leur DEGRÉ SUPÉRIEUR

BASSE DONNÉE

N° 360. Moderato.

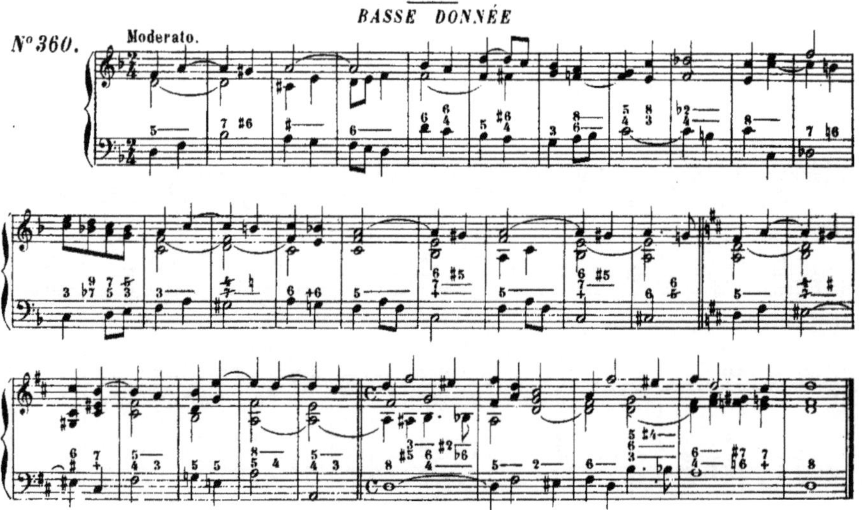

ALTÉRATIONS et RETARDS SIMULTANÉS

MARCHES D'HARMONIE

ALTÉRATION ASCENDANTE de la 5te et RETARD de la FONDAMENTALE dans l'ACCORD PARFAIT MAJEUR

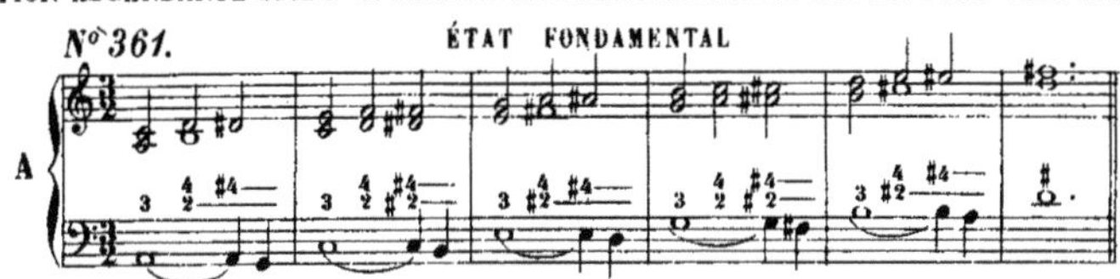

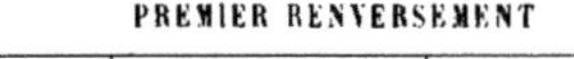

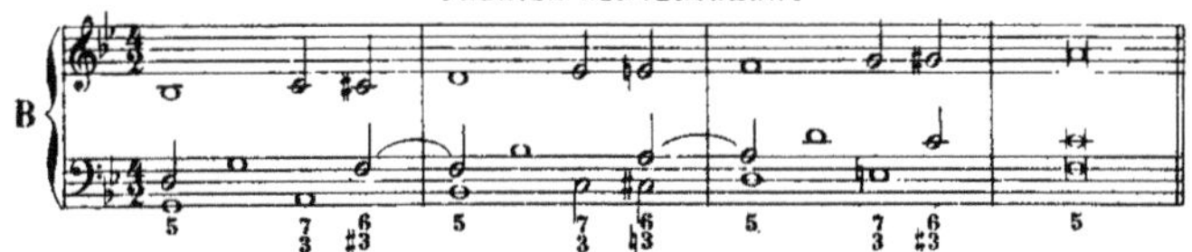

SECOND RENVERSEMENT

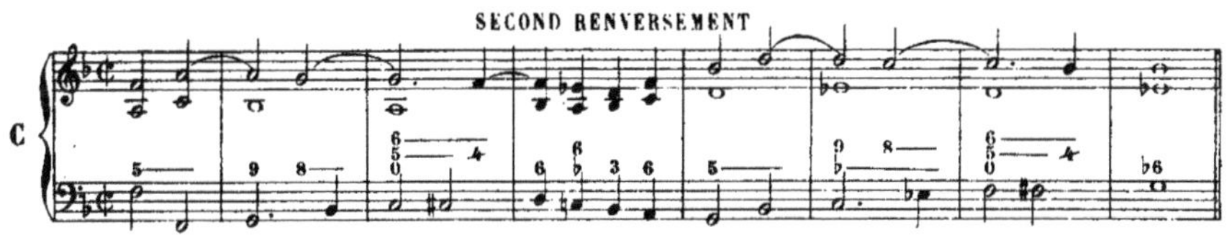

ALTÉRATION ASCENDANTE de la 5te et RETARD de la FONDAMENTALE dans l'ACCORD PARFAIT MINEUR

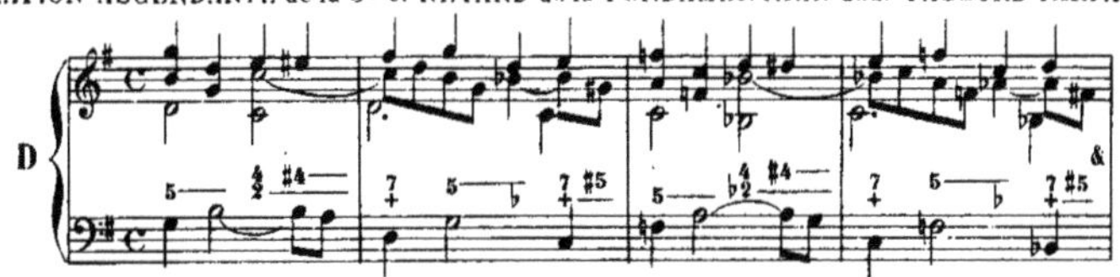

ALTÉRATION ASCENDANTE de la 3ce et RETARD de la FONDAMENTALE dans l'ACCORD de 5te DIMINUÉE

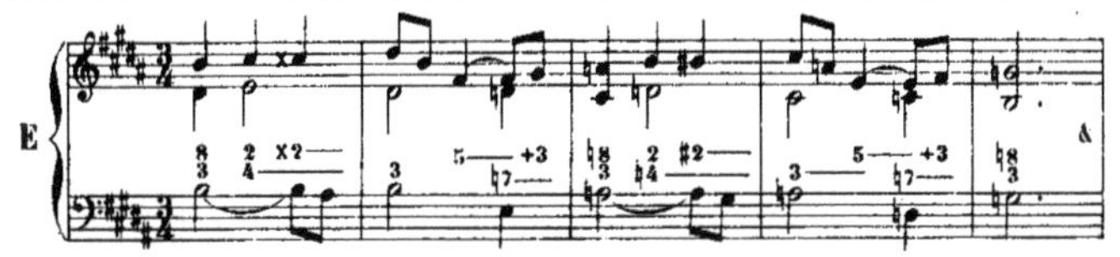

ALTÉRATION ASCENDANTE de la 5te et RETARD de la 3ce dans l'ACCORD PARFAIT MAJEUR

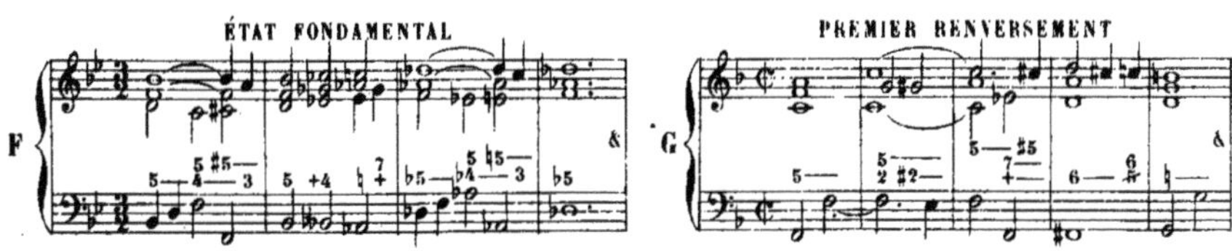

ALTÉRATIONS et RETARDS SIMULTANÉS

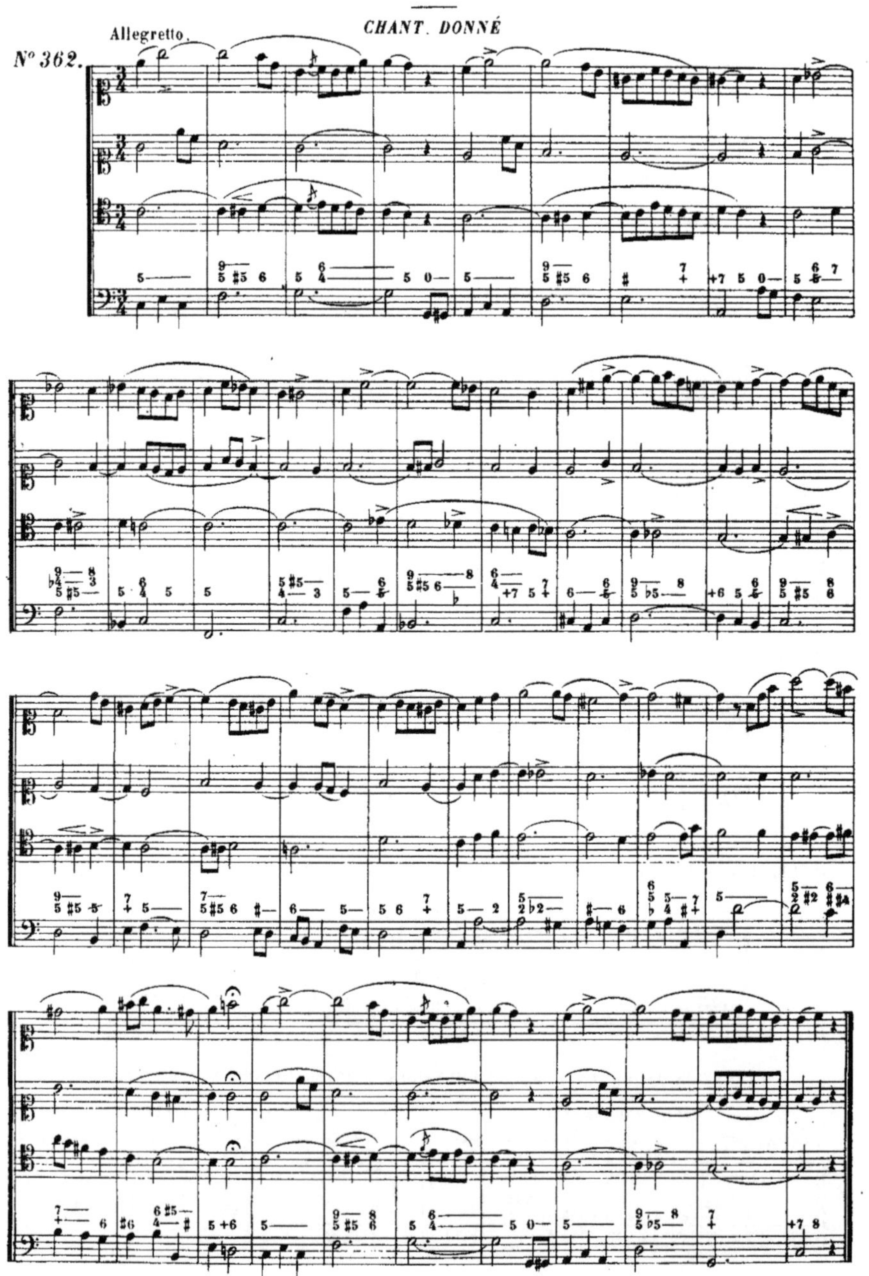

MODULATIONS ENHARMONIQUES

BASSE DONNÉE

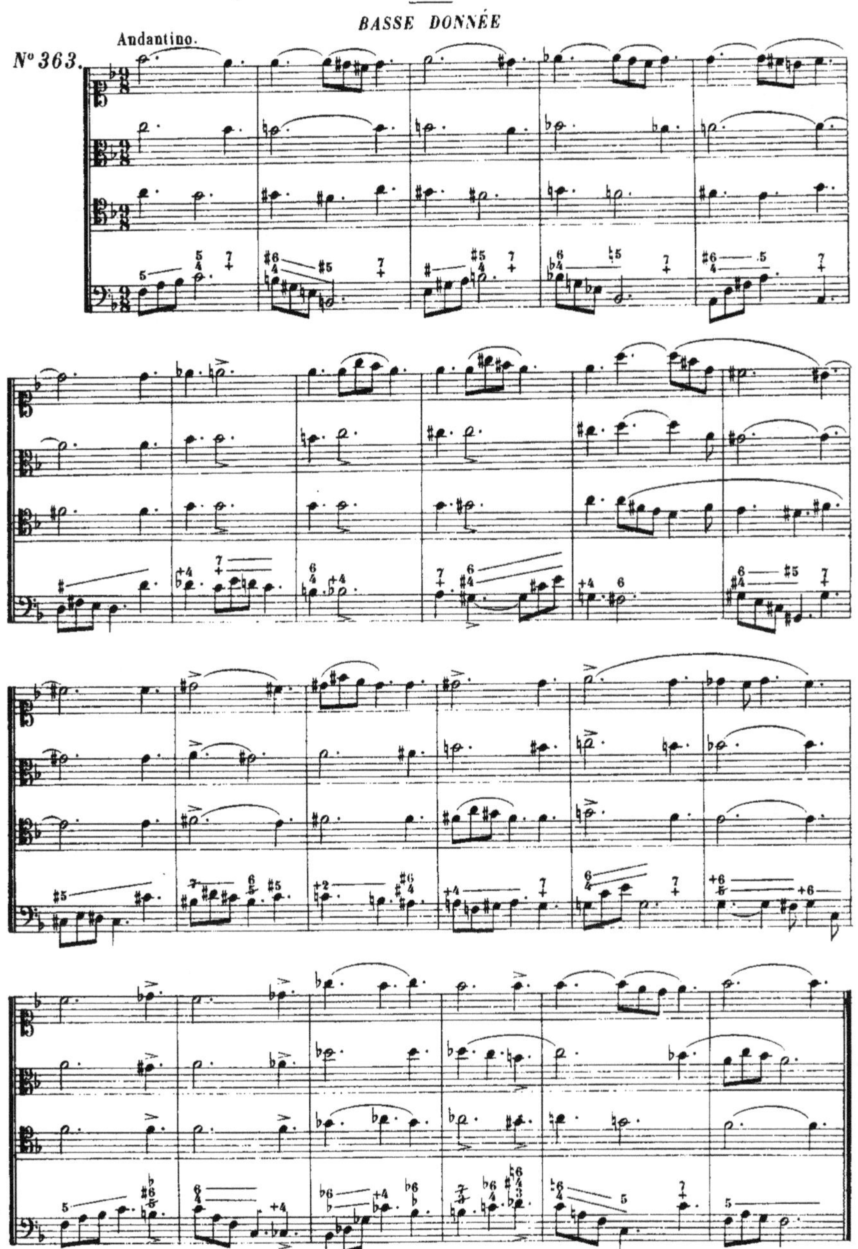

RETARDS RÉSULTANT de la PROLONGATION des NOTES ALTÉRÉES et résolutions exceptionnelles des altérations non-préparées.

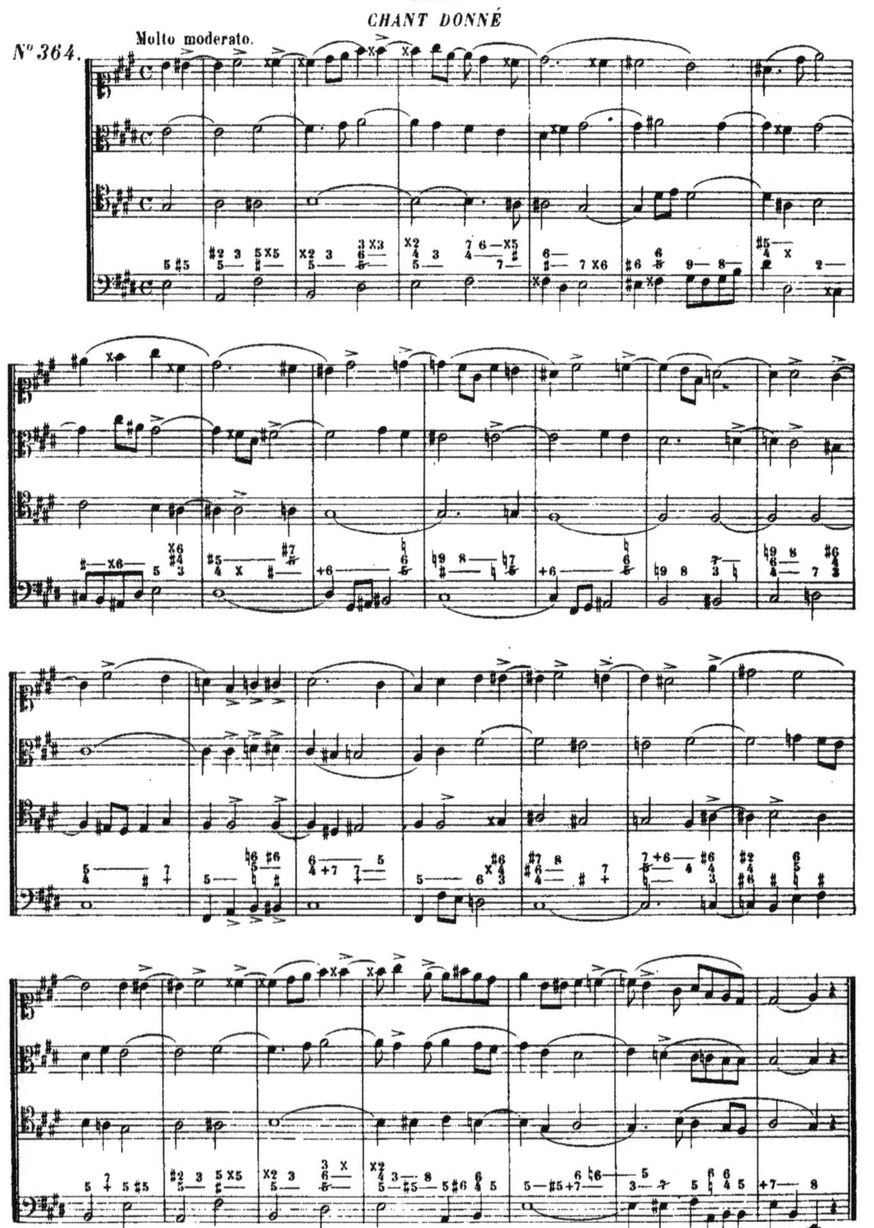

PÉDALES

Nº 365.
Moderato.
p e legato.
mf
f
Sempre legato e ben marcato.
mf
Poco rit.
mf A tempo.
f
Rit.
p
A tempo.
pp

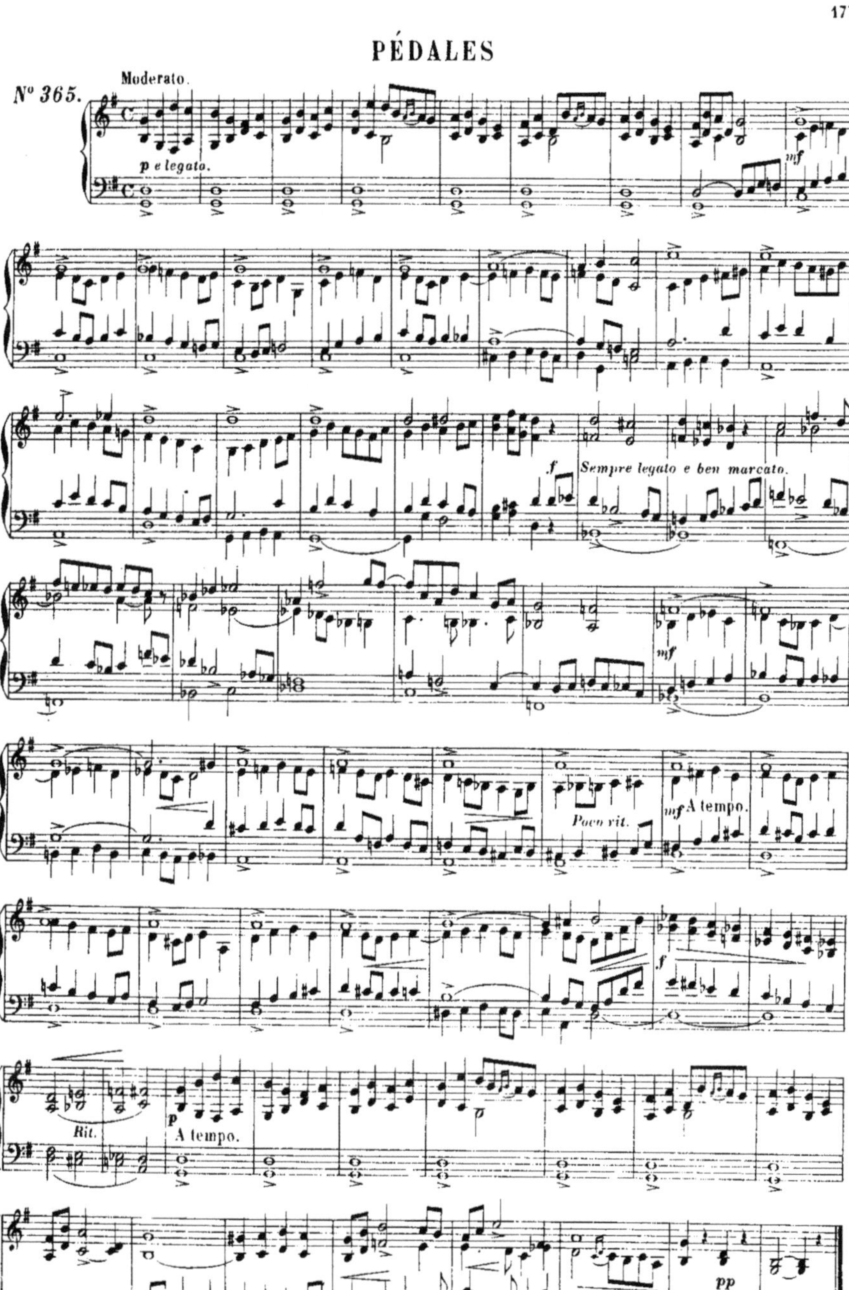

N° 366.

Allegro.

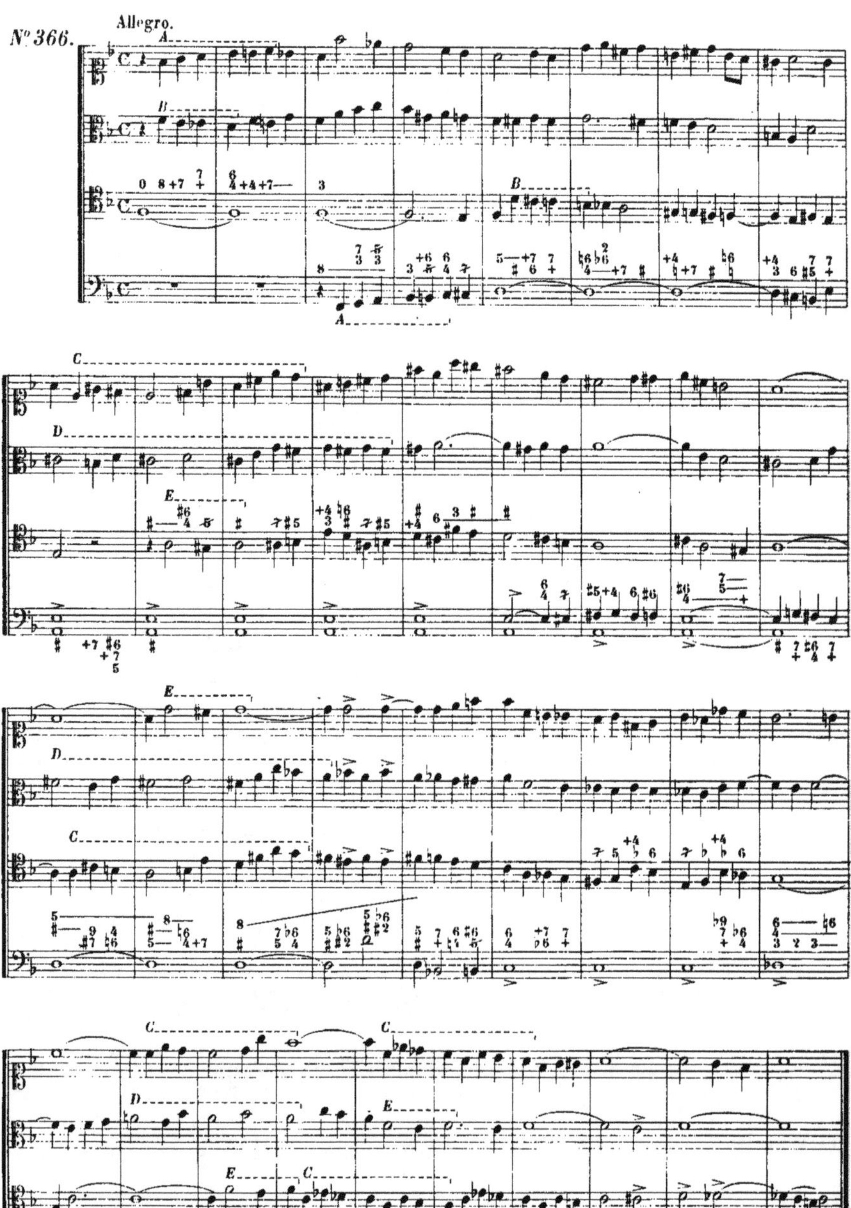

CHANT DONNÉ

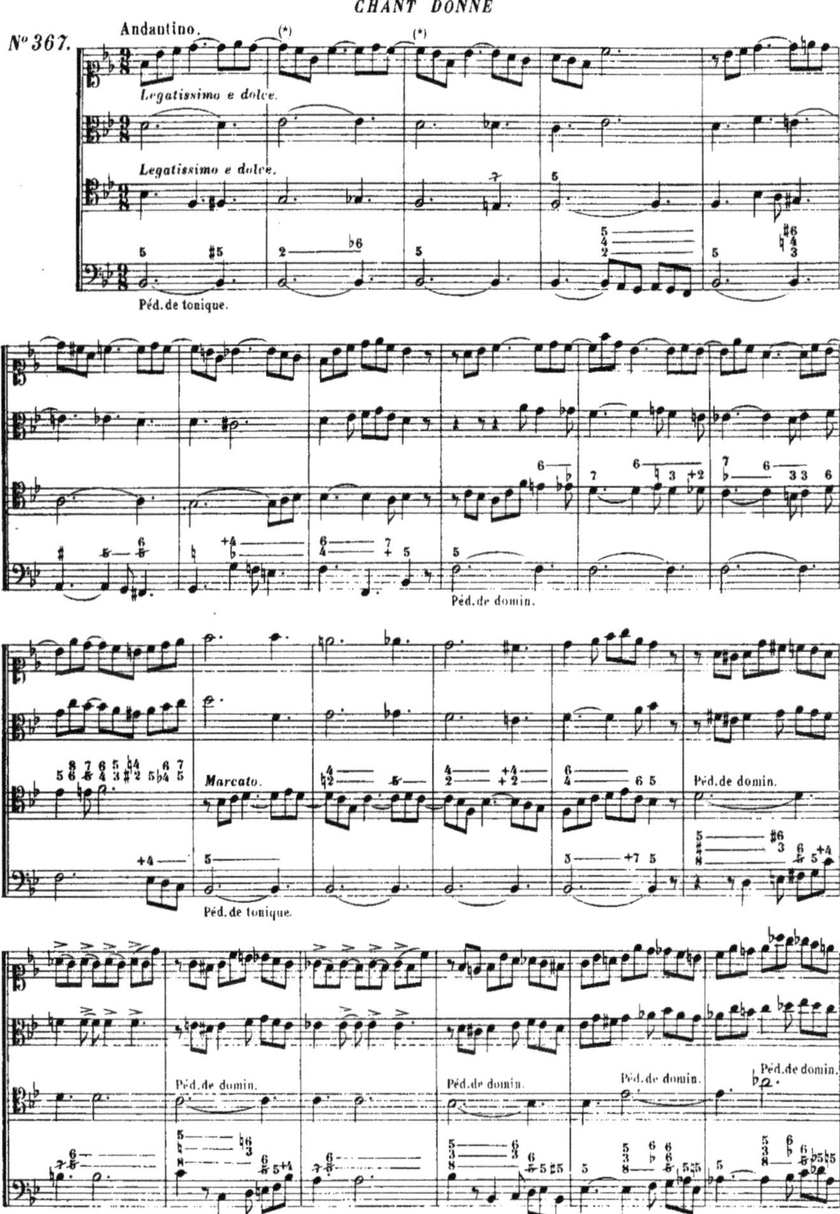

(*) Ces *retards* sont *tellement courts* que nous n'avons pas voulu les indiquer dans le *chiffrage*, pour simplifier.

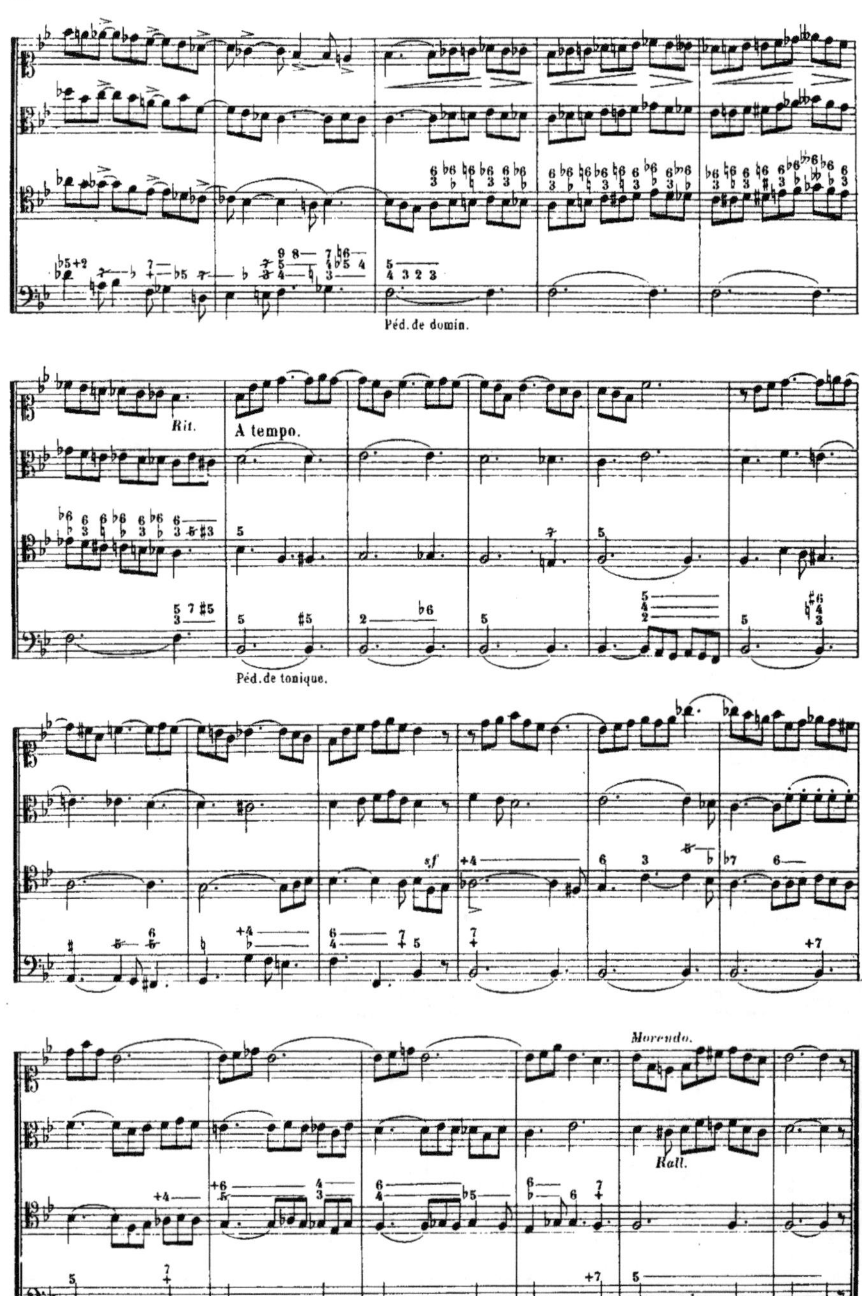
Péd. de domin.
Rit.
A tempo.
Péd. de tonique.
sf
Morendo.
Rall.

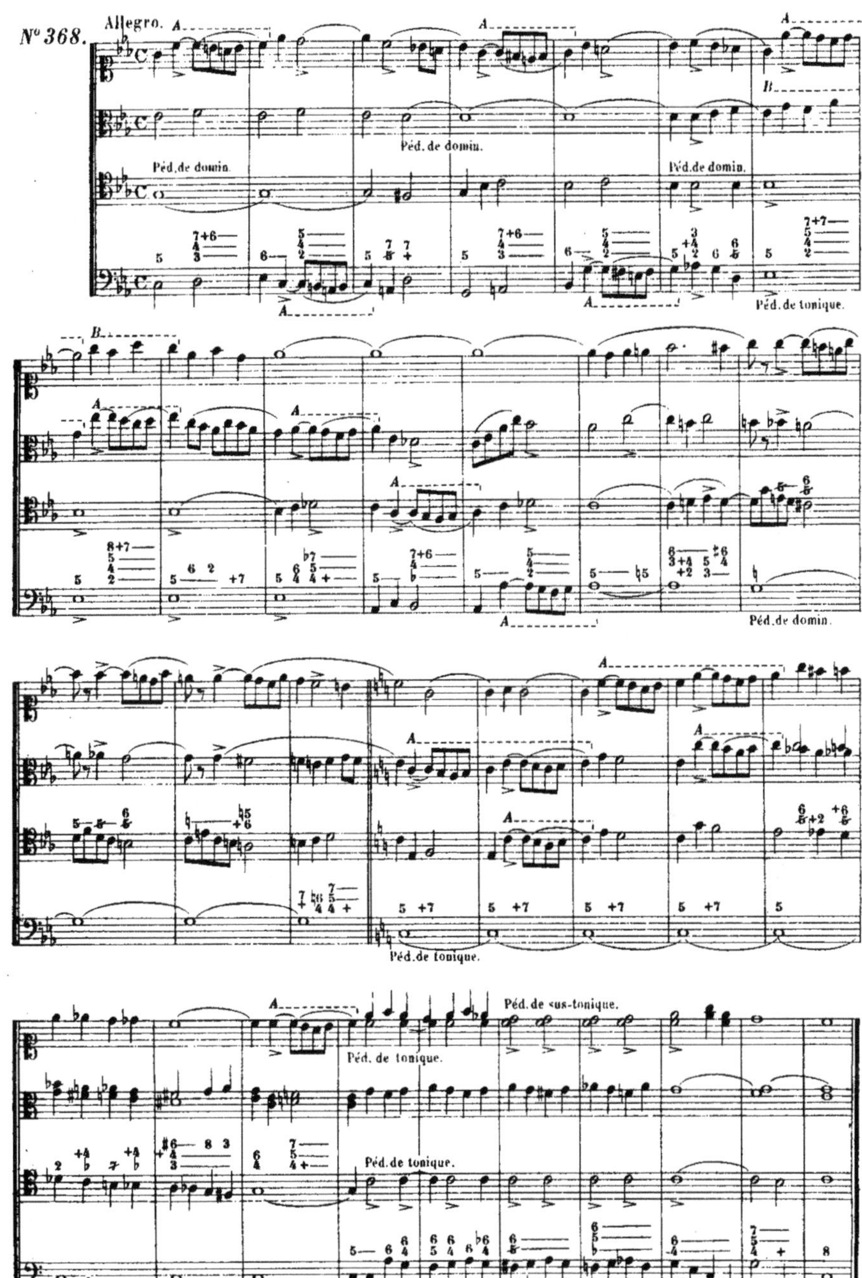
N° 368.
Allegro.
Péd. de domin.
Péd. de tonique.
Péd. de sus-tonique.

N° 369.

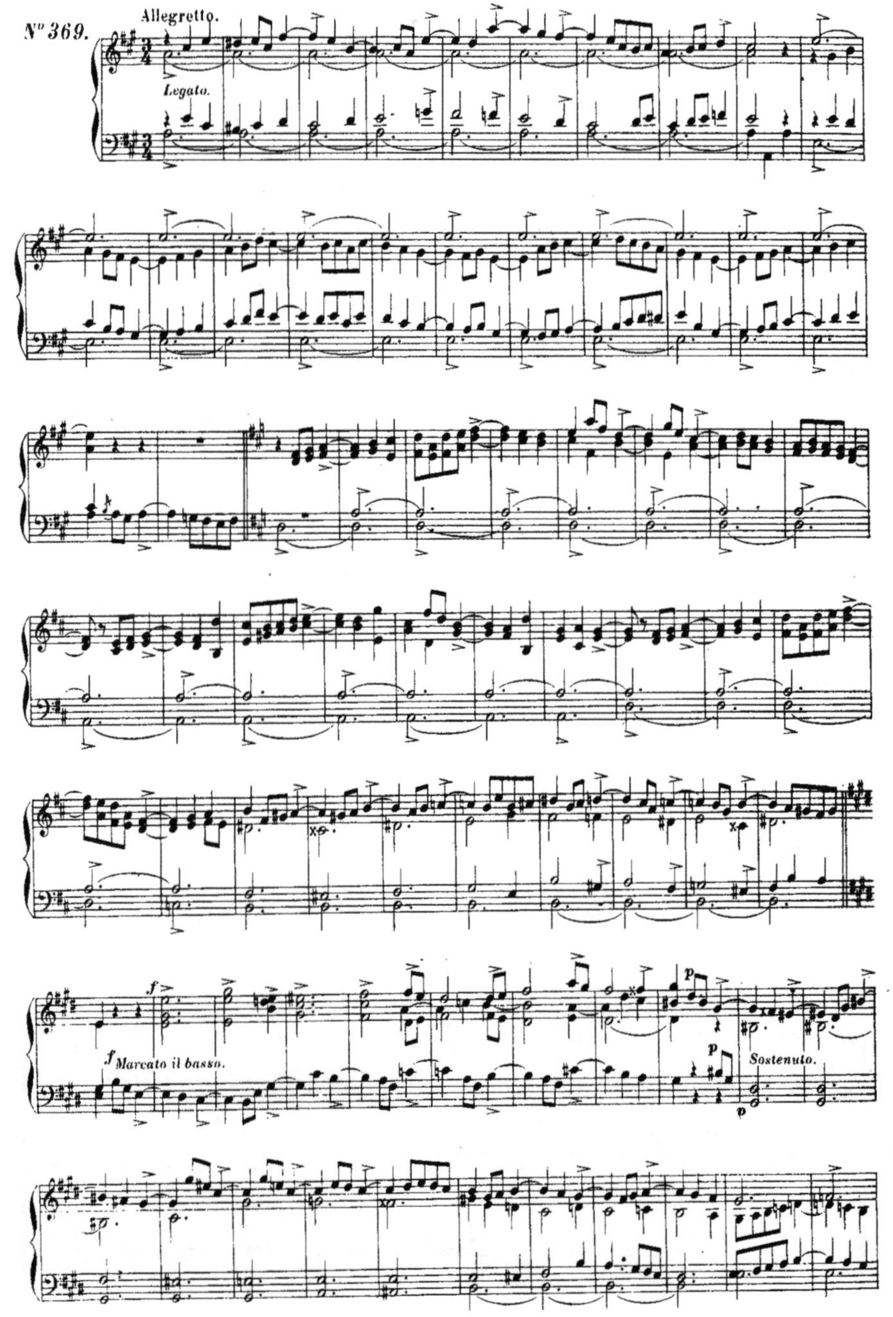

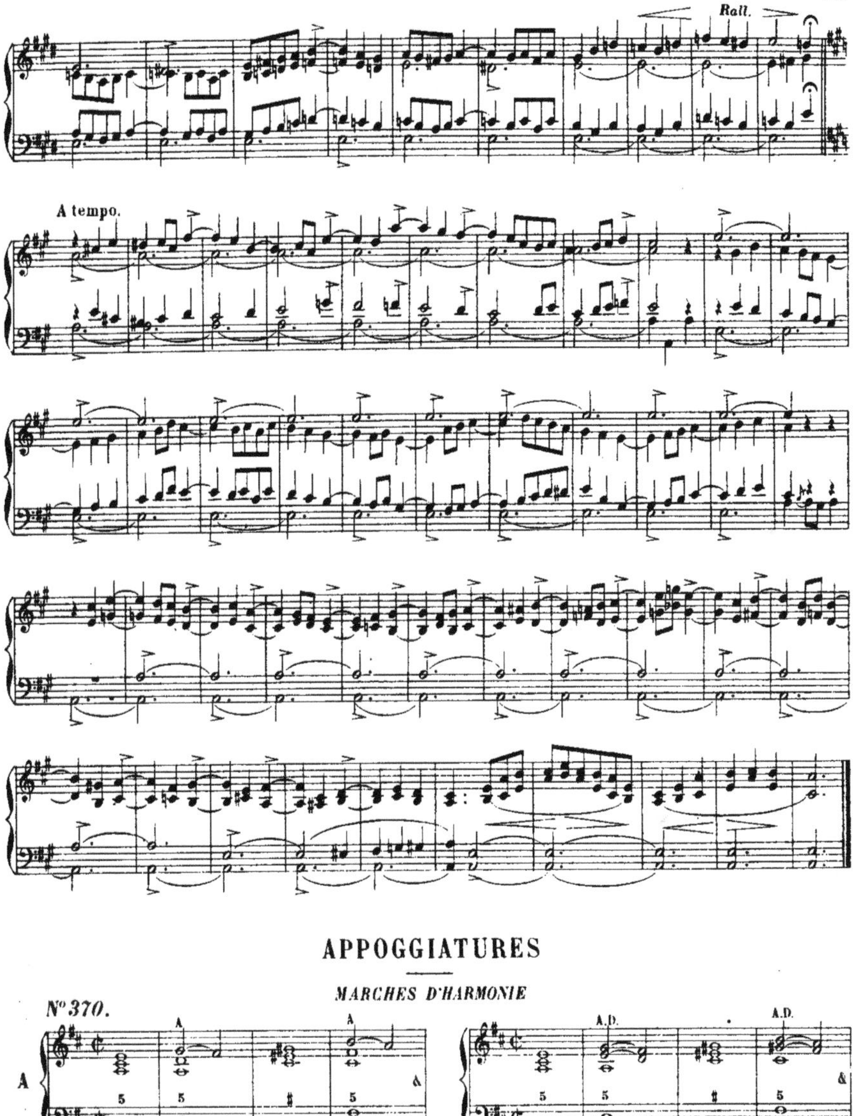

Rall.

A tempo.

APPOGGIATURES

MARCHES D'HARMONIE

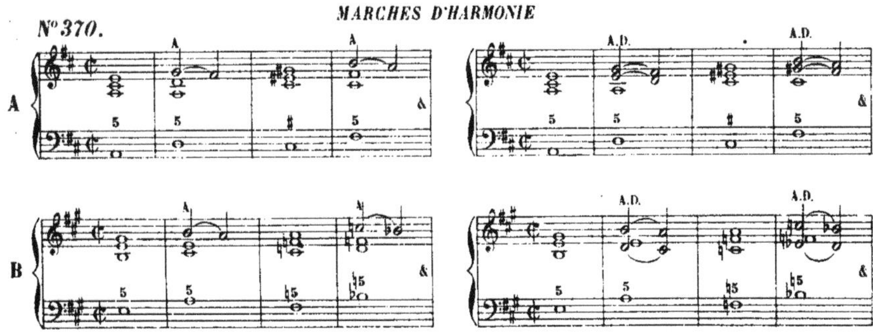

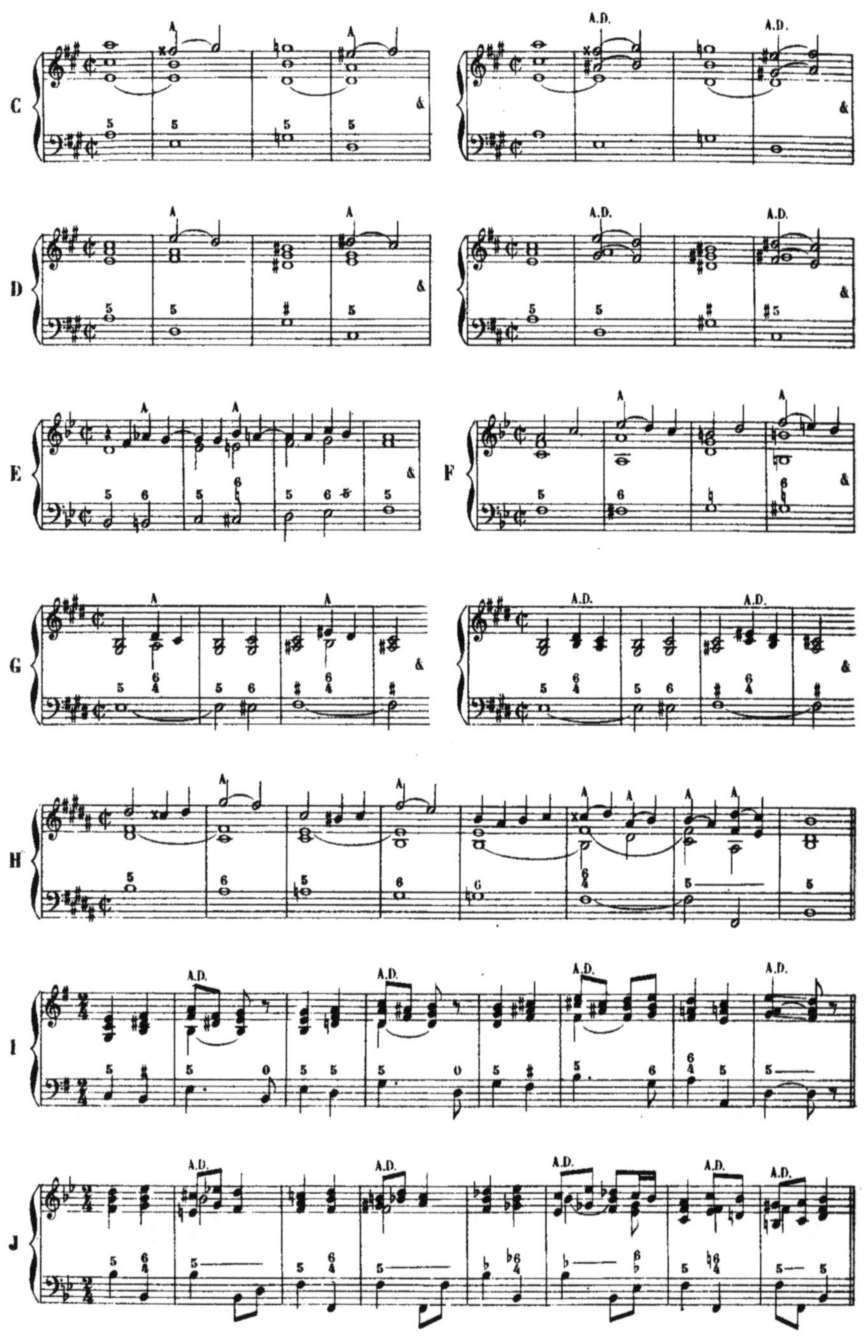
C
D
E
F
G
H
I
J

CHANTS DONNÉS

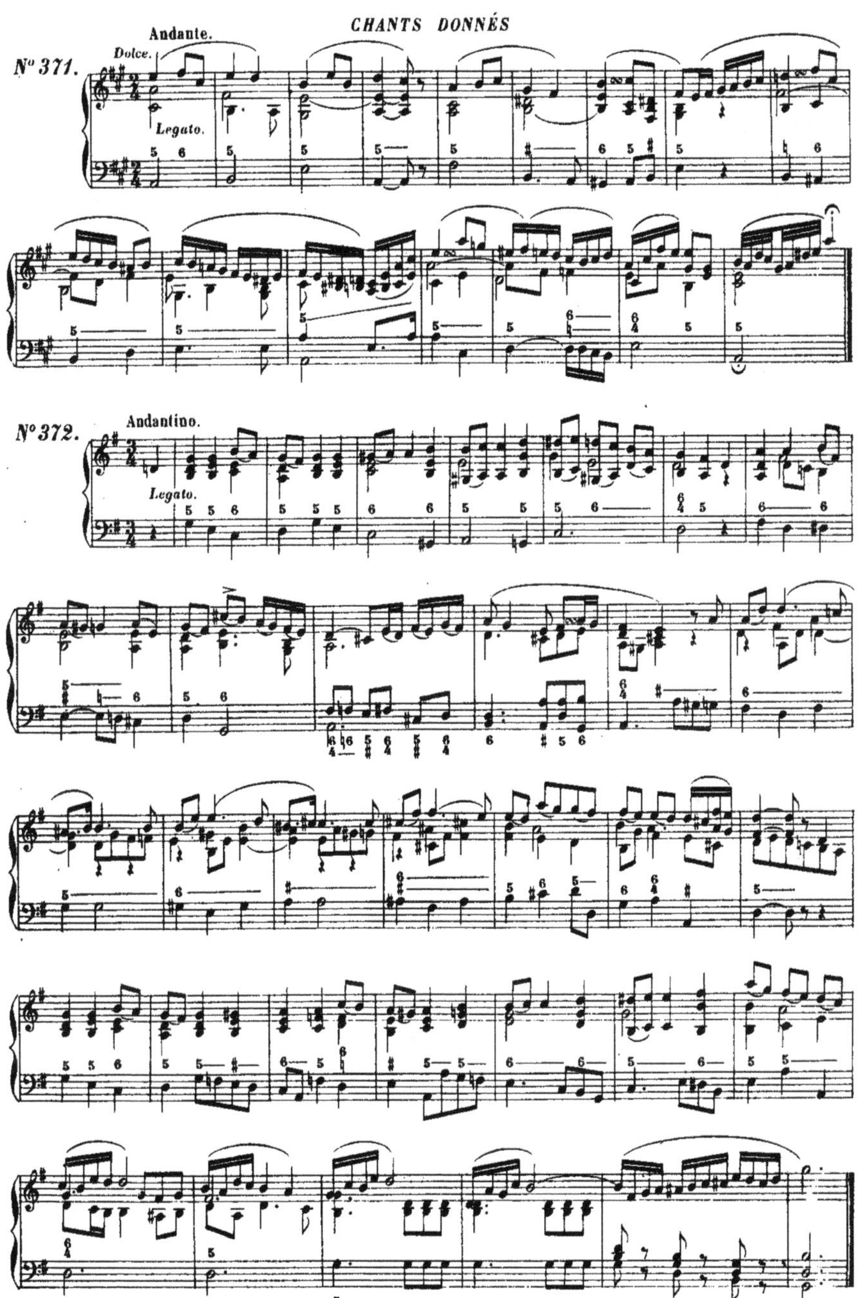

MARCHES D'HARMONIE

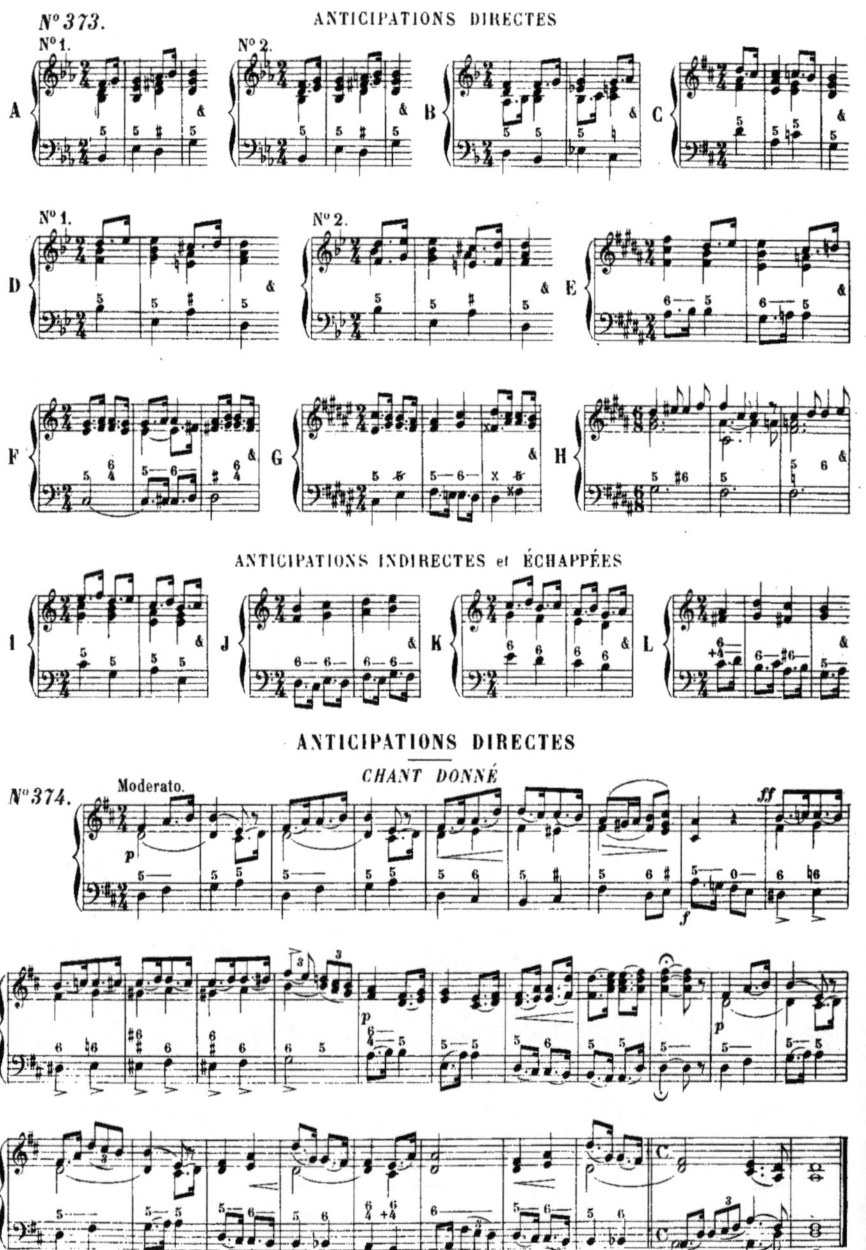

ANTICIPATIONS INDIRECTES et ÉCHAPPÉES

BASSE et CHANT ALTERNÉS

N° 375.

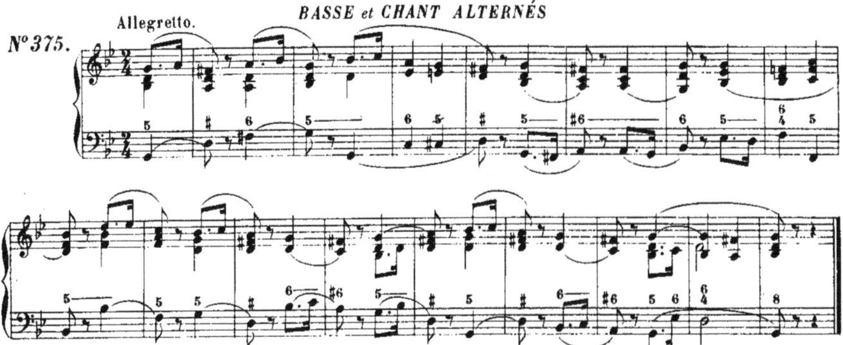

SYNCOPES

BASSE et CHANT ALTERNÉS

N° 376.

Allegro agitato. *Sempre marcato.*

mf e cre - scen - do.

mf e cre - scen - do.

f

mf e cre - scen - do.

Rit.

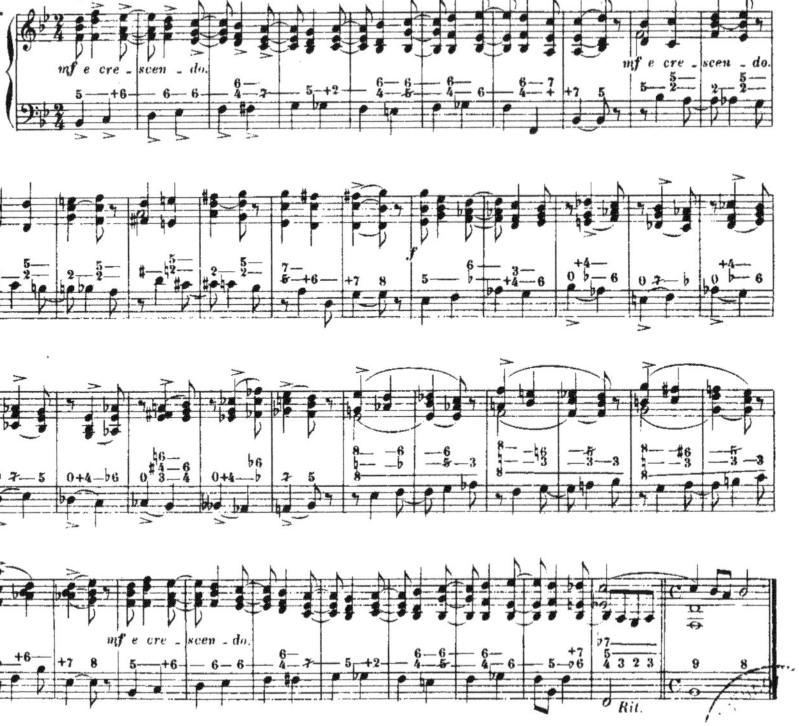

— FIN —

www.ingramcontent.com/pod-product-compliance
Ingram Content Group UK Ltd.
Pitfield, Milton Keynes, MK11 3LW, UK
UKHW020246180726
13839UKWH00001B/214

9 782329 352541